FASTES

DES

PROVINCES ASIATIQUES

DE L'EMPIRE ROMAIN

DEPUIS LEUR ORIGINE

JUSQU'AU RÈGNE DE DIOCLÉTIEN

PAR

W. H. WADDINGTON

MEMBRE DE L'INSTITUT
(ACADÉMIE DES INSCRIPTIONS ET BELLES-LETTRES)

PREMIÈRE PARTIE

PARIS
LIBRAIRIE DE FIRMIN DIDOT FRÈRES, FILS ET Cie
RUE JACOB, 56

1872

La Bibliothèque n'a reçu que cette première partie

FASTES

DES

PROVINCES ASIATIQUES

DE L'EMPIRE ROMAIN

Paris — Typographie de Firmin Didot frères, fils et Cie, rue Jacob, 56.

FASTES

DES

PROVINCES ASIATIQUES

DE L'EMPIRE ROMAIN

DEPUIS LEUR ORIGINE

JUSQU'AU RÈGNE DE DIOCLÉTIEN

PAR

W. H. WADDINGTON

MEMBRE DE L'INSTITUT
(ACADÉMIE DES INSCRIPTIONS ET BELLES-LETTRES)

PREMIÈRE PARTIE

PARIS
LIBRAIRIE DE FIRMIN DIDOT FRÈRES, FILS ET Cie
RUE JACOB, 56

1872

FASTES

DES

PROVINCES ASIATIQUES

DE L'EMPIRE ROMAIN

DEPUIS LEUR ORIGINE

JUSQU'AU RÈGNE DE DIOCLÉTIEN.

Ce travail est essentiellement chronologique; il a pour but d'établir la succession des gouverneurs romains dans les différentes provinces asiatiques de l'empire, provinces dont plusieurs avaient l'étendue et l'importance d'un État moderne de premier ordre, et dont l'administration était généralement confiée aux hommes les plus importants et aux généraux les plus habiles de leur temps. N'ayant pas l'intention d'écrire l'histoire de chaque province, ni la biographie de chaque gouverneur, je ne reproduirai généralement que les témoignages anciens qui aident à préciser une date, me contentant de renvoyer à ceux qui n'ont pas une valeur chronologique, et cela surtout lorsqu'il s'agira de personnages bien connus, et d'époques dont on peut lire l'histoire détaillée dans les écrits qui ont échappé au naufrage de la littérature antique. Mais à partir du moment où s'arrêtent les Histoires de Tacite, l'empire romain n'a plus, à proprement parler, d'historien, et les grands règnes de Trajan, d'Hadrien et des Antonins comptent parmi les époques les plus obscures de l'histoire du monde. Heureusement les inscriptions et les monnaies suppléent, dans une faible mesure toutefois, au silence de l'histoire, et si les renseignements qu'on peut en tirer sont maigres, du moins ils sont exacts et toujours contemporains des faits, et ils servent de fil conducteur à travers les obscurités et les vagues récits des tristes compilateurs de l'Histoire Auguste. Aussi pour l'époque impériale ai-je tâché de réunir tous les documents, même les plus insignifiants, relatifs aux gouverneurs des différentes provinces; j'espère qu'il ne m'en a pas échappé beaucoup, mais, en ce qui touche l'épigraphie latine, il est à peu près impossible d'être complet, jusqu'à ce que le *Corpus inscriptionum latinarum*, actuellement en cours de publication, ait été achevé. J'ai toujours reproduit textuellement dans leurs parties essentielles les passages des auteurs, les inscriptions grecques et latines et les légendes des médailles, afin que le lecteur ait sous les yeux les documents originaux et puisse juger par lui-même de la justesse des conclusions qu'on en tire. Quant aux monnaies, j'avertis, une fois pour toutes, que lorsque je cite seulement le nom de la collection où elles se trouvent, cela veut dire que j'ai vu la pièce moi-même et que je garantis l'exactitude de la description et de la légende que je donne; lorsque je n'ai pas vu la monnaie moi-même, ou lorsqu'elle est commune, je cite l'auteur qui me paraît l'avoir publiée le plus fidèlement.

L'histoire ne peut jamais se passer de la géographie; aussi était-il nécessaire d'indiquer les limites des provinces et leurs variations à différentes époques; j'ai cherché à le faire plus exactement qu'on ne l'avait fait jusqu'à présent, et pour cela la connaissance personnelle que j'avais des lieux m'a été fort utile, surtout pour l'intérieur de la Syrie, dont les cartes sont si défectueuses. Quant à l'administration proprement dite des provinces, je n'en ai parlé qu'incidemment; c'est un sujet vaste et compliqué, encore très-obscur dans plusieurs de ses parties, et qui mérite d'être traité séparément; j'espère en faire plus tard le sujet d'un travail spécial, et quant à présent je me borne à renvoyer le lecteur au troisième volume des *Antiquités romaines* de Bekker et Marquardt, le meilleur livre qui existe sur la matière.

Je serais coupable d'ingratitude envers une mémoire illustre, si, en terminant ces remarques préliminaires, je ne disais pas quels trésors de méthode et de saine critique, quelle connaissance profonde de l'administration romaine, l'on trouve dans les œuvres de Borghesi, et si je n'avouais pas combien leur étude m'a été profitable. Enfin, on rencontrera souvent dans ces pages les noms de mes amis et confrères MM. Mommsen, Henzen et Léon Renier, les disciples et les continuateurs de Borghesi; à eux aussi je dois beaucoup.

CHAPITRE PREMIER.

DES GOUVERNEURS DES PROVINCES

ET DES RÈGLES DE L'AVANCEMENT.

Sous la république, le titre que portait le magistrat romain, investi du gouvernement d'une province, variait suivant les circonstances. En temps de guerre on envoyait souvent un des consuls, et, si son gouvernement lui était prorogé au-delà de l'année de son consulat, il prenait le titre de proconsul, *pro consule*, et non *proconsul;* cette dernière forme ne devint d'un usage général que sous l'empire; les Grecs disaient ἀνθύπατος. Si une province était confiée à un consulaire, même plusieurs années après sa sortie du consulat, il prenait également le titre de *pro consule*. En temps de paix, et pour l'Asie ce fut généralement le cas, le gouvernement des provinces était presque toujours dévolu aux préteurs, mais seulement à l'expiration de leur année de magistrature urbaine. Au sixième siècle de Rome, sur les six préteurs qu'on nommait tous les ans, deux seulement restaient dans la capitale, le *prætor urbanus* et le *prætor peregrinus;* les quatre autres étaient envoyés en Sicile, en Sardaigne et dans les deux Espagnes. Mais à partir de l'établissement des *quæstiones perpetuæ* en l'an 605, ils durent rester tous les six à Rome, et ils ne furent envoyés dans les provinces qu'après l'expiration de leur charge; ils prenaient alors le titre de *pro prætore*, ἀντιστράτηγος. Le dictateur Sulla porta le nombre des préteurs à huit, et Jules César l'éleva d'abord à dix, puis à quatorze et à seize; mais ils ne pouvaient obtenir un gouvernement provincial qu'après la fin de leur magistrature urbaine. Quelquefois, en vue d'éventualités graves, le sénat accordait à un propréteur le *proconsulare imperium*, et alors il prenait le titre de proconsul; nous en verrons quelques exemples dans le cours de ce travail. Généralement la durée d'un gouvernement provincial était d'un an; quelquefois il était prorogé pour une seconde et même une troisième année.

Dans les inscriptions, sur les monnaies et chez les auteurs de la fin de la république et du commencement de l'empire, les différents titres sont distingués avec soin, bien qu'on trouve quelquefois dans Cicéron *prætor* au lieu de *pro prætore*, et dans les inscriptions στρατηγός pour ἀντιστράτηγος. Mais chez les auteurs du second et du troisième siècle, il règne à cet égard une perpétuelle confusion, et généralement ils appliquent aux époques antérieures les usages de leur temps; ainsi, dans Appien et dans Plutarque les mots στρατηγός, ἀνθύπατος, ἡγεμών, ἄρχων, ἡγούμενος, sont employés indistinctement pour désigner la même fonction.

En l'an 702, Pompée fit passer une loi, d'après laquelle les anciens consuls et les anciens préteurs ne purent plus obtenir le gouvernement d'une province que cinq ans après l'expiration de leur magistrature urbaine; mais la loi ne fut pas toujours strictement observée (*Dio*, XL, 30, 56).

Pendant les guerres civiles, il va sans dire que les règles ordinaires n'étaient pas appliquées; César et Antoine régissaient les provinces qui leur étaient soumises par des légats de tout rang, consulaires, prétoriens ou autres.

Par sa célèbre constitution de l'an 727 Auguste inaugura un nouveau système, que nous allons exposer en détail; car, sauf quelques modifications partielles, il demeura la loi de l'empire jusqu'au règne de Dioclétien. C'est à Dion Cassius (LIII, 12 sqq.) que nous en devons la connaissance; cet historien était fort au courant de l'administration romaine, comme ayant rempli lui-même de nombreuses et importantes fonctions, et les renseignements qu'il nous a transmis sont pleinement confirmés, jusque dans leurs moindres détails, par les monuments. Auguste partagea les provinces de l'empire en deux grandes catégories, les provinces sénatoriales, dont les gouverneurs étaient désignés annuellement par le sort dans le sein du sénat, et les provinces impériales, dont l'empereur nommait directement les administrateurs.

Les provinces sénatoriales étaient, les unes consulaires, c'est-à-dire réservées aux sénateurs qui avaient passé par le consulat, les autres prétoriennes, c'est-à-dire accessibles à tous les sénateurs qui avaient rempli les fonctions de préteur; dans les deux cas, le gouverneur de la province prenait le titre de proconsul. Le sénat n'eut jamais que deux provinces consulaires, l'Asie et l'Afrique, et il les conserva tant que dura l'organisation établie par Auguste. Quant aux provinces prétoriennes, la liste en fut modifiée plusieurs fois, par suite de nécessités politiques ou par le caprice des empereurs; celles qui font partie de notre sujet sont l'île de Cypre, qui, à partir de l'année 732, demeura toujours province du sénat, la Bithynie et la Lycie, qui le furent à certaines époques seulement.

Renouvelant la disposition introduite d'abord par Pompée, Auguste décida qu'on ne pourrait participer au tirage au sort pour les provinces sénatoriales, que cinq ans après avoir exercé la magistrature urbaine; ainsi les consulaires n'étaient éligibles pour le proconsulat d'Asie ou d'Afrique que cinq ans après leur sortie du consulat, et les prétoriens ne pouvaient se mettre sur les rangs que cinq ans après leur préture. Dans les premiers temps, tous les consulaires et tous les prétoriens, qui étaient dans les conditions voulues par la loi, pouvaient prendre part chaque année, quel que fût leur nombre, au tirage des provinces (*Dio*, LIII, 14). Mais plus tard les empereurs s'arrogèrent le droit de désigner ceux qui devaient tirer au sort, en nombre égal à celui des provinces; quelquefois même ils choisissaient eux-mêmes les proconsuls, ou bien ils prolongeaient leurs fonctions au-delà de l'année réglementaire. Toutefois on évitait de violer ouvertement la loi, et on avait généralement recours à des biais. Pour les deux provinces consulaires, les seules sur lesquelles nous ayons des renseignements certains, le tirage au sort paraît dès le règne d'Auguste avoir été limité dans la pratique aux deux plus anciens consulaires présents à Rome; et il ne s'agissait que de savoir lequel des deux irait en Asie et lequel en Afrique. Il ne pouvait guère en être autrement sous Auguste, lorsqu'il n'y avait que deux ou quatre consuls par an; souvent il n'y avait que deux ou trois consulaires éligibles, et ainsi la règle de l'ancienneté s'établit. Mais, à mesure que le nombre des consuls suffects augmenta, le nombre des consulaires éligibles s'accrut bien plus rapidement encore, et l'ancienneté étant devenue une sorte de droit, on serait arrivé à ce résultat que les deux plus belles provinces de l'empire eussent toujours été gouvernées par des vieillards plus ou moins infirmes; car peu de consulaires renonçaient volontairement à leur droit, tant ces positions étaient recherchées. Il fallut bien introduire un élément nouveau dans le choix des candidats, et cet élément ne pouvait être que la volonté de l'empereur; mais on respecta généralement le principe de l'ancienneté, et l'intervention impériale s'exerça surtout par voie d'élimination, tantôt tyrannique et brutale, tantôt adoucie par une indemnité pécuniaire. Les exemples suivants montreront comment les choses se passaient.

Dion raconte que, vers la fin de son règne, lors des révoltes qui avaient agité plusieurs provinces de l'empire, Auguste avait maintenu des proconsuls dans leurs charges après l'année réglementaire, et que même il en avait remplacé quelques-uns par des légats (LV, 28). Les inscriptions nous fournissent un exemple d'un proconsul envoyé une seconde fois dans une province *extra sortem* : *Paquius Scæva — pro consule provinciam Cyprum optinuit, — pro co*. *iterum extra sortem auctoritate Aug. Cæsaris et s. c. missus ad componendum statum in reliquum provinciæ Cypri* (Henzen, 6450). On remarquera l'intervention du sénat.

Dès le commencement du règne de Tibère, on trouve des exemples de l'intervention directe de l'empereur. Déjà le proconsulat de L. Apronius en Afrique avait été continué pendant trois années (771-773), ce qui était fort irrégulier; mais en 774, au moment où on allait tirer au sort les provinces d'Asie et d'Afrique, Tibère écrit au sénat pour lui annoncer la deuxième révolte de Tacfarinas et l'invite à choisir un proconsul ayant de l'expérience militaire et capable de supporter les fatigues d'une campagne. Le sénat nomma Marcus Lepidus pour l'Asie, et quant à l'Afrique, il déclara s'en remettre à la volonté de l'empereur. Tibère répondit en désignant pour cette province Manius Lepidus et Junius Blæsus, et en laissant au sénat le soin de choisir entre les deux ; c'était nommer Blæsus, qui était l'oncle de Séjan, et qui reçut effectivement le proconsulat d'Afrique (Tac. *Ann.* III, 32, 35). On était au début du règne, et Tibère y mettait encore des procédés. L'année suivante le proconsulat de Blæsus fut prorogé pour un an, mais celui d'Asie donna lieu à une nouvelle difficulté. Le plus ancien consulaire était Cornelius Maluginensis, le *flamen* de Jupiter, et il réclamait la province d'Asie ; mais d'anciennes lois, modifiées en partie par Auguste, défendaient au *flamen Dialis* de s'absenter de Rome pendant plus de deux jours, et cela seulement deux fois dans la même année. Le cas fut soumis à Tibère, qui conclut en faveur du maintien de la loi ; aussi Maluginensis dut-il renoncer à sa prétention, et le consulaire le plus ancien après lui fut envoyé en Asie (*ibid.* III, 58, 71).

A la fin de son règne, Tibère n'y mettait plus autant de façons. En 789, le consulaire C. Sulpicius Galba, dont la tour était arrivé, se suicida, parce que l'empereur lui défendit de prendre part au tirage des provinces (Tac. *Ann.* VI, 40; Sueton. *Galba*, 3). L'on sait que Tibère, après sa retraite à Caprée, s'occupa de moins en moins des affaires publiques; pendant les dernières années de son règne, il ne changeait presque plus les légats des provinces impériales, et lorsqu'il survenait une vacance, soit par la mort du titulaire, soit par quelque autre cause, il ne faisait pas de nouveaux choix et se contentait de faire administrer par un des lieutenants du légat ; c'est ainsi qu'il laissa longtemps sans gouverneur les deux grandes provinces de Syrie et de Tarragonnaise (Sueton. *Tib.* 41, 63 ; Tac. *Ann.* I, 80; VI, 27; *Hist.* II, 65; *Dio*, LVIII, 19; Joseph. *Ant. Jud.* XVIII, 6, 5). Il appliqua ces errements même aux provinces du sénat (*Dio*, LVIII, 23); ainsi à la fin de son règne, P. Petronius fut proconsul d'Asie pendant plusieurs années, tandis que Vibius Marsus et M. Silanus gardèrent l'Afrique, l'un pendant trois, l'autre pendant six années consécutives. C'est un fait digne d'attention que l'explication de la conduite de Tibère, donnée par le provincial Josèphe, lui est beaucoup plus favorable que celle du Romain Tacite.

Sous le règne de Claude, on trouve une dérogation à la loi, motivée par des nécessités politiques. Galba, qui fut plus tard empereur, fut envoyé en Afrique *extra sortem* et y resta deux ans pour pacifier la province, déchirée par des factions intestines et ravagée par les incursions des barbares (Sueton. *Galba*, 7).

Sous Vespasien, prince qui se piquait d'observer scrupuleusement les règles de l'avancement, on trouve un exemple d'un proconsulat continué au-delà du terme légal, ce qui ne pouvait se faire que par la volonté de l'empereur, l'intérêt manifeste du sénat étant de maintenir le proconsulat annuel. Eprius Marcellus, délateur fameux sous Néron, s'était insinué fort avant dans la faveur de Vespasien, et quoiqu'il fût très-peu aimé de ses collègues du sénat, il garda le proconsulat d'Asie pendant trois ans, sans doute parce que l'empereur voulait le tenir éloigné de Rome et tâcher d'assoupir les querelles dont il avait été la cause.

Un passage intéressant de la vie d'Agricola (cap. 42) nous apprend comment les choses se passaient sous Domitien. Agricola, de retour depuis plusieurs années de sa légation de Bretagne, pendant laquelle il s'était acquis une grande réputation, était devenu suspect à Domitien, qui, malgré les revers des armées romaines en Germanie et en Pannonie, ne voulait ni lui confier un commandement militaire, ni lui fournir une occasion quelconque de se distinguer. Lorsqu'arriva l'année où Agricola devait tirer au sort les provinces d'Asie et d'Afrique, les confidents de l'empereur vinrent sonder ses intentions; ils lui vantèrent les avantages du repos et de la tranquillité, et lui offrirent leurs bons offices pour faire agréer ses excuses; l'exemple du proconsul d'Asie Civica Cerealis, assassiné récemment dans sa province par ordre de Domitien, servait de commentaire à leurs exhortations. Agricola se laissa conduire devant l'empereur et le supplia de lui permettre de refuser le proconsulat; Domitien agréa sa demande, mais il ne lui accorda pas l'indemnité, qu'il était d'usage d'allouer aux consulaires écartés du tirage, et qu'il avait donnée à plusieurs d'entre eux. Ainsi sous Domitien les errements sont les mêmes que sous Tibère; la règle est toujours l'ancienneté, mais lorsque l'empereur veut écarter un candidat qui lui déplaît, il lui fait entendre qu'il serait imprudent d'insister sur son droit. En fait, les proconsuls se succèdent généralement dans l'ordre de leurs consulats, et l'intervention impériale paraît avoir été exercée plutôt pour écarter tel ou tel sénateur, lorsqu'il arrivait au moment du tirage, que pour le faire tirer avant son tour.

Dans certains cas, et toujours sous le bon plaisir du prince, on accordait comme fiche de consolation au sénateur lésé le montant des appointements auxquels il aurait eu droit, s'il avait exercé les fonctions de proconsul. Dion Cassius (LXXVIII, 22) rapporte un cas semblable qui se présenta sous le règne de Macrin, et il ajoute que le chiffre habituel de l'indemnité était un million de sesterces. On comprend que souvent il convenait mieux à un vieux consulaire de recevoir cette somme sans quitter Rome, que d'affronter les fatigues et les ennuis d'un voyage assez long et d'un séjour en Asie ou en Afrique.

Sous Trajan nous trouvons un exemple d'un consulaire qui, désigné par le sort pour la province d'Asie, n'accepta pas; c'est l'orateur Salvius Liberalis, dont le *cursus honorum* a été commenté par Borghesi (*Œuvres*, III, p. 178); l'inscription se termine par ces mots : *Hic sorte factus procos. provinciæ Asiæ se excusavit.*

Au siècle des Antonins les consuls n'etaient généralement nommés que pour deux mois, ce qui en faisait douze par an; aussi le nombre des consulaires était-il considérable. On ne sait si les éliminations étaient faites par l'empereur ou par le sénat, mais l'exemple de l'orateur Cornelius Fronto semble montrer que le choix entre l'Asie et l'Afrique dépendait du sénat. Il paraît qu'Antonin reprochait à Fronto de ne pas vouloir accepter le proconsulat d'Asie, qui lui était échu, parce qu'il aurait préféré celui d'Afrique, préférence fort naturelle, puisqu'il était originaire de Cirta. Dans sa lettre à l'empereur (*ad Antoninum Pium*, 8), Fronto se justifie : « J'ai défendu, dit-il, mon droit de choisir le premier; mais lorsque la question fut décidée en faveur de mon concurrent à cause du *jus liberorum*, je regardai comme mienne la magnifique province qui me restait, et je fis mes préparatifs en conséquence. » Il raconte ensuite comment il était sur le point de partir, lorsque le mauvais état de sa santé l'obligea à renoncer définitivement au proconsulat. Le témoignage de Fronto confirme l'assertion de Dion Cassius, à savoir qu'à ancienneté égale celui des deux consulaires qui avait le plus d'enfants l'emportait, et choisissait le premier, au lieu de tirer au sort; de même le candidat marié primait le célibataire (*Dio*, LIII, 13).

Avec l'empereur Macrin on arrive au régime du bon plaisir. Anicius Faustus avait été écarté du tirage par Sévère; Macrin non-seulement lui donna la province d'Asie, mais l'envoya remplacer Julius Asper qui en était le titulaire et qui était déjà en route pour en prendre possession. En même temps Aufidius Fronto, qui au tirage avait obtenu l'Afrique, mais que Macrin avait désigné pour succéder à Asper en Asie, vit sa nomination à cette dernière province révoquée par l'empereur (*Dio*, LXXVIII, 22).

Jusqu'au règne de Sévère Alexandre, le système établi par Auguste pour l'administration des provinces n'avait pas été sensiblement modifié, du moins en principe; la règle de l'ancienneté était toujours maintenue, et, quand l'empereur n'exerçait pas de pression, la loi suivait son cours. Sévère Alexandre, qui voulait relever l'autorité du sénat et en faire un point d'appui pour son gouvernement, renonça à intervenir dans le choix des proconsuls et en abandonna la nomination purement et simplement au sénat (Lamprid. *Alexand.* 24). Les provinces d'Asie et d'Afrique furent toujours réservées aux consulaires, mais on ne tint plus compte de l'ancienneté; en effet, Gordien, collègue de Sévère Alexandre dans le consulat, fut envoyé en Afrique en sortant de sa charge en vertu d'un sénatus-consulte (Capitol. *Gordiani*, 2, 5). L'histoire de cette époque est si peu connue qu'il n'est pas facile de citer un autre exemple de nomination faite par le sénat; il y a bien celui de Faltonius Probus envoyé en Asie pour remplacer Arellius Fuscus après la mort d'Aurélien, mais comme il y eut à cette époque un interrègne de quelques mois pendant lequel le sénat fut le seul pouvoir de l'État, l'exemple n'est pas concluant; néanmoins Vopiscus (*Aurelian.* 40), en parlant des magistrats en exercice à la mort d'Aurélien, dit : *Quos aut senatus aut Aurelianus delegerat*, ce qui montre que certaines nominations appartenaient au sénat. C'est aussi sous le règne de Sévère Alexandre qu'on voit pour la première fois le même personnage obtenir successivement le proconsulat d'Asie et celui d'Afrique; on n'en connaît que deux exemples, celui de l'historien Marius Maximus et celui de Balbin, qui fut plus tard empereur. Le cas ne pouvait guère se présenter avant les réformes de Sévère Alexandre, et tant que l'ancienneté était la règle. Car pour avoir le droit de participer une seconde fois au tirage des provinces consulaires, il fallait avoir été consul deux fois; or sous l'empire un deuxième consulat était généralement le couronnement d'une longue carrière; on y arrivait assez tard dans la vie, et comme il s'écoulait un intervalle de douze ans en moyenne entre le consulat et le proconsulat, un personnage deux fois consulaire n'aurait pu arriver au second tirage que dans un âge fort avancé. Cette considération explique pourquoi on ne rencontre pas d'exemple du double proconsulat avant le règne de Sévère Alexandre.

Quant à la règle de l'ancienneté, il est probable qu'elle n'était plus observée; car, à la fin du troisième siècle, Aurelius Aristobulus, consul en 285, fut proconsul d'Afrique en 294 et pendant quatre années consécutives (Renier, *Inscr. Algér.* 2725, 4251; Guérin, *Tunisie*, I, p. 401); Cassius Dio, consul en l'an 291, fut proconsul d'Afrique en 295, et Annius Anullinus, consul en 295, obtint le même proconsulat en 303 (Morcelli, *Africa Christiana*, II, p. 175, 184); comme à cette époque il y avait encore huit ou dix consuls suffects tous les ans, il est évident que les proconsulats n'étaient pas donnés à l'ancienneté. Au surplus tous ces exemples tombent sous le règne de Dioclétien, à une époque où les anciennes provinces furent morcelées et où tout le système de l'administration romaine fut profondément remanié, de sorte qu'on ne peut les considérer comme tout à fait concluants. Voyez sur ce sujet Borghesi, *OEuvres*, V, p. 469.

C'est sous le règne de Dioclétien, ou au commencement de celui de Constantin, que les provinces d'Asie et d'Afrique cessèrent d'être réservées aux consulaires. Je crois que ce changement doit se placer sous Dioclétien, et qu'il fut la conséquence naturelle du morcellement des provinces; on conserva longtemps encore les titres de proconsuls d'Asie et d'Afrique, mais la charge avait perdu une grande partie de son importance; sauf une certaine primauté d'honneur, et une certaine indépendance vis-à-vis des préfets du prétoire (*Eunap.* p. 60, 80, éd. Boissonade), les proconsuls d'Asie n'avaient guère plus de pouvoir que les gouverneurs des autres provinces, et il n'y avait plus de raison pour les choisir parmi les consulaires. Selon Borghesi, le changement n'eut lieu que sous Constantin (*loc. cit.* p. 470). Quoi qu'il en soit, le plus ancien exemple d'un proconsul d'Asie ou d'Afrique, ayant exercé ses fonctions avant le consulat, est celui de Petronius Probianus, proconsul d'Afrique de 314 à 316, et consul en 322 (*Cod. Theod.* XI, 30, 3, 5, 6; Godefroy, *Prosopographia*, in v. Probianus).

Nous avons vu que la constitution d'Auguste établissait un intervalle de cinq ans entre la magistrature urbaine et le proconsulat auquel elle donnait droit. Il est bon d'examiner comment cette condition fut observée; car la longueur probable de l'intervalle entre le consulat et le proconsulat, sous tel ou tel règne, sera souvent le principal élément qui nous permettra de fixer la chronologie des proconsuls. Le nombre de proconsuls d'Asie et d'Afrique, pour lesquels les dates du consulat et du proconsulat sont connues avec certitude et par des témoignages indépendants, n'est pas très-considérable; il est suffisant toutefois pour nous permettre de poser quelques règles générales, et d'ailleurs il s'accroît tous les ans par suite des nouvelles découvertes épigraphiques, qui viennent corriger et étendre les fastes consulaires de l'époque impériale, ou révéler les noms de nouveaux proconsuls.

Sous Auguste, je trouve deux infractions à la règle de l'intervalle quinquennal, celui de L. Domitius Ahenobarbus, consul en 738, et proconsul d'Afrique en 742 (*Orelli*, 3693), et celui de C. Asinius Gallus, consul en 746 et proconsul d'Asie en 748. Cette violation d'une loi si récente s'explique par le petit nombre de consulaires éligibles à cette époque; en effet, depuis l'an 726 jusqu'en 741 il n'y eut presque pas de consuls suffects, et si on tient compte des morts et des exilés, des fonctions sacerdotales qui retenaient certains consulaires à Rome, et des commandements militaires qui en tenaient d'autres éloignés, on comprend facilement que dans certaines années il n'y avait pas à Rome deux consulaires aptes à prendre part au tirage. A partir de l'année 742, à très-peu d'exceptions près, il y eut toujours au moins deux consuls suffects par an, de sorte que le recrutement des consulaires fut assuré; aussi ne trouve-t-on plus sous les règnes suivants un seul exemple d'infraction à la limite quinquennale.

Sauf les deux cas que nous venons de citer, l'intervalle sous Auguste paraît avoir été généralement de cinq à six ans, mais vers la fin du règne il tend à augmenter; je trouve un exemple d'un intervalle de treize ans, celui de Cn. Lentulus Augur, consul en 740, proconsul d'Asie en 753. Sous Tibère l'intervalle augmente régulièrement; d'abord de huit et de neuf ans, il se maintient ensuite pendant quelques années à dix ans, et à la fin du règne il est de douze à quinze ans. Sous Caligula, il est de dix à quatorze ans ; sous Claude et Néron, de huit à treize ans ; sous Vespasien, de neuf ans ; sous Trajan, on trouve deux exemples de seize ans ; sous Marc-Aurèle, les seuls exemples certains donnent quatorze et quinze ans ; sous Septime Sévère, treize ans ; sous Macrin, dix-huit ans. La moyenne générale à partir de la mort de Tibère est douze ou treize ans, mais à mesure qu'on avance dans le second siècle l'intervalle tend à s'accroître, et ce fait s'explique naturellement par le grand nombre des consuls suffects, qui venaient encombrer chaque année la liste des consulaires.

De tous ces faits il résulte : 1° que, sauf dans les premières années qui suivirent la constitution de 727, la règle de l'intervalle quinquennal ne fut jamais abrogée ni enfreinte jusqu'aux réformes de Sévère Alexandre ; 2° que, depuis la mort d'Auguste jusqu'à celle de Vespasien, l'intervalle est ordinairement de dix ans, mais qu'il varie entre huit et quinze ans ; 3° que, depuis la mort de Vespasien jusqu'au règne de Sévère Alexandre, il n'est jamais au-dessous de dix ans, qu'il est plus souvent de quinze ans, et qu'il tend toujours à augmenter.

Quelques écrivains modernes ont avancé que sous Tibèr l'intervalle avait été fixé à dix ans ; c'est une erreur ; les dispositions de la loi de 727 ne furent jamais modifiées ; l'intervalle légal minimum demeura toujours fixé à cinq ans, bien que doublé ou triplé dans la pratique.

Le tirage au sort des provinces prétoriennes entre les anciens préteurs était soumis aux mêmes règles que celui des provinces consulaires entre les anciens consuls ; l'intervalle entre la magistrature urbaine et le proconsulat paraît avait été généralement d'une dizaine d'années, mais il serait difficile d'en citer des exemples certains, parce qu'il est assez rare qu'on puisse déterminer exactement la date d'un proconsulat prétorien, et encore plus rare de connaître l'année d'une préture. D'après les règlements établis par Auguste (*Dio*, LII, 20) on pouvait être préteur à trente ans, et consul deux ans après ; d'où il suit que beaucoup d'anciens préteurs arrivaient au consulat avant d'avoir participé au tirage des provinces prétoriennes, et on s'est demandé si dans ce cas ils conservaient leur droit de tirage ; la question est résolue maintenant, et Borghesi (*Œuvres*, IV, p. 145) et M. Léon Renier (*Mélanges d'épigra-*

phie, p. 125) ont démontré par plusieurs exemples certains que leur droit restait intact.

Il n'était pas nécessaire d'avoir exercé réellement la préture pour concourir au tirage; il suffisait d'avoir été élevé par l'empereur au rang de prétorien, *allectus inter prætorios;* c'est ce que Dion Cassius veut dire lorsqu'il écrit que les provinces prétoriennes étaient réservées τοῖς ἐστρατηγηκόσιν ἢ δοκοῦσιν ἐστρατηγηκέναι (LIII, 13), et les inscriptions confirment son assertion (*Orelli-Henzen*, 1170, 6461). En était-il de même pour ceux qui avaient reçu les *ornamenta consularia*, τιμαὶ ὑπατικαί, ou qui avaient été *allecti inter consulares*, ἐς τοὺς ὑπατευκότας καταλεχθέντες? Obtenaient-ils le droit de participer au tirage des provinces consulaires? La première de ces distinctions, assez commune sous l'empire, paraît avoir été purement honorifique; elle conférait le droit de siéger au sénat parmi les véritables consulaires et d'opiner avec eux dans les discussions (*Dio*, XLVI, 41; LX, 8), mais rien de plus; pour la première fois sous Septime Sévère, elle fut assimilée à un véritable consulat (*Dio*, XLVI, 46). Quant à la seconde, elle est fort rare sous le haut empire; je n'en trouve qu'un exemple sous Jules César et un autre sous Auguste (*Dio*, XLIII, 47; LII, 42), ensuite un sous Commode (*ibid.*, LXXII, 5): au troisième siècle, elle devient plus fréquente; d'après l'analogie de la préture, il est probable qu'elle donnait les mêmes droits que le consulat effectif, mais on n'en a pas la preuve.

Lorsqu'un proconsul mourait dans l'exercice de ses fonctions, il fallait pourvoir à l'administration provisoire de la province, puisque son successeur ne pouvait être nommé qu'au tirage annuel. L'ancienne règle paraît avoir été d'en charger le questeur, mais, comme les légats étaient généralement d'un rang supérieur aux questeurs, cet arrangement donnait lieu à des conflits. Vers la fin du règne d'Auguste, le proconsul d'Achaïe étant venu à mourir au milieu de son année de gouvernement, on partagea la province entre le questeur et le légat, de manière que le premier eut le Péloponnèse, et le second tout ce qui était au nord de l'isthme (*Dio*, LV, 27). Au début du règne de Tibère, le même cas s'étant présenté pour la province de Crète et de Cyrène, l'administration en fut confiée au questeur et au légat; et il est probable que l'un eut la Crète et l'autre Cyrène (*Dio*, LVII, 14). Plus tard les empereurs confiaient l'intérim d'une province, dont le titulaire était mort, au procurateur; on en connaît deux exemples, l'un sous Domitien (*Orelli*, 3651), l'autre sous Sévère Alexandre (*Orelli*, 5530).

Les proconsuls d'Asie et d'Afrique avaient droit à douze licteurs, ceux des autres provinces à six seulement; les uns et les autres revêtaient les insignes de leur dignité dès qu'ils avaient franchi les limites du pomérium et ils ne les quittaient qu'à leur retour; ils ne devaient ni porter l'épée ni revêtir l'uniforme militaire; car, comme le dit expressément Dion, aucun gouverneur n'avait le droit de porter l'épée, s'il n'avait le pouvoir de faire exécuter un soldat, c'est-à-dire s'il n'exerçait un commandement militaire (*Dio*, LIII, 13), et effectivement il n'y avait pas de troupes régulières dans les provinces du sénat. Seuls les proconsuls d'Afrique avaient une légion sous leurs ordres, du moins jusqu'au règne de Caligula.

Les proconsuls avaient droit de vie et de mort sur leurs administrés. Ils étaient accompagnés d'un questeur désigné par le sort, et d'un ou plusieurs légats, qu'ils choisissaient eux-mêmes, sauf l'approbation du prince.

Les légats des proconsuls des deux grandes provinces étaient choisis, comme leur chef, parmi les consulaires, à ce que dit Dion (LIII, 14); mais les inscriptions montrent qu'ils étaient généralement de rang prétorien seulement; ils étaient au nombre de trois, et leur nomination devait être sanctionnée par l'empereur. Dans les provinces prétoriennes, le proconsul n'avait qu'un légat, qui pouvait être soit un ancien préteur, soit un magistrat qui n'avait encore atteint qu'un grade inférieur à la préture.

Les proconsuls recevaient des appointements fixes, qui variaient selon les circonstances et selon les provinces. Il leur était expressément interdit soit de lever des contributions, soit d'enrôler des troupes, sans un ordre de l'empereur. Ils devaient quitter leur province immédiatement après l'arrivée de leur successeur et être de retour à Rome dans les trois mois. Sous la république les gouverneurs de province partaient de Rome au mois de mai; Tibère enjoignit aux proconsuls de se mettre en route avant la nouvelle lune de juin, et Claude avança encore cette époque en la fixant au 15 avril (*Dio*, LVII, 14; LX, 17). Il était d'usage pour les proconsuls d'Asie d'aborder d'abord à Éphèse, et de faire de cette ville leur principale résidence; et c'est en ce sens que Cicéron appelle le propréteur d'Asie *Ephesius prætor* (*ad Attic.* V, 13); plus tard Caracalla en fit une obligation : *proconsuli necessitas imposita per mare Asiam applicare*, καὶ τῶν μητροπόλεων Ἔφεσον *primam attingere* (Ulpian. *Digest.* I, 16, 4). Cette arrivée par mer, que les Grecs appelaient κατάπλους, est rappelée sur une monnaie d'Éphèse, frappée sous l'empereur Philippe, avec la légende ЄΦЄCIΩN KATAΠΛΟΥC A, et la représentation d'une galère avec un *vexillum* sur la proue (Mionnet, *Suppl. Ionie*, n° 710).

Il nous reste à parler des provinces impériales, *provinciæ Cæsaris*. Celles qui appartiennent à notre sujet sont la Syrie, la Palestine, l'Arabie, la Mésopotamie, la Cilicie, la Galatie et la Cappadoce; ainsi que nous l'avons déjà dit, la Bithynie et la Lycie dépendirent tantôt du sénat, tantôt de l'empereur. Plusieurs de ces provinces sont de création postérieure à Auguste, mais les règles qu'il établit pour celles qui existaient de son temps furent appliquées par ses successeurs aux provinces incorporées plus tard à l'empire. Tandis que les provinces du sénat étaient toutes depuis longtemps pacifiées et accoutumées à la domination romaine, celles de l'empereur étaient habitées par des populations plus récemment soumises, plus remuantes, et de plus elles étaient exposées aux invasions du dehors, parce qu'elles étaient toutes, du moins au moment de leur création, des provinces frontières. Sans doute, en laissant au sénat les provinces qui n'avaient pas besoin de troupes, tandis qu'il prenait pour lui celles où stationnaient les légions, Auguste avait voulu concentrer entre ses mains toutes les forces militaires de l'État; mais il faut bien le reconnaître, du moment qu'il y avait partage, il était du devoir du souverain qui avait les priviléges du pouvoir suprême d'en prendre aussi les risques et de se rendre personnellement responsable de la protection et de l'intégrité de l'empire.

L'organisation des provinces impériales était aussi simple qu'efficace. Les gouverneurs étaient nommés directement par l'empereur, généralement pour une période de trois à cinq ans (*Dio*, LII, 23); ils étaient pris parmi les consulaires, les prétoriens et les chevaliers, selon l'importance des provinces. Celles où il y avait plus d'une légion étaient toujours gouvernées par un consulaire, qui avait la haute main à la fois sur les affaires civiles et militaires, et qui avait sur tous droit de vie et de mort, sauf sur les centurions et sur les particuliers d'un rang élevé, qui pouvaient en appeler à l'empereur. Sous lui, des légats légionnaires, généralement de rang prétorien, étaient chargés plus particulièrement du service militaire, toutefois sans rester étrangers aux affaires civiles de leur district (*Dio*, LII, 22); en l'absence du légat consulaire, ou lorsqu'il venait à mourir, un des légats légionnaires le remplaçait. Dans les grandes provinces, comme la Syrie, le légat consulaire avait aussi auprès de lui un certain nombre de légats ou d'assesseurs. Les provinces où il n'y avait qu'une légion étaient confiées tantôt à un consulaire, tantôt à un prétorien; dans le premier cas le légat consulaire s'occupait surtout de l'administration civile et il avait sous lui un légat légionnaire; dans le second cas, le légat légionnaire réunissait l'administration civile et militaire. Tous recevaient du trésor un traitement fixe. Enfin certaines provinces étaient gouvernées par un chevalier romain, avec le titre de *procurator*, comme la Cappadoce avant le règne de Vespasien, ou avec celui de *præfectus*, comme l'Égypte et plus tard la Mésopotamie; ces officiers avaient le *jus gladii* comme les légats.

Le titre officiel des légats, tant consulaires que prétoriens, était *legatus Augusti pro prætore*, πρεσβευτὴς Σεβαστοῦ ἀντιστράτηγος; tous avaient le même nombre de cinq licteurs, d'où vint le nom de *quinquefascalis*, πρὸς πέντε ῥάβδους, qui désigna plus tard plus particulièrement les légats de rang prétorien, tandis que les autres furent souvent appelés ὑπατικοί, *legati consulares*. Quant au titre de *præses*, ἡγεμών, qu'on trouve souvent dans les auteurs, il ne fut d'abord qu'un titre générique, ainsi que le dit expressément le jurisconsulte Macer : *Præsidis nomen generale est, eoque et proconsules et legati Cæsaris, et omnes provincias regentes, licet senatores sunt, præsides appellantur; proconsulis appellatio specialis est* (*Digest.* I, 18, 1). Il ne devint d'un usage général comme titre officiel que vers la fin du troisième siècle; mais, dès le règne d'Antonin, on trouve sur les monnaies des villes de la Thrace la formule πρεσβευτὴς Σεβαστοῦ ἀντιστράτηγος remplacée par le mot ἡγε(μονεύοντος). Les légats impériaux revêtaient les insignes de leur charge en entrant dans leur province, et ils les déposaient en la quittant (*Dio*, LIII, 13).

Pas plus que les proconsuls, les légats impériaux n'avaient

à s'occuper des finances dont l'administration était entièrement distincte. Nous n'avons pas à nous en occuper ici, et nous nous bornerons à dire en termes généraux que la perception de ce qu'on appelle maintenant les contributions directes était confiée à des procurateurs choisis par l'empereur parmi les chevaliers et les affranchis, tandis que les contributions indirectes étaient généralement affermées. Toutefois, selon Dion Cassius, les proconsuls recevaient directement de leurs administrés certains tributs (φόροι); mais il ne s'agit sans doute ici que de redevances en nature, de rations et d'indemnités de logement (*Dio*, LIII, 15).

Tel était le personnel de l'administration supérieure des provinces de l'empire romain. Soumis à des règles d'avancement bien entendues et assez strictement observées dans leur ensemble, recrutés parmi des fonctionnaires qui dès leur jeunesse étaient entrés au service de l'État, et qui passaient alternativement par des postes militaires et des postes civils, ils apportaient dans leurs gouvernements l'expérience et les lumières qu'une longue carrière publique peut seule donner. Les défauts que leur reprochent les auteurs contemporains, et pour lesquels ils étaient traduits devant le sénat, sont souvent l'avarice, quelquefois la cruauté, rarement l'incapacité. En somme, pendant les deux premiers siècles qui suivirent la bataille d'Actium, la condition des provinces fut assez prospère; l'ordre matériel régnait partout, ce qui avait bien rarement été le cas auparavant; les luttes de prince à prince, de ville à ville, étaient devenues impossibles et la guerre était reléguée aux frontières; le commerce et l'industrie étaient florissants; l'accès des fonctions publiques, même les plus élevées, s'ouvrait de plus en plus aux provinciaux, et enfin sous Caracalla la qualité de citoyen romain fut étendue aux hommes libres de toutes les provinces. C'est sous les Antonins que le système fonctionna dans sa perfection, et leur règne fut en général une époque de paix et de prospérité pour le monde civilisé; après eux, le déclin commença, mais il fallut bien des secousses, bien des bouleversements pour détruire la savante machine administrative que le despotisme intelligent d'Auguste avait créée.

CHAPITRE DEUXIÈME.

PROVINCE D'ASIE.

Il existe un travail excellent sur les gouverneurs de cette province depuis son origine jusqu'à la bataille d'Actium, par Bergmann; il est intitulé *De Asiæ Romanorum provinciæ præsidibus* et a été publié dans le Philologus (1847, p. 641-690). Je n'ai eu à m'écarter des conclusions de l'auteur que sur un petit nombre de points et son ouvrage m'a été d'un grand secours; la suite annoncée à la page 641 n'a jamais paru.

Bien que la province d'Asie n'ait été définitivement constituée que par Manius Aquilius après la défaite et la mort d'Aristonicus, son origine en droit remontait à la mort même d'Attale III Philométor, et il importe d'établir exactement la date de cette mort, puisqu'elle a servi de point de départ à une ère que nous trouvons employée sur les cistophores frappés à Éphèse. La question a été examinée par Clinton (*Fasti Hell.*, III, p. 419), et par Borghesi (*Œuvres*, II, p. 444-47); le premier place la mort d'Attale dans les premiers mois de l'année 133 = A. U. C. 621, le second à l'été de l'année précédente.

Le témoignage principal est celui de Plutarque : Ἐπεὶ δὲ τοῦ Φιλομήτορος Ἀττάλου τελευτήσαντος Εὔδημος ὁ Περγαμηνὸς ἀνήνεγκε διαθήκην ἐν ᾗ κληρονόμος ἐγέγραπτο τοῦ βασιλέως ὁ Ῥωμαίων δῆμος, εὐθὺς ὁ Τιβέριος δημαγωγῶν εἰσήνεγκε νόμον ὅπως τὰ βασιλικὰ χρήματα κομισθέντα τοῖς τὴν χώραν διαλαγχάνουσι τῶν πολιτῶν ὑπάρχοι πρὸς κατασκευὴν καὶ γεωργίας ἀφορμήν. Περὶ δὲ τῶν πόλεων, ὅσαι τῆς Ἀττάλου βασιλείας ἦσαν, οὐδὲν ἔφη τῇ συγκλήτῳ βουλεύεσθαι προσήκειν, ἀλλὰ τῷ δήμῳ γνώμην αὐτὸς προθήσειν. Ἐκ τούτου μάλιστα προσέκρουσε τῇ βουλῇ (*Tib. Gracch.*, 14). Ce récit est confirmé par Tite-Live (*Epitom.*, lib. LVIII) et par Orose (V, 8). D'autre part, Appien (*Bell. civ.*, I, 14) place la mort de Gracchus en été, lorsque les citoyens des tribus rurales étaient dispersés pour les travaux de la moisson. Il résulte de ces divers témoignages que la mort d'Attale, et l'arrivée à Rome d'Eudème, qui dut nécessairement suivre de près, doivent se placer dans la première moitié de l'année 621, celle du tribunat de Tib. Gracchus, et plutôt dans les premiers mois de l'année. Telle est l'opinion de Clinton; mais Borghesi reporte la mort d'Attale à l'année précédente, en se fondant sur le passage suivant de Justin : *Attalus matri deinde sepulchrum facere instituit, cui operi intentus morbum ex solis fervore contraxit, et septimo die decessit* (XXXVI, 4). L'argument n'a pas une grande valeur; car dans la plaine de Pergame il fait déjà très-chaud au mois d'avril et d'ailleurs on peut attraper une maladie de bien des manières *ex solis fervore*. Il faut donc s'en tenir aux témoignages formels de Plutarque et de Tite-Live qui placent l'arrivée d'Eudème pendant le tribunat de Gracchus; car il est évident qu'un document aussi important que le testament d'Attale dut être apporté à Rome sans le moindre retard.

Au surplus, qu'Attale soit mort à l'automne de l'année 620 ou au printemps de 621, le fait n'a pas d'importance pour la fixation du point de départ de l'ère d'Éphèse. En effet les Asiatiques faisaient toujours commencer l'année civile à l'équinoxe d'automne, c'est-à-dire au 24 septembre, et par conséquent la première année de l'ère dut être comptée à partir du 24 septembre qui précéda la mort d'Attale, c'est-à-dire à partir du 24 septembre 620. Nous verrons plus loin que les dates inscrites sur les cistophores ne permettent pas de songer à un autre point de départ.

Les événements qui en Asie suivirent la mort d'Attale sont clairement racontés par Strabon : Μετὰ δὲ Σμύρναν αἱ Λεῦκαι πολίχνιον, ὃ ἀπέστησεν Ἀριστόνικος μετὰ τὴν Ἀττάλου τοῦ Φιλομήτορος τελευτήν· — ἐντεῦθεν μὲν οὖν ἐξέπεσεν, ἡττηθεὶς ναυμαχίᾳ περὶ τὴν Κυμαίαν ὑπὸ Ἐφεσίων, εἰς δὲ τὴν μεσόγαιαν ἀνιὼν ἤθροιζε διὰ ταχέων πλῆθος ἀπόρων τε ἀνθρώπων καὶ δούλων ἐπ' ἐλευθερίᾳ κατακεκλημένων, οὓς Ἡλιοπολίτας ἐκάλεσε. Πρῶτον μὲν οὖν παρεισέπεσεν εἰς Θυάτειρα, εἶτ' Ἀπολλωνίδα ἔσχεν, εἶτ' ἄλλων ἐφίετο φρουρίων· οὐ πολὺν δὲ διεγένετο χρόνον, ἀλλ' εὐθὺς αἵ τε πόλεις ἔπεμψαν πλῆθος, καὶ Νικομήδης ὁ Βιθυνὸς ἐπεκούρησε καὶ οἱ τῶν Καππαδόκων βασιλεῖς. Ἔπειτα πρέσβεις Ῥωμαίων πέντε ἧκον, καὶ μετὰ ταῦτα στρατιὰ καὶ ὕπατος Πόπλιος Κράσσος, καὶ μετὰ ταῦτα Μάρκος Περπέρνας, ὃς καὶ κατέλυσε τὸν πόλεμον, ζωγρίᾳ λαβὼν τὸν Ἀριστόνικον καὶ ἀναπέμψας εἰς Ῥώμην. Ἐκεῖνος μὲν οὖν ἐν τῷ δεσμωτηρίῳ κατέστρεψε τὸν βίον, Περπέρναν δὲ νόσος διέφθειρε, Κράσσος δὲ περὶ Λεύκας, ἐπιθεμένων τινῶν ἔπεσεν ἐν μάχῃ. Μάνιος δ' Ἀκύλλιος, ἐπελθὼν ὕπατος μετὰ δέκα πρεσβευτῶν, διέταξε τὴν ἐπαρχίαν εἰς τὸ νῦν ἔτι συμμένον τῆς πολιτείας σχῆμα (XIV, 1, 38). L'envoi des cinq commissaires romains au début de la révolte d'Aristonicus n'est mentionné que par Strabon ; Borghesi a montré qu'ils partirent immédiatement après la mort de Tib. Gracchus, que leur chef était Scipion Nasica, le *pontifex maximus*, qui avait dirigé l'attaque contre Gracchus, et qu'il mourut à Pergame dans les premiers mois de 622 (*Œuvres*, II, p. 447). Quant aux autres personnages qui figurent dans le récit de Strabon, nous en parlerons plus loin en détail. On voit aussi par ce récit pourquoi Éphèse, seule [1] parmi les villes de la province, a inscrit sur ses monnaies une ère dont le point de départ coïncide à peu près avec la mort d'Attale. Je serais tenté de croire que le véritable point de départ n'est pas cette mort, mais le jour de la victoire remportée sur Aristonicus, victoire que les Romains durent récompenser par la concession de quelques priviléges.

Le royaume d'Attale, dont héritaient les Romains, comprenait presque toute la portion de l'Asie Mineure, située au nord du Taurus, jusqu'à la Bithynie, la Galatie et la Cappadoce, ainsi que la Chersonèse de Thrace, et la plupart des îles de la mer Égée ; mais il ne fut pas compris tout entier dans la nouvelle province romaine. La Chersonèse fut sans doute annexée à la province de Macédoine, dont elle dépendait au temps de Cicéron (*In Pisonem*, 35, 86). La grande Phrygie, c'est-à-dire la partie orientale de ce pays, fut cédée par Aquilius à Mithridate Évergète, roi du Pont, en récompense de ses services pendant la guerre ; mais à Rome on trouva la récompense un peu forte, et Aquilius fut accusé à son retour d'avoir été corrompu par les largesses de Mithridate (*Justin*, XXXVII, 1 ; XXXVIII, 5 ; Appian., *Mithrid.*, 57). A la mort de ce prince, qui eut lieu en l'an 634, le sénat reprit la Phrygie et la déclara libre, pour l'annexer ensuite définitivement à la province d'Asie, dont elle fai-

[1] Pour ne rien omettre, je dois dire que les cistophores de Nysa en Carie portent aussi des dates ; mais les exemplaires de ces pièces, fort rares d'ailleurs, qu'on a retrouvés jusqu'à présent, ne fournissent aucune indication qui permette de préciser le point de départ de l'ère. Voyez Pinder, *Cistophoren*, p. 561.

sait partie déjà avant la première guerre avec Mithridate Eupator (Appian., *Mithrid.*, 11, 12, 15, 56, 57; Liv., *Epitome*, LXXVII). La Pisidie, qui avait appartenu à Eumène de Pergame, dut être reconquise par les Romains et fut comprise dans la province de Cilicie, qui fut constituée plus tard (voyez à la Cilicie). La Lycaonie fut donnée aux fils du roi de Cappadoce Ariarathe VI, qui avait péri dans la guerre (*Justin*, XXXVII, 1, et la note de Bergmann, *Philologus*, 1847, p. 642). La Carie, qui avait été déclarée libre après la guerre contre Persée en 586, était peut-être tombée depuis sous la domination des rois de Pergame; c'est là du moins qu'Aristonicus prolongea le plus longtemps sa résistance, car c'est dans Stratonicée qu'il fut assiégé et fait prisonnier par Perperna; quoi qu'il en soit, la Carie paraît toujours avoir fait partie intégrante de la province d'Asie, et l'était certainement en 678 (Inscr. de Mylasa, *Le Bas et Waddington*, n° 409); un petit district seulement, appelé la Pérée rhodienne, et situé en face de Rhodes, appartenait aux habitants de cette île. Dans le même voisinage, la ville et le port de Telmessus, qui avaient été donnés au roi Eumène après la défaite d'Antiochus, furent rendus à la confédération lycienne (*Strab.*, XIV, 3, 4). Quant aux îles de la mer Égée, il est difficile de suppléer entièrement au silence des historiens. Les îles asiatiques suivirent sans doute le sort du continent, dont elles sont si rapprochées et dont elles ont toujours formé une dépendance; dans tous les cas, à une époque postérieure, Cos, Astypalée, Calymna, Amorgos, Samos, Chios et Lesbos, obéissaient aux gouverneurs de l'Asie. Dans le groupe des Cyclades, Syros dépendait de l'Asie sous Septime Sévère (Lebas, *Inscriptions*, II, n° 1892); Naxos, à en juger par une monnaie frappée sous Antonin, se rattachait plutôt à l'Asie qu'à l'Achaïe, et il en était probablement de même d'Andros (voyez plus loin, § 65). Égine, qui avait appartenu à Eumène, dut évidemment être rattachée à l'Achaïe.

Telle était la province d'Asie à son origine, et telles furent ses limites à peu de chose près pendant les trois premiers siècles de l'empire romain; mais, pendant le dernier siècle de la république, elle subit à plusieurs reprises quelques modifications temporaires. En 672, le district de Cibyra fut conquis par Murena et annexé à l'Asie (*Strab.* XIII, 4, 17). Nous examinerons plus loin, au chapitre relatif à la Cilicie, si la province de ce nom fut réellement constituée en 650 ou seulement en 674; la question est encore un peu indécise, mais lorsque en 674, après la fin de la première guerre contre Mithridate, Cn. Cornelius Dolabella obtint la province de Cilicie et le commandement d'une armée contre les pirates, il est certain que sa province comprenait une partie de la grande Phrygie. En effet, Cicéron reproche à Verrès, qui avait été légat et proquesteur de Dolabella, d'avoir commis des exactions, sous l'autorité de ce dernier, dans la Milyade, la Lycie, la Pamphylie, la Pisidie et toute la Phrygie, *tota Phrygia* (*Verr.* I, 38, 95). Si on tient compte de l'exagération oratoire et du sans gêne de Verrès, qui n'avait pas hésité à piller le temple de Junon à Samos, ni à prendre les vaisseaux des Milésiens, en pleine province d'Asie, on n'accordera peut-être pas une valeur absolue au passage cité. Dans tous les cas, le diocèse de Laodicée n'avait pas été détaché de l'Asie à cette époque, ainsi que l'ont affirmé Marquardt et Bergmann; car c'est dans cette ville qu'eurent lieu le jugement et l'exécution de Philodamus de Lampsaque, et Cicéron insiste précisément sur le fait que Dolabella avait quitté sa province pour venir y assister (I, 29-30). Je crois donc que la portion de la Phrygie comprise dans la province de Dolabella, se composait seulement des diocèses d'Apamée et de Synnada, limitrophes de la Pisidie et de la Milyade. Il est probable qu'il en fut de même sous son successeur, le proconsul P. Servilius Vatia Isauricus (676-680); pour les années suivantes, on n'a pas de renseignements précis; de 692 à 698, les diocèses phrygiens, y compris celui de Laodicée, firent partie de l'Asie; de 698 à 704, ils furent annexés à la Cilicie; en 705, ils furent restitués à l'Asie et ne paraissent pas en avoir été détachés depuis; cependant sous Q. Marcius Philippus, qui gouverna la Cilicie vers 710, la ville de Philomelium, située sur la lisière de la Pisidie, appartenait encore à la province de Cilicie. Pour plus de détails, voyez plus loin les paragraphes relatifs aux différents gouverneurs.

Depuis le règne d'Auguste jusqu'à celui de Dioclétien les limites de la province ne furent pas modifiées, et grâce aux nombreuses monnaies frappées par les villes depuis le règne d'Auguste jusqu'à celui de Gallien, il est facile de marquer exactement la frontière de la province d'Asie et des provinces limitrophes. En effet, les monnaies frappées dans la province d'Asie *à cette époque* se distinguent de celles qui ont été frappées dans les autres provinces de l'Asie Mineure, par deux traits particuliers : 1° On y trouve souvent les noms des magistrats locaux, stratéges, archontes, grands-prêtres, etc. 2° L'effigie de l'empereur régnant y est souvent remplacée par une tête symbolique avec la légende ΙΕΡΑ CΥΝΚΛΗΤΟC. Cette tête est celle du sénat romain, car dans la langue officielle du temps le mot σύγκλητος désigne toujours le sénat de Rome, tandis que le mot βουλή ne s'applique qu'aux sénats locaux; les auteurs n'ont pas toujours maintenu cette distinction, notamment en ce qui touche le mot βουλή dont ils se servent souvent pour désigner le sénat de Rome; mais elle est constante dans les inscriptions si nombreuses des villes asiatiques. En gravant la légende ΙΕΡΑ CΥΝΚΛΗΤΟC sur leurs monnaies, les villes de l'Asie rendaient hommage au sénat, dont ils dépendaient dans une certaine mesure, puisque l'Asie fut constamment une province sénatoriale. Il est à remarquer que cette coutume était particulière à la province d'Asie; car dans la province limitrophe de Bithynie, qui pendant longtemps fut aussi une province sénatoriale, on n'en trouve pas trace. L'habitude de signer les monnaies des noms de différents magistrats locaux ne se rencontre pas non plus en dehors des limites de la province; en effet en Bithynie, en Galatie, en Cappadoce on trouve souvent sur les monnaies les noms des proconsuls ou des légats impériaux, jamais ceux des magistrats locaux; en Lycie, en Pamphylie, en Cilicie, en Pisidie, en Lycaonie, on ne trouve ni les uns ni les autres, et les monnaies des villes de ces provinces frappées sous l'empire ne portent jamais de nom propre.

Au surplus je ne saurais expliquer la cause de ces différences entre la numismatique de la province d'Asie et celle des provinces voisines; tout ce qu'on peut affirmer, c'est qu'elles sont trop générales et trop absolues pour ne pas avoir leur origine dans les anomalies du droit qui régissait les différentes provinces.

En tenant compte de ces remarques et en les contrôlant par les listes des villes de la province, rédigées par Pline au premier siècle et par Ptolémée au milieu du second, on peut déterminer fort exactement les limites de la province d'Asie pendant les trois premiers siècles de l'empire. Commençant par le nord, le cours du Rhyndacus servait d'abord de limite (Plin., *H. N.*, V, § 142) jusque un peu au-delà de la ville d'Hadriani, qui appartenait à l'Asie et non à la Bithynie; la frontière se dirigeait ensuite à l'est, passant au nord de Dorylæum, atteignait probablement le Sangarius, puis redescendait au midi, en passant à l'est de Midæum, d'Amorium et de Philomelium, qui était la ville la plus orientale de la province; de là la ligne passe au nord d'Antioche et d'Apollonie qui appartenaient à la Pisidie, descend entre cette dernière ville et Apamea Cibotus, et se dirige ensuite sur Cibyra qu'elle laisse un peu à l'ouest, pour gagner la mer vers l'embouchure du Calbis.

En suivant la ligne que je viens d'indiquer sur l'excellente carte de Kiepert, on se rendra compte de l'étendue de la province d'Asie jusqu'au règne de Dioclétien.

Cet empereur remania complétement le système de l'administration romaine et morcela les anciennes provinces, ainsi que le dit expressément Lactance : *Provinciæ in frusta concisæ, multi præsides et plura officia singulis regionibus ac pæne jam civitatibus incubare, etiam rationales multi et magistri et vicarii præfectorum* (*De morte persecut.* 7). Un document fort important, conservé dans un manuscrit de Vérone et récemment mis en lumière par M. Mommsen, donne la liste des provinces sous le règne de Dioclétien telles qu'elles existaient vers l'année 297; on ne peut fixer exactement l'année où la nouvelle division fut introduite, et il est probable qu'elle eut lieu successivement dans les différentes parties de l'empire : les données fournies par la liste elle-même montrent qu'elle ne peut avoir été dressée avant 297, et que, d'un autre côté, elle est antérieure au règne de Constantin (voyez Mommsen, *Mémoires de l'Académie de Berlin*, 1862, et la traduction française, publiée dans la *Revue archéologique*, 1867, et à part sous le titre de *Mémoire sur les Provinces romaines*, 1867). Dans cette liste l'ancienne province d'Asie est comprise tout entière dans la *Diœcesis Asiana*, qui se compose des divisions suivantes, que je désignerai par leur nom grec d'éparchie pour plus de clarté et pour les distinguer des anciennes provinces : 1° Asia, 2° Caria, 3° Insulæ, 4° Lydia, 5° Phrygia prima vel Pacatiana, 6° Phrygia secunda vel Salutaris, 7° Hellespontus, 8° Pisidia, 9° Pamphylia. La Lycie était comprise dans la Pamphylie avec laquelle elle fut si longtemps réunie, et elle l'était encore en 313 (*Cod.*

Theod. XIII, 10, 2; *Cod. Just.* XI, 48, 1); plus tard elle forme toujours une éparchie distincte. La Pisidie comprenait à cette époque la Lycaonie, qui en fut détachée plus tard. Les sept premières éparchies, sauf quelques villes données à la Pisidie, correspondent exactement à l'ancienne province d'Asie, et furent maintenues sans modification sous les empereurs byzantins; car on les retrouve dans les Actes des conciles, dans les listes d'Hiéroclès et dans les Notices ecclésiastiques. Ces deux derniers documents donnent la nomenclature complète des villes de chaque préfecture et permettent d'en déterminer fort exactement les limites. Nous allons les indiquer ici, bien que notre travail s'arrête au règne de Dioclétien, parce qu'elles semblent avoir quelques rapports avec les anciennes divisions financières, c'est-à-dire avec les districts assignés à chaque procurateur. 1° L'Asie, dont le gouverneur conserva toujours le titre de proconsul, avait pour chef-lieu Éphèse, et comprenait le littoral de la péninsule depuis le cours du Méandre au midi, jusqu'à la chaîne du mont Ida au nord; à l'intérieur la frontière ne s'éloignait pas beaucoup de la côte, sauf dans le bassin du Caystre, qui était compris tout entier, et dans la vallée du Méandre dont la rive septentrionale appartenait à l'Asie jusqu'au-delà de Mastaura. La dernière ville de l'éparchie au nord était Assos, située à l'entrée du golfe d'Adramyttium. Ces limites sont celles qui sont indiquées par Eunape dans le dernier quart du quatrième siècle (p. 60, éd. Boissonade). 2° La Carie était bornée au nord par le Méandre et la chaîne du Cadmus, à l'est par la Lycie, au midi et à l'ouest par la mer; c'était à peu de chose près l'ancienne Carie, mais elle comprenait Milet au nord-ouest, et Cibyra au nord-est. Le chef-lieu paraît avoir été Milet ou Aphrodisias. 3° L'éparchie des îles, dont le chef-lieu était Rhodes, comprenait toutes les îles asiatiques, ainsi que les Cyclades, Andros, Tenos, Naxos, Paros, Siphnos, Melos, Ios, Thera et Amorgos. Je crois que ces îles avaient toujours été une dépendance de la province d'Asie, mais pour plusieurs d'entre elles je ne saurais en fournir la preuve. 4° La Lydie, chef-lieu Sardes, était bornée à l'ouest par l'Asie, au midi par la chaîne du Tmolus, à l'est par la Phrygie et au nord par l'éparchie de l'Hellespont; elle comprenait toute la portion moyenne du bassin de l'Hermus. 5° La Phrygie Pacatiane, chef-lieu Laodicée, comprenait toute la moitié occidentale de la Phrygie. 6° La Phrygie Salutaire, chef-lieu Eucarpia, se composait de l'autre moitié de la Phrygie, jusqu'à la Bithynie au nord, la Galatie à l'est, la Pisidie au midi. 7° L'Hellespont, chef-lieu Cyzique, comprenait tout l'angle nord-ouest de la péninsule, entre le cours du Rhyndacus à l'est, la Phrygie, la Lydie et la chaîne de l'Ida au midi. 8° Enfin la Pisidie, chef-lieu Antioche, comprenait dans sa partie occidentale, quelques villes, comme Apamée et Philomelium, qui appartenaient autrefois à la province d'Asie.

Telle était la nouvelle division établie par Dioclétien. Voyons si les monuments de cette époque sont d'accord avec la date supposée de la liste de Vérone.

Nous avons d'abord une inscription trouvée à Ilium (*Corpus inscr. gr.* 3607), dont je reproduirai le texte plus loin, et qui a été gravée sous le règne de Dioclétien, de Maximin et des deux Césars Constance et Galère Maximin, et sous l'administration d'un proconsul d'Asie, dont le nom est mutilé. L'adoption des deux Césars eut lieu le 1er mars 293 (voyez mes notes sur l'Édit de Dioclétien), et comme dans la nouvelle division Ilium appartenait à l'éparchie d'Hellespont, et non à celle d'Asie, il est clair que, du moins en ce qui touche la province d'Asie, le morcellement est postérieur à l'année 293.

Pour la Carie, une inscription d'Halicarnasse (*Bullet. Instit. archeol.* 1860, p. 170) nous donne le nom d'un *præses Cariæ* sous le règne des mêmes Augustes et des mêmes Césars. Une inscription d'Alabanda (*Le Bas et Waddington*, n° 551) mentionne un ἡγεμών ou *præses* sous le règne des Augustes Constantin et Licinius, c'est-à-dire entre 314 et 323. Enfin à Aphrodisias on trouve un ἡγεμών sous le règne de Constance II (*ibid.* n° 1628; *Corpus inscr. gr.* 2744) et un autre à peu près de la même époque (*ibid.* n° 593; *Corpus inscr. gr.* 2745).

Pour l'éparchie des Iles, nous avons une inscription de Mytilène, gravée sous le règne de Dioclétien, de son collègue et des deux Césars, et contenant une dédicace faite par un *præses provinciæ Insularum* (*Murat.* 257, 3; *Orelli*, 1059). Dans le Code Justinien (III, 22, 5) il y a un rescrit des mêmes empereurs, postérieur à 293 et adressé à un *præses Insularum*, et un autre de l'année 361, où il est fait mention des Insulæ, en même temps que de la Lydie, de l'Hellespont et de la Phrygie Salutaire (VII, 62, 22). L'éparchie des Iles existait donc certainement sous Dioclétien; mais le passage suivant de Rufus (*Brev.* 10) ferait supposer qu'elle fut constituée bien plus anciennement : *Rhodus et insulæ primum libere agebant, postea in consuetudinem parendi Romanis clementer provocatæ pervenerunt, et sub Vespasiano principe Insularum provincia facta est.* Il est certain que Vespasien priva les Rhodiens de leur autonomie en même temps que les Samiens et les Lyciens (Sueton. *Vesp.* 8); mais, sauf le passage de Rufus, rien n'indique que les îles aient formé une province distincte avant le règne de Dioclétien. Au contraire, une inscription de Syros, que nous avons déjà citée (Le Bas, *Inscriptions*, II, n° 1892), prouve que, du temps de Septime Sévère, cette île dépendait du proconsul d'Asie; et deux inscriptions de Samos, que nous donnerons plus loin, montrent qu'il en était de même des Samiens, sous les règnes de Claude et d'Hadrien.

J'ajouterai que les monnaies frappées sous les Antonins par les habitants de Cos, de Naxos, de Minoa dans l'île d'Amorgos, de Mytilène, de Methymna et d'Eresos dans celle de Lesbos, portent des noms de magistrats locaux, de même que celles des villes de l'Asie; et comme la présence de ces noms de magistrats sur les monnaies est caractéristique de la numismatique de la province d'Asie sous l'empire, on peut voir dans ce fait un indice que ces îles lui appartenaient; de l'autre côté, il faut dire que, sur les nombreuses monnaies impériales de Samos, on ne rencontre jamais un nom de magistrat.

Nous venons d'exposer l'origine, les développements et le morcellement final de la grande province d'Asie; nous avons dit quel était le rang de ses gouverneurs, le mode de leur nomination, les règles qui présidaient à leur avancement; nous allons aborder maintenant le sujet principal de cette étude, la série chronologique de ces gouverneurs.

1.

P. LICINIUS P. F. P. N. CRASSUS MUCIANUS pontifex maximus, cos.

623=131.

JUSTIN. XXXVI, 4 : Attali testamento heres populus Romanus tunc instituitur. Sed erat ex Eumene Aristonicus, non justo matrimonio, sed ex pellice Ephesia citharistæ cujusdam filia genitus, qui post mortem Attali velut paternum regnum Asiam invasit. Cum multa secunda prœlia adversus civitates, quæ metu Romanorum tradere se ei nolebant, fecisset, justusque rex jam videretur, Asia Licinio Crasso consuli decernitur : qui intentior Attalicæ prædæ, quam bello, cum extremo anni tempore inordinata acie prœlium conseruisset, victus pœnas inconsultæ avaritiæ sanguine dedit.

Liv. *Epitome*, lib. LIX : Adversus Aristonicum P. Licinius Crassus cos., quum idem pontifex maximus esset, quod nunquam antea factum erat, extra Italiam profectus prœlio victus et occisus est. Cf. Cic. *Philipp.* XI, 8.

Vell. Pat. II, 4 : Initio belli Crassum Mucianum, virum juris scientissimum, decedentem ex Asia proconsulem interemit Aristonicus.

Florus, II, 20 : Aristonicus urbes regibus parere consuetas partim facile sollicitat, paucas resistentes, Myndon, Samon, Colophona vi recepit. Crassi quoque prætoris cecidit exercitum, ipsumque cepit. Sed ille memor et familiæ et Romani nominis, custodem sui barbarum virgula excæcat, in exitium sui, quod volebat, concitat.

Frontin. *Stratag.* IV, 5, 16 : P. Crassus, cum bellum adversus Aristonicum in Asia gerens inter Elæam et Myrinam in hostium copias incidisset vivusque abduceretur, exsecratus in consule Romano captivitatem, virga qua ad equum regendum erat usus, Thraci a quo tenebatur oculum eruit, atque ab eo per dolorem concito transverberatus, dedecus servitutis, ut voluerat, morte effugit. Cf. *Val. Max.* III, 2, 12.

Eutrop. IV, 20 : Adversus Aristonicum missus pontifex P. Licinius Crassus infinita regum habuit auxilia. — Victus est tamen in prœlio et interfectus. Caput ejus Aristonico oblatum est, corpus Smyrnæ sepultum. Postea Perperna, consul Romanus, qui successor Crasso veniebat, audita belli fortuna ad Asiam celeravit.

De ces différents passages, auxquels il faut ajouter celui de Strabon (XIV, 1, 38) qui a été reproduit plus haut, il résulte que Crassus fut envoyé en Asie pendant son consulat, et qu'il y fut tué au commencement de l'année suivante, lorsque l'année de son consulat était déjà expirée, et lorsque son successeur s'apprêtait à partir de Rome. Velleius a donc raison de l'appeler proconsul à l'époque de sa mort; mais Florus en employant le mot *prætor* commet une inexactitude. L'expression de Justin, *extremo anni tempore*, peut s'entendre de la fin de l'année de commandement de Crassus. Les fastes Capitolins sont un peu mutilés à l'année 623, de sorte qu'on ne peut s'assurer s'ils contenaient ou non la mention *in magistratu mortuus est* ou *prælio occisus est*, généralement gravée à la suite des noms des consuls qui moururent avant de sortir de charge.

Borghesi (*Œuvres*, II, p. 447) a montré que Crassus succéda comme *pontifex maximus* à Scipio Nasica, mort à Pergame au commencement de 622. Il était fils de P. Mucius Scævola et fut adopté par P. Licinius Crassus; voyez Baiter, *Onomasticum*, p. 404.

2.

M. PERPERNA, cos. 624 = 130.

JUSTIN. XXXVI, 4 : In Crassi locum missus Perperna consul prima congressione Aristonicum superatum in potestatem suam redegit; Attalicasque gazas, hereditarias populi Romani, navibus impositas Romam deportavit. Quod ægre ferens successor ejus Manius Aquilius consul, ad eripiendum Aristonicum Perpernæ, veluti sui potius triumphi munus esse deberet, festinata velocitate contendit. Sed contentionem consulum mors Perpernæ diremit.

FLORUS, II, 20 : Mox a Perperna domitus et captus Aristonicus, et per deditionem in vinculis habitus. Cf. Liv. *Epitome*, lib. LIX.

EUTROP. IV, 202 : Postea Perperna, consul Romanus, qui successor Crasso veniebat, audita belli fortuna ad Asiam celeravit et acie victum Aristonicum apud Stratonicen civitatem, quo fugerat, fame ad deditionem compulit. Aristonicus jussu senatus Romæ in carcere strangulatus est. Triumphari enim de eo non poterat, quia Perperna apud Pergamum Romam rediens diem obierat. Cf. *Strab.* XIV, 1, 38; *Val. Max.* III, 4, 5.

Perperna mourut donc en Asie au commencement de l'année 625.

3.

M'. AQUILLIUS M'. F. M' N., cos. 625 = 129.

Florus, II, 20 : Aquilius Asiatici belli reliquias confecit, mixtis (nefas!) veneno fontibus ad deditionem quarumdam urbium. Cf. *Justin.* XXXVI, 4.

Strab. XIV, 1, 38 : Μάνιος Ἀκύλλιος, ἐπελθὼν ὕπατος μετὰ δέκα πρεσβευτῶν, διέταξε τὴν ἐπαρχίαν εἰς τὸ νῦν ἔτι συμμένον τῆς πολιτείας σχῆμα.

Acta Triumph. Capitolina (*Corpus inscr. lat.*, I, p. 460) : M'. Aquillius M'. f. M'. n. procos. ex Asia, anno DCXXVII (628 Varron.) III Idus Novembres.

Aquilius resta donc en Asie plus de trois ans, depuis le printemps de 625 jusque vers l'automne de 628. Il fut accusé plus tard de concussion, mais fut acquitté (Appian. *Civ.* I, 22; *Mithrid.* 57; Cic. *Divin.* 21, 69).

On a trouvé près de Tralles une inscription mutilée, qui paraît être celle d'une borne milliaire, et qui contient certainement le nom de M'. Aquillius; mais, sans une meilleure copie, on ne peut rien tirer de certain de ce texte. Voyez *Corpus inscr. gr.* 2920; *Corpus inscr. lat.* I, 557.

4.

Q. MUCIUS Q. F. Q. N. SCÆVOLA augur, cos. 637 = 117.

Cic. *de Orat.* II, 67 : Urbana dissimulatio est, cum aliter sentias, ac loquare; ut noster Scævola Septumuleio illi Anagnino, cui pro C. Gracchi capite erat aurum repensum, roganti, ut se in Asiam præfectum duceret, Quid tibi vis, inquit, insane? tanta malorum est multitudo civium, ut tibi ego hoc confirmem, si Romæ manseris, te paucis annis ad maximas pecunias esse venturum.

Ibid. I, 17 : Tum Scævola : Cum ego prætor Rhodum venissem et cum summo doctore Apollonio (Alabandensi) ea quæ a Panætio acceperam, contulissem.

Scævola alla donc en Asie comme propréteur, et la date de son gouvernement tombe entre la mort de C. Gracchus en 633 et son propre consulat en 637. On a invoqué un passage de Pline (*H. N.* XIV, § 55) pour prouver que Gracchus avait été tué le jour anniversaire de la fondation de Rome, c'est-à-dire le onze des Kalendes de mai; mais le passage est fort obscur et il me semble difficile de lui donner le sens proposé; néanmoins il est probable que la mort du tribun eut lieu au printemps.

Sous la république, en temps ordinaire, les gouverneurs de province entraient en fonction au mois de mai, de sorte qu'à la rigueur Scævola peut être parti pour son gouvernement en avril 633; mais ce serait, il me semble, resserrer les événements un peu trop. Je serais plutôt d'avis que Scævola fut propréteur d'Asie l'année suivante, c'est-à-dire en 634. A son retour, il fut accusé de concussion par T. Albucius, se défendit lui-même et fut acquitté (Cic. *de Orat.* II, 70; *Brutus*, 26).

Scævola, qui était gendre de C. Lælius et beau-père de l'orateur Crassus, est souvent mentionné par Cicéron. Voyez Baiter, *Onomasticon*.

5.

P. RUTILLIUS RUFUS, cos. 649 = 105.

POMPONIUS, *Digest.* I, 2, 40 : Ab his (P. Mucio, cos. 621, Bruto, Manilio) profecti sunt P. Rutilius Rufus, qui Romæ consul et Asiæ proconsul fuit, Paulus Virginius, etc.

Le proconsulat de Rutilius n'est pas mentionné ailleurs, mais on ne peut contester l'autorité d'un jurisconsulte comme Pomponius, qui connaissait parfaitement la valeur des expressions qu'il employait et qui avait étudié spécialement les vies et les ouvrages des fondateurs du droit romain. Rutilius gouverna donc l'Asie, soit comme proconsul après son consulat, soit avec le titre et les pouvoirs proconsulaires après sa préture. La seconde hypothèse est la plus probable et la plus conforme à l'usage du temps; car sous la république on n'envoyait des consuls ou des consulaires en Asie qu'en temps de guerre; en temps ordinaire la province était toujours confiée à des prétoriens. Rutilius avait échoué dans sa candidature au tribunat (Cic. *pro Plancio*, 21, 52); il fut légat de Q. Metellus en 645 et 646, pendant la guerre de Numidie et remit l'armée d'Afrique à Marius, lorsque ce dernier arriva pour prendre le commandement au printemps de 647 (Sallust. *Jug.* 50, 86); il obtint le consulat en 649. On peut donc placer sa préture en 642 ou 643, et son proconsulat d'Asie en 643 ou 644.

Quelques années plus tard, il accompagna en Asie son ami Q. Mucius Scævola, en qualité de légat, et Scævola étant retourné à Rome au bout de neuf mois, il resta probablement chargé de l'administration de la province jusqu'à l'arrivée du nouveau titulaire. C'est dans l'exercice de ces fonctions qu'il s'attira la haine des publicains romains, habitués à piller les provinciaux, et dont il arrêta les exactions; en 661, longtemps après son retour à Rome, il fut accusé de concussion, et les chevaliers romains, qui exerçaient à cette époque les fonctions judiciaires, prenant fait et cause pour leurs confrères les publicains d'Asie, le condamnèrent à l'exil. Rutilius se retira d'abord à Mytilène et ensuite à Smyrne, où il reçut le droit de cité, et où il mourut entouré de la considération universelle.

Bergmann et d'autres auteurs ont confondu le proconsulat de Rutilius avec sa légation sous Scævola. Mais il est sans exemple à cette époque qu'un consulaire ait reçu la province d'Asie en temps de paix huit ans après son consulat, sans nomination régulière, et en quelque sorte par délégation de son prédécesseur; d'ailleurs le témoignage des auteurs est formel.

Liv. *Epitome*, lib. LXX : P. Rutilius, vir summæ innocentiæ, quoniam legatus Q. Mucii procos. a publicanorum injuriis Asiam defenderat, invisus equestri ordini, penes quem judicia erant, repetundarum damnatus in exsilium missus est.

Dio, fragm. 97 : Ὅτι τοῦ Ῥουτιλίου ἀγαθοῦ ὄντος ἀνδρὸς ἀδικώτατα κατεψηφίσαντο· ἐσήχθη γὰρ ἐς δικαστήριον ἐκ κατασκευασμοῦ τῶν ἱππέων ὡς δωροδοκήσας Κυίντῳ Μουκίῳ, καὶ ἐζημιώθη ὑπ' αὐτῶν χρήμασι· ταῦτα δὲ ἐποίησαν θυμῷ φέροντες ὅτι πολλὰ περὶ τὰς τελωνείας πλημμελοῦντας ἐπέσχεν.

Ces passages montrent clairement que Rutilius fut accusé, comme légat de Scævola, et non comme proconsul. Le procès dura longtemps et la condamnation n'eut lieu qu'en 661 ; ceci résulte de l'ordre des événements dans l'Épitomé de Tite-Live et d'un passage de Cicéron (*Brutus*, 30) où il est dit que Rutilius refusa le secours des deux orateurs les plus éloquents de l'époque, les *consulaires* L. Crassus et M. Antonius, et qu'il plaida sa propre cause ; comme L. Crassus fut censeur en 662, il n'aurait pu plaider une cause cette année-là, et le procès de Rutilius doit être antérieur à sa censure.

La condamnation de Rutilius fut un événement considérable : *Quo judicio*, dit Cicéron, *convulsam penitus scimus esse rempublicam* (*loc. cit.*). L'iniquité de la sentence, la conduite digne et simple de Rutilius, l'accueil qu'il reçut des villes et des princes de l'Asie, son refus de retourner à Rome lorsque la dictature de Sulla lui en rouvrait les portes, son séjour à Smyrne dont il était devenu citoyen, sont mentionnés par une foule d'auteurs. Sa vie et ses malheurs devinrent un véritable lieu commun. Outre les nombreux passages de Cicéron réunis dans l'Onomasticon de Baiter, voyez Vell. Paterc. II, 13 ; Sueton. *de Illustr. gramm.* 6 ; Ovid. *Epist. ex Ponto*, I, 3, 63 ; Val. Max. II, 10, 5 ; VI, 4, 4 : Dio, *fragm.* 97, 2 ; Diodor. XXXVII, *fragm.* 5 ; Senec. *Epist.* 24, 67, 79, 82, 98 ; *de Benef.* V, 17 ; VI, 37 ; *Dialog.* I, 3 ; VI, 22 ; VII, 18 ; IX, 16 ; Tacit. *Annal.* IV, 43.

Rutilius avait composé une histoire romaine en grec (Athen. IV, 66 ; VI, 108 ; XII, 61), dont les fragments ont été réunis par C. Müller (*Fragm. Hist. Græc.* III, p. 199).

6.

CN. AUFIDIUS CN. F.

INSCRIPTION d'Andros (*Corpus inscr. gr.* 2349 *b* ; plus complet dans Le Bas, *Inscr.* II, 1802). Décret des habitants d'Adramyttium en l'honneur d'un juge et de son greffier envoyés par la ville d'Andros : Τιμοκρίτου τοῦ Σωκλέους δικαστοῦ καὶ Ἰφικράτου τοῦ Ἰσοχρύσου γραμματέως. Ἀρχόντων γνώμη περὶ ὧν προεγράψαντο καὶ ἡ βουλὴ προεβούλευσαν περὶ τῶν παραγεγονότων δικαστῶν ἀπὸ τῆς ξένης, δεδικακότων τάς τε κατὰ τοὺς νόμους συνεστηκυίας δίκας καὶ τὰ ἀναπεμφθέντα δόγματα ὑπὸ Γναίου Αὐφιδίου Γναίου υἱοῦ, ἀντιστρατήγου, κ. τ. λ.

La forme des caractères de l'inscription est celle du premier siècle avant l'ère chrétienne, mais il n'y a rien dans son contenu qui permette d'en préciser la date. Selon Bœckh et Le Bas il s'agirait ici de Cn. Aufidius Orestes, préteur urbain en 677 (*Val. Max.* VII, 7, 6) et consul en 683, et il aurait gouverné l'Asie comme proconsul en 684; mais jamais dans une pièce officielle on ne trouve ἀντιστράτηγος pour ἀνθύπατος, et si cet Aufidius gouverna l'Asie, ce ne put être qu'en qualité de propréteur. Puisqu'il avait exercé la préture urbaine en 677, il put être envoyé en Asie en 678; mais nous verrons plus loin que, pour cette année et les suivantes, les gouverneurs de la province sont tous connus. Bergmann (*Philologus*, 1847, p. 650), après avoir fait valoir ces objections, montre que le préteur de l'inscription est un autre Cn. Aufidius, souvent mentionné par Cicéron, qui avait obtenu la préture, mais non le consulat.

Cic. *Tuscul.* V, 38 : Pueris nobis, Cn. Aufidius prætorius (cæcus) et in senatu sententiam dicebat, nec amicis deliberantibus deerat, et Græcam scribebat historiam.

Cic. *de Fin.* V, 19 : Equidem a Cn. Aufidio prætorio, erudito homine, oculis capto, sæpe audiebam, etc.

Cic. *de Domo*, 13 : Non ætas ejus qui adoptabat est quæsita, ut in Cn. Aufidio, M. Pupio, quorum uterque nostra memoria summa senectute alter Aurelium Orestem, alter Pisonem, adoptavit.

Le consul de 683 est certainement le fils adoptif de ce Cn. Aufidius, et comme Valère-Maxime, en parlant de sa préture, l'appelle Cn. Orestes, il est certain que son adoption eut lieu avant 677, parce qu'à cette époque aucun membre de la famille Aurelia, à laquelle appartenait le surnom Orestes, n'a porté le prénom Cnæus. Ainsi en 677 Cn. Aufidius l'historien devait avoir au moins soixante-dix ans, ce qui reporte sa préture à l'an 646 environ, lorsqu'il avait une quarantaine d'années. D'un autre côté, il était déjà aveugle, et par conséquent revenu d'Asie, lorsque Cicéron, né en 648, était encore enfant. On peut donc conclure avec Bergmann qu'il fut propréteur d'Asie vers l'an 647.

Dans l'Onomasticon de Baiter, il est dit que Cn. Aufidius fut questeur en 635, tribun du peuple en 640, et préteur en 646 mais je ne sais sur quels témoignages il se base.

7.

Q. MUCIUS P. F. P. N. SCÆVOLA pontifex maximus, cos. 659 = 95.

VAL. MAX. VIII, 15, 6 : At ne Q. quidem Scævolæ, quem L. Crassus in consulatu collegam habuit, gloria parum illustris, qui Asiam tam sancte et tam fortiter obtinuit, ut senatus deinceps in eam provinciam ituris magistratibus exemplum atque formam officii Scævolam decreto suo proponeret.

DIODOR. XXXVII, 5 : Κόϊντος Σκαιούολας — ἐκπεμφθεὶς εἰς τὴν Ἀσίαν στρατηγός, ἐπιλεξάμενος τὸν ἄριστον τῶν φίλων σύμβουλον Πόπλιον (Mss. Κόϊντον) Ῥουτίλιον μετ' αὐτοῦ συνήδρευε βουλευόμενος καὶ πάντα διατάττων καὶ κρίνων τὰ κατὰ τὴν ἐπαρχίαν. Καὶ πᾶσαν τὴν δαπάνην ἔκρινεν ἐκ τῆς ἰδίας οὐσίας ποιεῖσθαι τοῖς τε συνεκδήμοις καὶ αὐτῷ, κ. τ. λ.

CIC. *ad Attic.* VI, 1, 15 : Exceptionem habeo ex Q. Mucii P. f. edicto Asiatico ; — multaque sum secutus Scævolæ, in iis illud, in quo sibi libertatem censent Græci datam, ut Græci inter se disceptent suis legibus.

CIC. *Verr.* II, 21 : Mithridates in Asia, cum eam provinciam totam occupasset, Mucia non sustulit.

PSEUDO-ASCONIUS, *in Verr.* II, p. 210 : Asiam singulariter rexerat, adeo ut dies festus a Græcis in honorem ejus constitueretur, qui diceretur Mucia.

CIC. *ad Attic.* V, 17 : Gloriam justitiæ et abstinentiæ fore illustriorem spero, si cito decesserimus ; id quod Scævolæ contigit, qui solos novem menses Asiæ præfuit.

Scævola fut tribun du peuple en 648, édile en 651, préteur en 655, et consul en 659 ; dans ces trois dernières fonctions, il eut pour collègue L. Crassus l'orateur; il fut tué en 671 par ordre de Marius le jeune. Son gouvernement d'Asie se place en 656. Voyez Baiter, *Onomasticon*.

Scævola était le premier jurisconsulte de son temps et fut regardé plus tard comme le fondateur du droit civil : « Post hos Q. Mucius P. f., pontifex maximus, jus civile primus constituit, generatim in libros decem et octo redigendo (Pomponius, *Digest.* I, 2, 41). »

8.

C. IULIUS C. F. CÆSAR.

Corpus inscr. lat. I, p. 278; fragment d'inscription trouvé à Rome et restitué par Mommsen de la manière suivante :

C. Julius C. f. C. n. Caesar
*avus August*i
.....*xvir stlit. judic*. q. pr.
.... *pro* cos. in Asia.

Plin. *H. N.* VII, § 181 : Nullis evidentibus causis obiere dum calciantur matutino duo Cæsares, prætor et prætura perfunctus dictatoris Cæsaris pater, hic Pisis exanimatus, ille Romæ.

L'inscription mutilée était gravée à gauche sur la même pierre que le *cursus honorum* complet de C. Octavius, le père d'Auguste. Mommsen conclut avec raison de ce fait qu'il ne peut y être question que d'un proche parent d'Auguste et d'un ascendant, et, selon toute probabilité, de C. Cæsar, père du dictateur, à la fois aïeul d'Auguste par adoption, et son bisaïeul naturel, puisque Atia, mère d'Auguste, était fille de Julia, sœur du dictateur. D'ailleurs l'histoire de tous les autres membres de la famille des Césars, qui vécurent vers la fin de la république, est bien connue et ne s'accorde pas avec les données de cette inscription.

C. Cæsar, le père du dictateur, n'est mentionné absolument que par Pline, et dans les fastes consulaires, aux consulats de son fils. On sait par Suétone (*Cæsar*, 1) qu'il mourut en 670, lorsque son fils était dans sa seizième année; il avait donc alors de quarante à cinquante ans. Au dernier siècle de la république, on ne pouvait arriver à la préture avant quarante ans, de sorte que l'année où C. Cæsar exerça cette magistrature doit se placer entre 655 et 663. Or il y a précisément une lacune dans la série des gouverneurs d'Asie entre Scævola, le propréteur de 656, et Cassius, celui de 664. C'est à une des années intermédiaires qu'appartient le gouvernement de C. Cæsar; l'inscription nous apprend qu'il avait reçu le pouvoir proconsulaire.

9.

L. CASSIUS.

APPIAN. *Mithrid.* 11 : Ῥωμαῖοι δὲ Νικομήδην ὁμοῦ καὶ Ἀριοβαρζάνην ἐπανῆγον ἐς τὴν οἰκείαν ἑκάτερον, πρέσβεις τέ τινας αὐτοῖς ἐς τοῦτο συνέπεμψαν, ὧν Μάνιος Ἀκύλιος ἡγεῖτο· καὶ συλλαβεῖν ἐς τὴν κάθοδον ἐπέστειλαν Λουκίῳ τε Κασσίῳ, τῆς περὶ τὸ Πέργαμον Ἀσίας ἡγουμένῳ, στρατιὰν ἔχοντι ὀλίγην, καὶ τῷδε τῷ Εὐπάτορι Μιθριδάτῃ. Ἀλλ' ὁ μὲν αὐτῆς τε Καππαδοκίας ἕνεκα Ῥωμαίοις ἐπιμεμφόμενος, καὶ Φρυγίαν ἔναγχος ὑπ' αὐτῶν ἀφῃρημένος, οὐ συνέπραττε· Κάσσιος δὲ καὶ Μάνιος τῷ τε Κασσίου στράτῳ, καὶ πολὺν ἄλλον ἀγείραντες Γαλατῶν καὶ Φρυγῶν, Νικομήδην τε κατήγαγον ἐς Βιθυνίαν καὶ Ἀριοβαρζάνην ἐς Καππαδοκίαν.

La restauration de Nicomède et d'Ariobarzane est racontée par Tite-Live (*Epitome*, lib. LXXIV) avant le consulat de Cn. Pompeius (665 = 89); ainsi l'ambassade de Manius Aquilius appartient à l'année précédente et Cassius gouvernait l'Asie en 664. La guerre avec Mithridate éclata au commencement de 665. Cassius avec ses troupes était posté sur les frontières de la Bithynie et de la Galatie (*Mithrid.* 17); après le premier engagement, dans lequel Nicomède fut mis en déroute, il battit en retraite et campa à Léontocéphale, place forte de la Phrygie, où il tâcha de réorganiser ses troupes; mais, ne pouvant y réussir, il se retira à Apamée (*ibid.* 19) et de là à Rhodes, où il se trouvait lorsque Mithridate vint assiéger la ville (*ibid.* 24); il finit par tomber entre les mains du roi et ne recouvra sa liberté qu'à la fin de la guerre (*ibid.* 112). Cassius n'est mentionné par aucun autre auteur; dans deux passages Appien l'appelle ὁ τῆς Ἀσίας ἡγούμενος (*ibid.* 11, 17) et dans un autre (24); ὁ τῆς Ἀσίας ἀνθύπατος. Il est possible que Cassius ait reçu le pouvoir proconsulaire, à cause de la mission importante dont il fut chargé conjointement avec Manius Aquilius; mais on ne peut attacher une valeur absolue aux expressions de ce genre, lorsqu'elles sont employées par un historien comme Appien, qui écrivait plus de deux siècles après les événements qu'il raconte, et qui, n'ayant aucun motif pour être rigoureusement exact en pareille matière, ne faisait peut-être que se conformer à l'usage de son temps en appelant proconsul le gouverneur de l'Asie. Mithridate s'était rapidement rendu maître de toute la province d'Asie dans le courant de l'année 665, et le gouvernement romain n'y eut plus de représentant jusqu'à l'arrivée du consul L. Valerius Flaccus en 668.

10.

L. VALERIUS FLACCUS cos. suff. 668 = 86.

APPIAN. *Mithrid.*, 51 : Κίννας δὲ Φλάκκον ἑλόμενος οἱ συνάρχειν τὴν ὕπατον ἀρχήν, ἔπεμπεν ἐς τὴν Ἀσίαν μετὰ δύο τελῶν, ἀντὶ τοῦ Σύλλα, ὡς ἤδη πολεμίου γεγονότος, τῆς τε Ἀσίας ἄρχειν καὶ πολεμεῖν τῷ Μιθριδάτῃ. Ἀπειροπολέμῳ δ' ὄντι τῷ Φλάκκῳ συνεξῆλθεν ἑκὼν ἀπὸ τῆς βουλῆς ἀνὴρ πιθανὸς ἐς στρατηγίαν, ὄνομα Φιμβρίας.

Flaccus avait été nommé consul en remplacement de Marius, mort le jour des Ides de janvier 668 (Liv. *Epitome*, LXXX); mais il ne quitta l'Italie qu'au printemps, car Fimbria, qui l'accompagnait en qualité de légat, était encore à Rome aux funérailles de Marius et un peu après (Cic. *pro Sex. Roscio*, 12). En Thessalie il fut abandonné par une partie de ses troupes, qui allèrent rejoindre Sulla; arrivé à Byzance, il se brouilla avec Fimbria, qui menaça de retourner à Rome. Flaccus le destitua, et nomma Thermus à sa place; il passa ensuite le Bosphore pour aller à Chalcédon. Pendant son absence Fimbria, prétendant que l'armée lui décernait le commandement, enleva les faisceaux à Thermus, et poursuivit Flaccus d'abord à Chalcédon, ensuite à Nicomédie, où il le mit à mort (Appian. *Mithrid.* 51, 52; Plut. *Sulla*, 20, 23; Liv. *Epitome*, LXXXIII; Memnon, 34; Strabo, XIII, 1, 27; Diodor. XXXVIII, *fragm.* 8; Dio, *fragm.* 104).

On voit par ces passages que la province d'Asie avait été confiée à Flaccus par Cinna et son parti, mais qu'il put à peine y aborder; Memnon (*loc. cit.*) affirme qu'il ne conduisit pas ses troupes au-delà de Nicée. Aussi est-il assez difficile de comprendre comment les villes d'Asie, ou du moins celles qui tenaient pour les Romains, purent voter et centraliser à Tralles des fonds destinés à établir des jeux en son honneur, puisqu'il n'avait eu le temps de leur rendre aucun service; cependant l'assertion de Cicéron (*pro Flacco*, 23) est formelle. On ne peut expliquer ce fait que par l'horreur qu'inspiraient les cruautés de Mithridate, l'attente anxieuse de l'arrivée de Flaccus qui apparaissait comme un sauveur, et enfin le besoin de se faire pardonner à Rome les défections des années précédentes. Le fils de Flaccus fut plus tard propréteur d'Asie.

11.

C. FLAVIUS FIMBRIA.

LIV. *Epitome*, LXXXII : L. Valerius cos. — a C. Fimbria legato ipsius, ultimæ audaciæ homine, occisus est et imperium ad Fimbriam translatum.

APPIAN. *Mithrid.* 5a, 53 : Φιμβρίας (après la mort de Flaccus) αὑτὸν αὐτοκράτορα ἀπέφηνε τοῦ στρατοῦ, καὶ μάχας τινὰς οὐκ ἀγεννῶς ἠγωνίσατο τῷ παιδὶ τοῦ Μιθριδάτου, αὐτόν τε βασιλέα συνεδίωξεν ἐς τὸ Πέργαμον, καὶ ἐς Πιτάνην ἐκ τοῦ Περγάμου διαφυγόντα ἐπελθὼν ἀπετάφρευεν, ἕως ὁ μὲν βασιλεὺς ἐπὶ νεῶν ἔφυγεν ἐς Μιτυλήνην· ὁ δὲ Φιμβρίας, ἐπιὼν τὴν Ἀσίαν, ἐκόλαζε τοὺς καππαδοκίσαντας, καὶ τῶν οὐ δεχομένων αὐτὸν τὴν χώραν ἐλη-λάτει. Suit le récit du sac d'Ilium. Τάδε μὲν δὴ Φιμβρίας ἐς Ἴλιον εἰργάζετο, ληγούσης ἄρτι τῆς τρίτης ἑβδομηκοστῆς καὶ ἑκατοστῆς ὀλυμπιάδος.

Flaccus fut tué à l'automne de 668 et la fin de la 173e olympiade tombe au milieu de l'année 669. Au commencement de l'année suivante, Sulla débarqua en Asie et fit la paix avec Mithridate (Liv. *Epitome*, LXXXIII), et quelques jours après Fimbria, abandonné par ses soldats, se donna la mort à Pergame (Appian. *Mithrid.* 59, 60; Plut. *Sulla*, 25; Strab. XIII, 1, 27; Memnon, 34, 35; Diodor. XXXVIII, *fragm.* 8; Dio, *fragm.* 104).

12.

L. CORNELIUS L. F. P. N. SULLA FELIX cos. 666 = 88.

Sulla obtint le commandement de la guerre contre Mithridate en 666, mais il ne put quitter Rome qu'en 667. Il se rendit d'abord en Grèce pour y combattre les lieutenants de Mithridate; Athènes fut prise le 1er mars 668, et les généraux Dorylaus et Archelaus furent ensuite battus à Orchomène. Sulla passa l'hiver de 668-669 en Thessalie, et alla en Asie au commencement de 670; il conclut immédiatement la paix avec Mithridate, incorpora à son armée les deux légions de Fimbria, et envoya son légat Curio réintégrer Nicomède et Ariobarzane dans leurs royaumes; il s'occupa ensuite de la réorganisation de la province d'Asie, puis il retourna en Grèce avec la majeure partie de ses troupes et débarqua à Brundusium au commencement de 671 (Appian. *Mithrid.* 60-63; Liv. *Epitome*, LXXXIII-LXXXV, etc.); son triomphe n'eut lieu qu'à la fin de janvier 673 (*Acta Triumph. Capitolina*).

Sulla est appelé ἀνθύπατος Ἀσίας par Appien (*Mithrid.* 60); c'était son vrai titre. Parmi les mesures qui lui sont attribuées, nous devons en signaler une dont le souvenir n'a été conservé que par Cassiodore : *L. Cinna IV, Cn. Papirio II* (670). *His coss. Asiam in XLIV regiones Sulla distribuit.* C'est en mémoire des réformes introduites par Sulla, que plusieurs villes de la Lydie et de la Phrygie adoptèrent une ère particulière qui commence à l'automne de l'année 669 (*Corpus Inscr. Gr.* III, p. 1104; *Le Bas et Waddington*, notes du n° 980).

On a trouvé à Lagina en Carie un fragment d'inscription, où il est question d'une ordonnance rendue par Sulla à la suite de la guerre contre Mithridate (Newton, *Halicarnassus*, II, p. 796).

13.

L. LICINIUS P. F. P. N. MURENA.

APPIAN. *Mithrid.* 64 : Μουρήνας μὲν ὑπὸ Σύλλα σὺν δύο τέλεσι τοῖς Φιμβρίου καθίστασθαι τὰ λοιπὰ τῆς Ἀσίας ὑπολέλειπτο, καὶ πολέμων ἀφορμὰς ἠρεσχήλει δι' ἐπιθυμίαν θριάμβου.

STRABO. XIII, 4, 17 : Προσγενομένων δὲ (τῇ Κιβύρᾳ) τριῶν πόλεων ὁμόρων, Βουβῶνος, Βαλβούρων, Οἰνοάνδων, τετράπολις τὸ σύστημα ἐκλήθη· ἐτυραννεῖτο δ' ἀεί, σωφρόνως δ' ὅμως· ἐπὶ Μοαγέτου δ' ἡ τυραννὶς τέλος ἔσχε, καταλύσαντος αὐτὴν Μουρήνα καὶ Λυκίοις προσορίσαντος τὰ Βάλβουρα καὶ τὴν Βουβῶνα· οὐδὲν δ' ἧττον ἐν ταῖς μεγίσταις ἐξετάζεται διοικήσεσι τῆς Ἀσίας ἡ Κιβυρατική.

CIC. *Verr.* Act. II, 1, 35 : Decem naves jussu L. Murenæ populus Milesius ex pecunia vectigali populo Romano fecerat, sicut pro sua quæque parte Asiæ ceteræ civitates. — Ostendent legati Milesii C. Verrem in ea classe, quæ contra piratas ædificata sit, piratam ipsum consceleratum fuisse.

APPIAN. *Mithrid.* 93 : Μουρήνας ἐγχειρήσας τοῖς πειραταῖς οὐδὲν ἐξείργαστο μέγα.

CIC. *pro Murena*, 7, 15 : Murena amplissime atque honestissime ex prætura triumphavit. *Cf.* 5, 11.

CIC. *pro lege Manil.* 3, 8 : Triumphavit L. Sulla, triumphavit L. Murena de Mithridate; — ab eo bello Sullam in Italiam respublica, Murenam Sulla revocavit.

Murena, excité par Archelaus qui avait quitté le service de Mithridate, se mit à faire des incursions dans le Pont et pilla le sanctuaire de Comana, refusant de reconnaître la paix conclue par Sulla. Mithridate se plaignit à Rome, et le sénat envoya Calidius porter à Murena l'ordre de respecter le traité; mais il n'en tint aucun compte et continua ses déprédations. Alors Mithridate l'attaqua, le défit et le força de se réfugier en Phrygie. Sur ces entrefaites arriva A. Gabinius, envoyé par Sulla pour arrêter les entreprises de Murena et rétablir la paix (Appian. *Mithrid.* 64-66). La guerre de Murena contre Mithridate est placée par Tite-Live (*Epitome*, LXXXVI) sous le consulat de Marius et Carbo (672).

Le triomphe de Murena est placé dans les fragments des *Acta Triumphorum Capitolina* à la suite de celui de Sulla et la même année; voyez les notes de Henzen (*Corpus inscr. lat.* I, p. 463). Murena retourna donc à Rome à la fin de 672 ou au commencement de 673; il avait gouverné l'Asie depuis l'automne de 670.

14.

M. MINUCIUS THERMUS.

SUETON. *Cæs.* 2 : Stipendia prima in Asia fecit M. Thermi prætoris contubernio; a quo ad arcessendam classem missus, desedit apud Nicomedem, — a Thermo in expugnatione Mytilenarum corona civica donatus est.

LIV. *Epitome*, LXXXIX : Mytilenæ in Asia, quæ sola urbs post victum Mithridatem arma retinebat, expugnatæ dirutæque sunt.

D'après l'ordre des événements dans l'Épitomé, la prise de Mytilène peut être placée en 674 ou 675; mais, comme Claudius Nero était certainement propréteur d'Asie pour l'année 674-675, le gouvernement de Thermus doit occuper l'année 673-674; il fut le successeur de Murena.

Thermus doit être le légat de Valerius Flaccus dont il a été question plus haut (Appian. *Mithrid.* 52); il ne paraît pas être mentionné ailleurs.

15.

C. CLAUDIUS NERO.

CIC. *Verr.* I, 19, 50 : De expugnatione fani Junonis Samiæ (per C. Verrem) quum legati ad C. Neronem in Asiam Samo venissent, responsum tulerunt, ejusmodi querimonias, quæ ad legatum populi Romani pertinerent, non ad prætorem, sed Romam deferri oportere.

Ibid. I, 29, 72 : Pertimuit Verres ne Philodamus Neronis judicio liberaretur : rogat et orat Dolabellam, ut de sua provincia decedat, ad Neronem proficiscatur. Commotus est Dolabella; fecit id, quod multi reprehenderunt, ut exercitum, provinciam, bellum relinqueret et in Asiam hominis nequissimi causa in alienam provinciam proficisceretur.

La date du gouvernement de Nero dépend de celle du commandement de Dolabella en Cilicie. Les premières déprédations de Verres en Asie furent commises lorsqu'il accompagna Dolabella dans sa province comme légat, et l'affaire de Philodamus eut lieu lorsque Verres passa à Lampsaque, envoyé par Dolabella auprès des rois Nicomède et Sadalas (*Verr.* I, 18-24). Dolabella fut préteur en 673 et alla en Cilicie l'année suivante (voyez plus loin à la Cilicie). Nero gouverna donc l'Asie pendant l'année 674-675, et fut le successeur de Thermus.

Le premier passage cité plus haut prouve qu'à cette époque l'île de Samos dépendait de la province d'Asie.

16.

TERENTIUS VARRO.

Pseudo-Asconius, *in Cic. Divinat.* p. 109 : Terentius Varro, consobrinus frater Hortensii, reus ex Asia apud L. Furium [vel Turium] prætorem primo de pecuniis repetundis, deinde apud Lentulum Suram, est accusatus; absolutusque est a Q. Hortensio. — Appius Claudius, adolescens nobilis, qui, cum accusaret Terentium Varronem repetundarum ex Asia, victus est ab Hortensio. Cf. *Schol. Gronovianus,* p. 398.

Varro n'est pas mentionné ailleurs. P. Lentulus Sura fut consul en 683, mais la date de sa préture n'est pas connue; on peut la placer en 678 ou 679, quatre ou cinq ans avant son consulat. On ne sait pas non plus quand L. Furius ou Turius fut préteur. Quant à Appius Claudius Pulcher, il servit en

Asie sous les ordres de son beau-frère Lucullus, qui, en 684, lui confia une mission auprès de Tigrane (Memnon, 46; Plut. *Lucullus*, 19, 21); s'il accompagna Lucullus dès le début de la guerre, il avait dû quitter Rome en 680.

Si Varro fut accusé en 678 ou 679, il dut gouverner l'Asie en 676 ou 677, et il peut même avoir été le successeur de Nero.

17.

CN. ASINIUS.

Médailles d'Atarnée en Mysie :

1. Partie antérieure d'un cheval, à droite; derrière, un serpent replié et le monogramme [monogramme].

 ℟. ΑΣΙΝΙΟΥ ΑΝΘΥΠΑΤΟΥ ΡΩΜΑΙΩΝ. Caducée. — Æ 5 (Bibliothèque impériale).

2. Tête laurée d'Apollon, à droite.

 ℟. ΑΤΑΡ. Serpent enroulé sur lui-même. — Æ 1 (Bibliothèque impériale).

3. Tête laurée d'Apollon, à droite.

 ℟. ΑΤΑΡ. Partie antérieure d'un cheval, à droite; derrière, un serpent; devant, la lettre Ρ. — Æ 3 (Bibliothèque impériale).

En comparant la première de ces monnaies avec les deux autres, on voit qu'elle appartient aussi à Atarnée, et que le monogramme doit se lire ΑΤ ou ΑΤΑ. Atarnée était une petite ville sur la côte de Mysie, non loin de Pergame, et appartenait par conséquent à la province d'Asie.

La légende ἀνθύπατος Ῥωμαίων montre que la monnaie est antérieure au règne d'Auguste et qu'il ne peut être question ici de C. Asinius Gallus, proconsul d'Asie en 748. Son père C. Asinius Pollio, célèbre comme orateur et historien, fut préteur en 709, et consul en 714; mais sa vie entre les années 709 et 714 est parfaitement connue, et il est impossible d'y placer un proconsulat d'Asie. En sortant du consulat, qu'il ne conserva pas toute l'année, il fut envoyé par Marc-Antoine contre les Parthini d'Illyrie, et il remporta sur eux une victoire qui lui valut les honneurs du triomphe à la fin d'octobre 715 (*Acta Triumph. Capitolina*). A partir de cette époque, il paraît avoir renoncé aux fonctions publiques, et être resté en Italie, partageant son temps entre ses études littéraires et la préparation de ses discours devant le sénat ou au barreau; néanmoins, il peut à la rigueur avoir été proconsul d'Asie entre 715 et 718, époque où il y a une lacune dans la série.

Mais l'expression ἀνθύπατος Ῥωμαίων et le style de la médaille me portent à croire qu'il s'agit d'un Asinius plus ancien, qui ne peut être que le père de Pollio, Cn. Asinius, le premier de la famille qui ait été citoyen romain. En effet les Asinii étaient Marruciniens d'origine, et on suppose que Herius Asinius, qui commanda les Marruciniens dans la guerre Marsique, était l'aïeul d'Asinius Pollio. Dans les Actes des Triomphes, Pollio est appelé *Cnei filius*, mais le nom de son aïeul n'est pas mentionné, ce qui signifie qu'il n'était pas citoyen romain, ou qu'il était inconnu. Sauf un certain Cn. Asinius Dio, mentionné par Valère Maxime (IX, 15, 6), et qui est peut-être le même personnage, il n'y a pas d'autre Asinius à cette époque que le père de Pollio, et, à défaut d'autres candidats, je lui attribue la médaille d'Atarnée; il aurait alors gouverné l'Asie comme propréteur, avec le pouvoir proconsulaire. Sur la famille Asinia, voyez *Borghesi*, III, p. 344, sqq.

On peut placer le proconsulat de Cn. Asinius entre celui de Claudius Nero et celui de Junius Silanus; car, avant et après, les gouverneurs sont connus et se suivent pendant quelques années sans interruption. Cette date s'accorderait bien avec l'âge de son fils Pollio, qui, d'après la chronique d'Eusèbe, était né en 678.

13.

M. IUNIUS D. F. SILANUS.

Inscription de Mylasa en l'honneur de Ἰατροκλῆς Δημητρίου (*Le Bas et Waddington*, n° 409) : Πρεσβευτής τε αἱρεθεὶς καὶ αὐτὸς πρὸς Μάρκον Ἰούνιον Δεκόμου υἱὸν Σιλανόν, στρατηγόν, πάτρωνα τῆς πόλεως, διαβαίνοντα εἰς τὴν Ἀσίαν, ἐξῆλθεν καὶ ἔπεισεν ἐλθεῖν εἰς τὴν πόλιν ἡμῶν τὸν ἄνδρα, καὶ ἐποίησεν εὐεργετικώτερον διατεεἶναι πρὸς τὸν σύμπαντα δῆμον, αὐτόπτην γενόμενον τῆς σπουδῆς τῶν πολιτῶν τῆς εἰς αὐτόν τε καὶ τὸν Ῥωμαίων δῆμον, κ. τ. λ.

PLIN. *H. N.* II, § 100 : Récit d'un phénomène céleste qui eut lieu en 678 : Cn. Octavio C. Scribonio cos. Vidit id Silanus proconsul cum comitatu suo. (Les anciennes éditions portent Licinius Silanus, mais tous les bons manuscrits ne donnent que Silanus, comme dans l'autre passage de Pline ; voyez l'édition de Sillig.)

Ibid. XXXV, § 131 : Opera ejus (pictoris Niciæ) Nemea advecta ex Asia Romam a Silano, quam in curia diximus positam.

Ibid. XXXV, § 27 : Divus Augustus in curia quoque quam in comitio consecrabat duas tabulas impressit parieti, Nemeam sedentem supra leonem, — Nicias scripsit se inussisse.

Ces trois passages prouvent que la province gouvernée par le Silanus de Pline était l'Asie, et qu'il ne peut être question dans le second passage des Silani, proconsuls d'Asie en 740, 773 et 807 ; en effet la *curia Julia* fut inaugurée en 725 (*Dio*, LI, 22). Borghesi, qui le premier a fait ces rapprochements (*OEuvres*, V, p. 173, sqq.), trompé par la fausse leçon des éditeurs de Pline, appelle le propréteur d'Asie L. Junius M. f. D. n. Silanus, mais l'inscription de Mylasa montre que c'est une erreur. Silanus gouverna l'Asie en 678 ; le titre de proconsul que lui donne Pline est inexact ; l'inscription montre qu'il était propréteur.

Nous devons ajouter toutefois qu'il y a un autre M. Junius D. f. Silanus, qui fut tribun du peuple entre les années 605 et 631 (Mommsen, *Corpus inscr. lat.* I, p. 55) et qui est probablement le consul de 645 (*Borghesi*, V, p. 169). Il n'est pas impossible qu'il ait gouverné l'Asie après sa préture, vers 642, et il n'y a rien dans l'inscription de Mylasa qui s'oppose à cette date. Mais ceci n'est qu'une pure conjecture, et il n'y a d'ailleurs aucune raison pour écarter le Silanus de 678.

19.

M. IUNCUS.

PLUT. *Cæsar*, 1 et 2 : Καῖσαρ ἐξέπλευσεν εἰς Βιθυνίαν πρὸς Νικομήδην τὸν βασιλέα· παρ' ᾧ διατρίψας χρόνον οὐ πολύν, εἶτα ἀποπλέων ἁλίσκεται περὶ τὴν Φαρμακοῦσαν νῆσον ὑπὸ πειρατῶν. — Τοὺς δὲ πειρατὰς ἐν Περγάμῳ καταθέμενος εἰς τὸ δεσμωτήριον αὐτὸς ἐπορεύθη πρὸς τὸν διέποντα τὴν Ἀσίαν Ἴουγκον, ὡς ἐκείνῳ προσῆκον ὄντι στρατηγῷ κολάσαι τοὺς ἑαλωκότας, κ. τ. λ. (Il y a Ἴουγκον dans les manuscrits; Ἰούνιον est une correction des éditeurs.)

VELL. PAT. II, 42 : Cæsar, mandatis custodiæ quos ceperat, in Bithyniam perrexit ad proconsulem Juncum (idem enim Asiam eamque obtinebat) petens ut auctor fieret sumendi de captivis supplicii. (Les manuscrits portent : *Junium cum idem Asiam eam quam obtinebat*; la correction est due, en partie à Lipsius, en partie à Nipperdey, *Philologus*, VI, p. 377.)

AUL. GELL. V, 13 : Exorde du discours de César en faveur des Bithyniens : Vel pro hospitio regis Nicomedis, vel pro horum necessitate, quorum res agitur, defugere hoc munus, M. Junce, non potui. (Les manuscrits donnent : *M. uince.*)

Plutarque, qui ne se pique pas de suivre exactement l'ordre des faits, place l'aventure de César avec les pirates avant son retour à Rome et le procès de Dolabella; mais Suétone, qui raconte les premières années de César en suivant l'ordre chronologique, la place après ce procès, en hiver, pendant la traversée, lorsque César se rendait à Rhodes, *ad declinandam invidiam, et ut per otium ac requiem Apollonio Moloni, clarissimo tunc dicendi magistro, operam daret* (Suet. *Cæsar*, 4). César avait alors à peine vingt-six ans, puisqu'il était né en juillet 654.

Nicomède mourut au commencement de 680, ainsi que Clinton l'a démontré (*Fasti Hellen.* ad annum, et *Append.* p. 430), laissant son royaume aux Romains. Juncus, qui était propréteur d'Asie, et le fonctionnaire romain le plus rapproché de la Bithynie, alla prendre possession de la nouvelle province, et la gouverna pendant quelques mois conjointement avec l'Asie; c'est pendant qu'il était en Bithynie que César alla le voir. Dans le courant de 680, Mithridate envahit la Bithynie et forma le siége de Cyzique; à l'automne ou au commencement de l'hiver, Lucullus, le consul de 680, arriva, bloqua Mithridate dans ses lignes et le défit au printemps de 681. De son côté, César, parti de Rhodes, avait réuni quelques troupes et avait chassé de la province d'Asie le gouverneur envoyé par Mithridate (Sueton. *Cæsar*, 4).

Ainsi Juncus était propréteur d'Asie pour l'année 679-80. En l'appelant proconsul, Velleius n'a peut-être fait que se conformer à l'usage de son temps; mais il est possible aussi qu'il ait reçu le pouvoir proconsulaire à l'occasion de la mort de Nicomède et des événements qui s'ensuivirent. Juncus fut probablement le successeur de Silanus; mais, comme on ne sait pas au juste si ce dernier arriva en Asie ou la quitta en 678, il est possible qu'il y ait eu un autre propréteur entre les deux.

Le surnom Juncus a été porté par des membres de la gens Æmilia et de la gens Claudia; on ne sait à laquelle des deux appartenait notre personnage. Voyez Borghesi, *OEuvres*, V, p. 63, sqq., et mon commentaire sur l'inscription de Mylasa et sur celle de Citium (n° 2726).

20.

L. LICINIUS L. F. L. N. LUCULLUS cos. 680 = 74.

Lucullus, qui avait déjà servi longtemps en Asie comme questeur sous Sulla et Murena, obtint pendant son consulat les provinces d'Asie et de Cilicie; son collègue Cotta eut la Bithynie. Après le retour de ce dernier à Rome au commencement de 684, la Bithynie fut ajoutée à la province de Lucullus, qui eut ainsi sous son commandement l'Asie Mineure tout entière. Mais bientôt ses ennemis à Rome lui reprochant d'avoir laissé échapper Tigrane, le sénat résolut en 685 de confier de nouveau la province d'Asie à des propréteurs, et Lucullus s'avança en Arménie pour combattre Tigrane. Enfin, en 687, Acilius Glabrio fut envoyé pour le remplacer en Bithynie et Marcius Rex en Cilicie. Lucullus retourna à Rome en 688 et ne put obtenir les honneurs du triomphe que trois ans plus tard. Les témoignages suivants entre autres prouvent que la province d'Asie lui avait été décernée.

Cic. *pro Flacco*, 34, 85 : Luculle, cum Asiam provinciam consulari imperio obtineres.

Cic. *Acad. Prior.* II, 1, 3 : Hodie stat Asia Luculli institutis servandis et quasi vestigiis persequendis.

Le terme de son gouvernement d'Asie est marqué par Dion Cassius (XXXV, 2) à l'année 685 : Λούκουλλος Τιγράνην μὲν οὐκ ἐπεδίωξεν ἀλλὰ καὶ πάνυ κατὰ σχολὴν σωθῆναι εἴασε, καὶ ἀπ' αὐτοῦ αἰτίαν ὡς οὐκ ἐθελήσας τὸν πόλεμον, ὅπως ἐπὶ πλεῖον ἄρχῃ, καταλῦσαι παρά τε τοῖς ἄλλοις καὶ παρὰ τοῖς πολίταις ἔσχεν· καὶ διὰ τοῦτο τότε τε ἐς τοὺς στρατηγοὺς τὴν ἀρχὴν τῆς Ἀσίας ἐπανήγαγον, καὶ μετὰ ταῦθ', ὡς καὶ αὖθις τὸ αὐτὸ τοῦτο πεποιηκέναι ἔδοξε, τὸν ὕπατον αὐτῷ τὸν κατ' ἐκεῖνον τὸν χρόνον ὄντα διάδοχον ἔπεμψαν.

Le consul mentionné par Dion est Acilius Glabrio cos. 687, et ce passage montre clairement qu'il ne fut pas proconsul d'Asie; car il ne pouvait succéder à Lucullus dans une province que ce dernier ne gouvernait plus depuis près de deux ans.

Appian. *Mithrid.* 90 : Λουκούλλου δ' ἤδη τῷ Μιθριδάτῃ παραστρατοπεδεύοντος, ὁ τῆς Ἀσίας στρατηγὸς περιπέμπων ἐκήρυσσε Ῥωμαίους ἐπικαλεῖν Λουκούλλῳ πέρα τοῦ δέοντος πολεμοῦντι, καὶ τοὺς ὑπ' αὐτῷ τῆς στρατείας ἀφιέναι, καὶ τῶν οὐ πειθομένων τὰ ὄντα δημεύσειν· ὧν ἐξαγγελθέντων ὁ στρατὸς αὐτίκα διελύετο, χωρὶς ὀλίγων.

Ceci avait lieu en 687 avant l'arrivée de Glabrio et prouve qu'à cette époque l'Asie était gouvernée par un préteur, comme le dit Dion. Bergmann (p. 669) et Borghesi (I, p. 324) regardent Glabrio comme ayant reçu la province d'Asie avec la Bithynie en 687, et Bergmann cite à l'appui ce passage d'Appien. Mais il ne s'agit pas ici de Glabrio; c'est le propréteur d'Asie, à cette époque le seul fonctionnaire romain en Asie Mineure, qui fût indépendant de Lucullus, qui fait savoir à l'armée la décision prise à Rome et qu'il avait probablement été chargé de lui faire connaître. Sur Glabrio, voyez à la Bithynie.

21.

T. AUFIDIUS.

VAL. MAX. VI, 9, 7 : T. Aufidius cum Asiatici publici exiguam admodum particulam habuisset, postea totam Asiam proconsulari imperio obtinuit. Nec indignati sunt socii ejus parere fascibus, quem aliena tribunalia adulantem viderant. Gessit se etiam integerrime atque splendidissime, eoque modo demonstravit, pristinum quæstum suum fortunæ, præsens vero dignitatis incrementum moribus ipsius imputari debere.

CIC. *pro Flacco,* 19, 45 : Temni Heraclides custos T. Aufidio prætore in frumento publico est positus; pro quo cum a P. Varinio prætore pecuniam accepisset, celavit suos cives ultroque iis sumptum intulit. Quod posteaquam Temni literis a Varinio missis cognitum atque patefactum est, cumque eadem de re Cn. Lentulus, qui censor fuit, Temnitarum patronus, literas misisset, Heraclidem istum Temni postea nemo vidit.

CIC. *Brutus,* 48 : T. Aufidius, qui vixit ad summam senectutem, volebat esse similis T. Juventii et P. Orbii, eratque et bonus vir et innocens, sed dicebat parum.

Le *Brutus* fut écrit en 708; comme Aufidius semble n'être arrivé que tard aux fonctions publiques, il est assez probable qu'il s'agit dans ce passage du propréteur d'Asie.

La date du gouvernement d'Aufidius dépend de celle de Varinius, que nous examinerons dans le paragraphe suivant. Lentulus fut censeur en 684.

22.

P. VARINIUS GLABER.

Son gouvernement d'Asie n'est mentionné que dans le passage de Cicéron, cité au paragraphe précédent. Il fut préteur en 681, la première année de la guerre contre Spartacus, et fut battu par ce dernier, ainsi qu'il résulte des témoignages concordants de Tite-Live (*Epitome*, XCV), de Salluste (*Histor.* III, fragm. 67, éd. Dietsch), de Plutarque (*Crassus*, 9), d'Appien (*Civil.* I, 116) et de Frontin (*Stratag.* I, 5, 22). Il avait pour questeur C. Thoranius. Dans Appien, le seul auteur qui ait conservé son surnom, il est appelé Οὐαρίνιος Γλάβρος.

S'il était préteur en 681, il ne pouvait aller en Asie comme propréteur qu'en 682; mais, cette année et les années suivantes, cette province faisait partie du grand commandement de Lucullus; ce n'est qu'en 685, ainsi que nous l'avons vu plus haut, que le sénat envoya de nouveau des préteurs pour la gouverner, et Varinius pourrait avoir été le propréteur de cette année; mais le passage de Cicéron implique que T. Aufidius le précéda de peu dans cette province et fait plutôt supposer qu'il fut son prédécesseur immédiat. Si on n'admet pas cette hypothèse, il faudrait reculer Aufidius jusqu'en 678, ce qui n'est pas possible. Il y a donc tout lieu de croire qu'Aufidius fut envoyé en Asie en 685, et que Varinius lui succéda en 686. C'est l'opinion de Bergmann (*Philologus*, 1847, p. 669).

23.

P. CORNELIUS DOLABELLA.

VAL. MAX. VIII, 1 : Eadem hæsitatione Publii quoque Dolabellæ, proconsulari imperio Asiam obtinentis, animus fluctuatus est. Mater familiæ Zmyrnæa virum et filium interemit, cum ab his optimæ indolis juvenem, quem ex priore viro enixa fuerat, occisum comperisset. Quam rem Dolabella ad se delatam

Athenas ad Arei pagi cognitionem relegavit, quia ipse, neque liberare duabus cædibus contaminatam, neque punire eam justo dolore impulsam sustinebat.

La même histoire est racontée par Aulu-Gelle (XII, 7), qui cite Valère Maxime, mais qui écrit Cn. Dolabella, et par Ammien Marcellin (XXIX, 2, 19), qui omet le prénom.

On ne connait à la fin de la république et au commencement de l'empire que trois Dolabella qui ont porté le prénom de Publius : l'un qui fut consul en 763 et plus tard proconsul d'Afrique, l'autre qui fut consul en 710 et qui fut maître de l'Asie pendant quelques mois, et un troisième qui était préteur lorsque Cicéron plaida pour Cæcina. Nous verrons plus loin que le consul de 710 prenait en Asie le titre d'*imperator* et non de proconsul, et qu'il ne put porter le titre de proconsul d'Asie, puisqu'il ne fut maître de la province que momentanément, sans aucun droit, et parce qu'il avait assassiné Trebonius, le propréteur en exercice; d'ailleurs l'anecdote rapportée par Valère Maxime ne convient guère à un homme de son caractère, ni à une époque de guerre civile.

Reste le troisième P. Dolabella, qui était préteur l'année où Cicéron prononça son discours en faveur de Cæcina (*pro Cæcina*, 8, 23), c'est-à-dire vers 685. On ne sait absolument rien de lui, et on suppose qu'il fut le père du consul de 710 qui est appelé *Publii filius* dans les *Fasti Colotiani* (*Corpus inscr. lat.* I, p. 446), et l'aïeul du consul de 763. Il dut succéder à Varinius Glaber en Asie.

24.

Q. VOCONIUS NASO.

Cic., *pro Flacco*, 21, 50 : Iterum Heraclides Romam se rettulit : persequitur Hermippus, qui nunquam istius impudentiæ cessit. Petit Heraclides a C. Plotio senatore, viro primario, qui legatus in Asia fuerat, mancipia quædam, quæ se, cum judicatus esset, per vim vendidisse dicebat. Q. Naso, vir ornatissimus, qui prætor fuerat, judex sumitur.

Selon Borghesi (I, p. 280) et Bergmann, Naso fut propréteur d'Asie en 689. Son gouvernement d'Asie ne repose que sur les mots du passage ci-dessus *qui prætor fuerat*, et il est probable effectivement que les mots *in Asia*, exprimés deux lignes auparavant, sont sous-entendus ici; mais ce n'est pas sûr, et Cicéron a peut-être voulu dire seulement que Naso avait exercé la préture. Quant à la date, elle est également incertaine; Bergmann se prononce pour l'année 689, parce que, selon lui, Naso jugea en 688 comme préteur la cause de Cluentius; cette cause fut effectivement plaidée en 688, mais Naso présidait comme *judex quæstionis* (*pro Cluentio*, 53, 147; 54, 148) et non comme préteur, et il ne s'ensuit aucunement qu'il ait été préteur cette année-là, ni même qu'il ait été préteur à aucune époque. Ainsi le passage du discours *pro Flacco* prouve que Naso avait été préteur à une époque indéterminée, mais il n'en résulte pas nécessairement qu'il ait été ensuite propréteur d'Asie.

Sur la différence entre les préteurs et les *judices quæstionum*, voyez Baiter, *Onomasticon*, à l'article Q. Voconius Naso. L'exemple de Paquius Scæva (*Henzen*, 6450) montre clairement qu'on pouvait être *judex quæstionis* avant la préture.

25.

P. ORBIUS.

Cic., *pro Flacco*, 31, 76 : P. Orbius, homo et prudens et innocens, contra te, Deciane, omnia decrevit. Apud P. Globulum, meum necessarium, fuisti gratiosior : utinam neque ipsum neque me pœniteret. Flaccum injuria decrevisse in tua re dicis.

Ibid., 32, 79 : Quid? hæc Apollonidienses occasione facta ad Flaccum detulerunt? Apud Orbium acta non sunt? ad Globulum delata non sunt? Ad senatum nostrum me consule (A. U. C. 691) nonne legati Apollonidienses omnia postulata de injuriis unius Deciani detulerunt?

Cic., *Brutus*, 48, 179 : P. Orbius, T. Juventii auditor, meus fere æqualis, in dicendo non nimis exercitatus, in jure autem civili non inferior quam magister fuit.

Orbius fut évidemment le prédécesseur de Globulus, et gouverna l'Asie pendant l'année 690-91.
Decianus était un des accusateurs de Flaccus.

26.

P. SERVILIUS GLOBULUS.

CIC., *pro Flacco*, 34, 85 : At istius hereditatis jam Globulo prætore Flacci nomine petita possessio est.
SCHOL. BOB. *in orat. pro Flacco*, p. 245 : Sed ut omni invidia liberaretur Flaccus, ait P. Globulum decessorem illius de portione hujus hereditatis ante adventum Flacci judicasse.
CIC., *pro Flacco*, 37, 91 : At fructus isti Trallianorum Globulo prætore venierant.
ASCON. *in Cornelianam*, p. 57 : C. Cornelius, tribunus plebis C. Pisone cos. (687), alienatus est a senatu ex hac causa. — Itaque P. Servilius Globulus, tribunus plebis, inventus est, qui C. Cornelio obsisteret.

Globulus fut le prédécesseur de Flaccus, et gouverna l'Asie pendant l'année 691-92.

27.

L. VALERIUS L. F. FLACCUS.

CIC., *pro Flacco*, fragm. Bob. et 3, 6 : Sed neque Asiæ luxuries infirmissimum tempus ætatis [potuit corrumpere]. — Ex hoc ætatis gradu se ad exercitum C. Flacci patrui contulit. — Fuit P. Servilio imperatore in Cilicia tribunus militum. Fuit M. Pisoni quæstor in Hispania. Bellum Cretense ex magna parte gessit atque una cum summo imperatore sustinuit. In summo et periculosissimo rei publicæ tempore etiam ab inimicis prætura laudatur. — Qui anno ante Romæ jus dixerat, anno post in Asia jus dixit. *Cf.* cap. 23.

Il résulte de ces passages que Flaccus était le fils de L. Flaccus, le consul de 668, qui fut assassiné par Fimbria (voyez plus haut, n° 10) et qu'il accompagna son père en Asie. Il se rendit ensuite auprès de son oncle C. Flaccus, qui commandait une armée quelque part. Après cela il servit comme tribun militaire sous P. Servilius Isauricus, proconsul de Cilicie de 676 à 679; ensuite comme questeur sous M. Pupius Piso Frugi, propréteur d'Espagne, qui triompha en 685. Il fut ensuite légat de Q. Cæcilius Metellus, pendant une partie de la guerre de Crète, 686-688. Il revint alors à Rome et fut préteur la même année que Cicéron fut consul (691); Cicéron se loue beaucoup de la conduite de Flaccus en cette année mémorable et du concours qu'il lui prêta (*pro Flacco*, 1 et 40; *Catilin.* III, 2 et 6). L'année suivante il alla comme propréteur en Asie, et revint à Rome en 693, d'où il fut envoyé en 694 comme ambassadeur en Gaule pour empêcher les Gaulois de se réunir aux Helvétiens (Cic., *ad Attic.*, I, 19, 2). Enfin il fut accusé de concussion en Asie par D. Lælius, et défendu par Hortensius et Cicéron; la cause fut plaidée en 695; on n'en connaît pas l'issue, mais il n'est plus question de Flaccus après 695. Le discours prononcé par Cicéron en faveur de Flaccus jette un grand jour sur l'administration de l'Asie à cette époque.

28.

Q. TULLIUS M. F. M. N. CICERO.

Cic., *pro Flacco*, 14, 33 : Frater meus, qui L. Flacco successit. *Cf.* 21, 49.

Cic., *ad Attic.* I, 15 : Idibus Martiis. Asiam Quinto, suavissimo fratri, obtigisse audisti.

Ad Q. fratrem, I, 1, 1 : Factum est enim mea culpa, ut priore anno non succederetur. Quod ego, dum saluti sociorum consolo, dum impudentiæ nonnullorum negotiatorum resisto, feci non sapienter; præsertim cum id commiserim, ut ille alter annus etiam tertium posset adducere.

Ad Fam., II, 15 : Fortasse etiam illud adderent : fratrem meum triennium Asiæ præfuisse. Cf. *ad Attic.* VI, 6.

Ad Attic., III, 9 : Quintus frater cum ex Asia discessisset ante Kal. Maias et Athenas venisset Idibus, valde fuit ei properandum. — Itaque eum malui properare Romam quam ad me venire. Datum Id. Jun. Thessalonicæ.

Q. Cicero, frère de l'orateur, fut préteur en 692 avec C. Vergilius; le poëte Archias plaida devant lui pour soutenir son droit de cité romaine (*pro Plancio*, 40; *Schol. Bobiensia*, p. 354). Il fut envoyé en Asie en 693, et succéda à Flaccus.

On voit par ces passages que Q. Cicero quitta Rome un peu après les Ides de mars de 693 et dut arriver en Asie dans le courant d'avril, qu'il gouverna la province pendant trois ans, et la quitta à la fin d'avril 696. Il avait reçu le pouvoir proconsulaire; car Cicéron lui fait dire : « Cum Asiæ proconsul præessem » (*de Divin.*, I, 28), et Suétone lui donne le même titre (*Octavian.*, 4). Sa correspondance avec Cicéron est pleine de détails sur son administration; sur sa carrière après son retour d'Asie, voyez Baiter, *Onomasticon*.

Borghesi (I, p. 288) cite un cistophore de Tralles du musée Tiepolo (I, p. 101) avec la légende TVLLI.PRO.COS.APIΣTOKΛHΣ. Mais cette pièce, que personne n'a vue depuis, doit être un exemplaire mal lu du cistophore bien connu avec la légende PVLCHER.PRO.COS. et le même nom de magistrat. Voyez Pinder, *Cistophoren*, p. 567.

29.

C. FABIUS M. F. [HADRIANUS].

Cistophores frappés à Éphèse, Pergame, Tralles et Apamée; je n'en donne que les légendes; pour les types et les symboles, qui n'importent pas à notre sujet, voyez Pinder, *Cistophoren*, 1856.

1. ΕΦΕ·ΟΖ·C·FABI·M·F·PROCOS·ΚΝΩΣ[ΟΣ]. — Musée britannique.
2. ΠΕΡΓ·C·FABI·M·F·PROCOS·ΔΗΜΕΑΣ. — Catalogue de la vente Ivanoff, n° 125.
3. ΠΕΡΓ·C·FABI·M·[F]·PROCOS·ΜΗΝΟΦΙΛ[ΟΣ]. — Bibliothèque impériale.
4. ΤΡΑΛ·C·FABI·M·F·PROCOS·ΔΗΜΗΤΡΙΟΣ [Σ]ΤΕΦΑΝΗΦΟΡΟΣ. — Pinder, n° 176.
5. ΑΠΑ·C·FABI·M·F·PROCOS·ΑΝΔΡΟΝΙΚΟ[Υ ΑΛΚΙΟΥ]. — Pinder, n° 173.
6. ΑΠΑ·C·FABI·M·F·PROCOS·ΑΤΤΑΛΟΥ [Β]ΙΑΝΟΡ[ΟΣ]. — Bibliothèque impériale.

Borghesi a montré que l'ère inscrite sur les cistophores d'Éphèse commence le 24 septembre 620 (voyez plus haut, p. 20). L'année OZ commence donc le 24 septembre 696; mais, comme il existe des cistophores de T. Ampius avec la même date, cette année 77 doit se partager entre les deux gouverneurs, et il en résulte que Fabius quitta la province au printemps de 697. Il fut donc le successeur de Q. Cicero, et, comme lui, il eut le titre de proconsul.

Sans connaître le cistophore d'Éphèse, Borghesi (I, p. 279, sqq.) avait déjà montré que Fabius devait avoir succédé à Q. Cicero et il a réuni tous les passages des auteurs relatifs à ce personnage. Le proconsulat de Fabius n'est mentionné nulle part, mais dans une lettre de Cicéron à son frère, écrite à la fin de 695, il y est fait allusion (*Epist.*, I, 2). Cicéron dit à son frère : *successorem habes perblandum*, sans le nommer; mais quelques lignes plus haut il lui parle d'un C. Fabius en ces termes : « Sed quid opus fuit ejusmodi literis, quas ad Catienum misisti? — Quid vero ad C. Fabium nescio quem? nam eam quoque epistolam T. Catienus circumgestat : « Renuntiari tibi Licinium plagiarium cum suo pullo miluino tributa exigere. » Deinde rogas Fabium, « ut et patrem et filium vivos comburat, si possit; sin minus, ad te mittat, uti judicio comburantur. » Hæ literæ abs te per jocum missæ ad C. Fabium, si modo sunt tuæ, cum leguntur, invidiosam atrocitatem verborum habent. » Bien que la coïncidence soit singulière, il est évident que ce *C. Fabius nescio quis* ne peut être le proconsul, qui en ce moment même exerçait probablement la préture à Rome; d'ailleurs le fait reproché à Licinius se passait évidemment en Asie, et Fabius devait être en Asie aussi; c'était un familier de Q. Cicero, mais certainement pas le proconsul.

Après son gouvernement d'Asie, C. Fabius fut pendant plusieurs années légat de César dans les Gaules en même temps que Q. Cicero, et en 705 il fut envoyé par César avec trois légions en Espagne (Cæs., *Bell. Gall.*, V, 24, anno 700; *Bell. civ.*, I, 37; I, 40, anno 705; cf. Cic., *ad Attic.*, VIII, 3, 7; VII, 3, 3).

Selon Borghesi, le père de Fabius était ce M. Fabius Hadrianus, légat de Lucullus, qui fut battu par Mithridate en 686 (Plut., *Lucull.*, 17; Dio, XXXV, 9; Appian., *Mithrid.*, 88).

30.

T. AMPIUS T. F. BALBUS.

Cistophores frappés à Éphèse, à Tralles et à Laodicée :

1. ΕΦΕ·ΟΖ·Τ·ΑΜΡΙ·Τ·F·PRO COS·ΓΛΥΚΩΝΤΙΑ.. ΠΕΡΙΚΛΗC. — Pinder, n° 177.
2. ΕΦΕ·ΟΖ·Τ·ΑΜΡΙ·Τ·F·PRO COS·ΔΙΟΝΥCΙΟC... ΥΙ... — Pinder, n° 178.
3. ΕΦΕ·ΟΖ·Ι·ΑΜΡΙ·[Τ·F]·PRO COS·ЄΡΜΙΑC ΚΑΥCΤΡ[ΙΟC]. — Musée britannique, exemplaire de Pembroke.
4. ΤΡΑΛ·[Τ]·ΑΜΡΙ·Τ·F·PRO COS·ΔΑΜΟΝΙΚΟΣ ΙΕΡΕΥΣ, ΑΛΕΞΑΝΔΡΟ[Σ]. — De ma collection, exemplaire de Fontana.
5. ΤΡΑ·Τ·ΑΜΡΙ·Τ·F·PRO COS·ΔΙΟΓΕΝΗ[Σ], ΔΙΟΝΥΣΙΟΣ ΠΑ. — Bibliothèque impériale.
6. ΛΑΟ·Τ·ΑΜΡΙ·Τ·F·PRO COS·ΤΗΛΕΚΡΑΤΗΣ. — Pinder, n° 180.

Ces médailles montrent que T. Ampius fut le successeur immédiat de Fabius, et qu'il arriva en Asie au printemps de 697.

Borghesi (I, p. 272, sqq.) a discuté tous les passages relatifs à ce personnage. Son proconsulat est mentionné par Cicéron :

Ad Fam. I, 3 : M. Cicero s. d. p. Lentulo procos. Vehementer rogo te ut, quæ T. Ampius de re A. Trebonii decrevit, ea comprobes.

Ampius retourna à Rome en 678; car Lentulus est le consul de 697, qui fut envoyé en 698 en Cilicie comme proconsul, et en faveur duquel on avait distrait de la province d'Asie les trois diocèses de Laodicée, d'Apamée et de Cibyra; Borghesi fait remarquer que cet agrandissement de la province de Cilicie eut lieu parce qu'on y envoyait un consulaire, tandis que l'Asie restait province prétorienne, et qu'il fut maintenu sous les gouvernements d'Appius Pulcher et de Cicéron, qui tous les deux étaient consulaires. Les cistophores de cette époque confirment la remarque de Borghesi.

Ampius avait été tribun du peuple en 691 (*Vell. Pat.*, II, 40); en 699 il échoua dans sa candidature au consulat, bien qu'appuyé par Pompée, dont il était chaud partisan (*Schol. Bobiensia*, p. 257). En 705 il levait des troupes en Italie pour Pompée (Cic., *ad Attic.*, VIII, 11) et passa ensuite en Asie avec le consul L. Lentulus, dont il était légat, et s'y trouvait au mois de septembre de cette année, ainsi que l'attestent des décrets conservés par Josèphe (*Ant. jud.*, XIV, 10, 13 et 19), où ses noms se trouvent au complet : Τίτος Ἄμπιος Τίτου υἱὸς Βάλβος Ὀρατίᾳ. Au moment de la bataille de Pharsale (9 août 706), il était à Éphèse, et ne fut empêché que par l'arrivée de César d'enlever les trésors déposés dans le temple d'Artémis (Cæs., *Bell. civ.*, III, 105). En 708 il obtint de César son pardon, grâce à l'intervention de Cicéron, qui lui était très-attaché; il avait employé les loisirs de l'exil à écrire l'histoire de son temps (Cic., *ad Fam.*, VI, 12; XIII, 70; Sueton., *Cæs.*, 77).

On ne connaît pas le nom de son successeur dans le gouvernement de la province d'Asie.

31.

C. CLAUDIUS AP. F. PULCHER.

Cistophores frappés à Éphèse, Pergame et Tralles :

1. ΕΦΕ · [C] · PVLCRI · AP · F · PRO COS · ΜΕΝΕΚΛΗΣ — Collection de M. le général Fox, à Londres.
2. ΤΡΑ · PVLCHER PRO COS · ΑΡΙϹΤΟΚΛΗϹ. — Bibliothèque impériale.
3. ΠΕΡΓ · C · PVLCHER PRO COS · ΒΙΩΝ. — Collection de M. le général Fox.
4. ΠΕΡΓ · C · PVLCHER PRO COS · ΜΑΧΑΩΝ. — De ma collection.
5. ΠΕΡΓ · C · PVLCHER PRO COS · ΜΗΝΟΔΩΡΟϹ. — Bibliothèque impériale.
6. ΠΕΡΓ · C · PVLCHER PRO COS · ΜΗΝΟΦΑΝΤΟϹ. — Musée de Florence.

Sur la médaille d'Éphèse, qui est surfrappée, la date est malheureusement effacée; du moins je n'ai rien pu distinguer; Pinder a cru reconnaître la date Π. L'année 80 commencerait le 24 septembre 699, et non le 24 septembre 700, comme Borghesi l'a dit par erreur (II, p. 443). C. Claudius était frère d'Appius Claudius, consul en 700 et proconsul de Cilicie l'année suivante (voyez à la Cilicie), et du fameux tribun P. Clodius. Il fut préteur en 698, ainsi que le prouve le passage suivant.

Dio, XXXIX, 21, anno 698 : Ὁ δ' οὖν Κικέρων — τόν τε Μίλωνα καὶ δημάρχους τινὰς παραλαβὼν ἀνῆλθέ τε ἐς τὸ Καπιτώλιον καὶ τὰς στήλας τὰς ἐπὶ τῇ ἑαυτοῦ φυγῇ ὑπὸ τοῦ Κλωδίου σταθείσας καθεῖλεν. Καὶ τότε μὲν αὐτὰς ἐκείνου σὺν Γαΐῳ ἀδελφῷ στρατηγοῦντι ἐπελθόντος ἀφῃρέθη, μετὰ δὲ τοῦτο φυλάξας ἐκδημοῦντα τὸν Κλώδιον ἀνέβη τε αὖθις ἐς τὸ Καπιτώλιον, καὶ λαβὼν αὐτὰς οἴκαδε ἀπεκόμισεν.

Cic., *ad Attic.*, IV, 15, 2 : Iter Asiaticum tuum puto tibi suscipiendum fuisse. — Sed humanitatem tuam amoremque in tuos reditus celeritas declarabat. Sed vereor, ne lepore te suo detineat diutius prætor Clodius.

Cette lettre est du mois de juillet 700. La plupart des éditions, et notamment celle d'Orelli, donnent la leçon *rhetor* au lieu de *prætor;* mais cette dernière leçon est celle des bons manuscrits; voyez Borghesi, I, p. 284, et la note de Mommsen.

Cic., *pro Scauro,* 33-35 : Neque vero hæc res Appium Claudium movisset, nisi hunc (Scaurum) C. Claudii, fratris sui, competitorem fore putasset. — At enim frater jam non petit. Quid tum? Si ille retentus a cuncta Asia supplice, si a negotiatoribus, si a publicanis, si ab omnibus sociis civibus exoratus antepoeuit honori suo commoda salutemque provinciæ.

Ce discours fut prononcé pendant le consulat d'Appius Claudius, en 700, un peu avant le 2 septembre (Asconius, *in Scaur.*, p. 18); on peut conclure du passage cité que C. Pulcher avait déjà commencé la seconde année de son gouvernement, et qu'il renonça à sa candidature au consulat pour rester en Asie. Arrivé au printemps de 699, il y resta donc au moins jusqu'au printemps de 701. Il manque probablement un gouverneur d'Asie entre Pulcher et Thermus.

32.

Q. MINUCIUS THERMUS.

Cic., *ad Attic.*, V, 13; anno 703 : Ephesum venimus a. d. XI Kal. Sext. — Tua negotia Ephesi curæ mihi fuerunt, Thermoque, tametsi ante adventum meum liberalissime erat pollicitus tuis omnibus, tamen — Xenonem commendavi.

Cic., *ad Fam.*, II, 18 : M. Cicero imp. s. d. Q. Thermo propræt.

Dans cette lettre, écrite au moment où il quittait Laodicée pour passer en Cilicie, Cicéron recommande à Thermus de confier le gouvernement de l'Asie, après son départ, à son questeur L. Antonius, afin de ne pas offenser la famille puissante des Antonii. Cicéron se rendit en Cilicie pour faire ses préparatifs de départ au commencement de mai 704 (*ad Fam.*, II, 13, 3;

ad Attic., VI, 2, 4), de sorte que Thermus dut quitter la province d'Asie vers la même époque. On ne sait s'il était arrivé en Asie au printemps de 703, ou s'il était dans sa deuxième année lorsque Cicéron aborda en Asie.

Pendant la guerre civile, Thermus embrassa le parti de Pompée (Cæs., *Bell. civ.*, I, 12; Cic., *ad Attic.*, VII, 13; VII, 23).

33.

L. ANTONIUS M. F. M. N. PIETAS, cos. 713 = 41.

Cic., *ad Fam.*, II, 18; anno 705, circa Nonas Maias. — Cicéron conseille à Thermus de laisser, en quittant sa province, le pouvoir à son questeur L. Antonius, et non à un de ses légats, qui n'étaient que *quæstorii*, parce que « tres fratres summo loco natos, promptos, non indisertos, te nolo habere iratos, jure præsertim; quos video deinceps tribunos plebis per triennium fore ».

Joseph., *Ant. jud.*, XIV, 10, 17: Λούκιος Ἀντώνιος, Μάρκου υἱός, ἀντιταμίας καὶ ἀντιστράτηγος, Σαρδιανῶν ἄρχουσι, βουλῇ, δήμῳ χαίρειν. — Τοῦτό τε αἰτησαμένοις, ἵν' ἐξῇ αὐτοῖς ποιεῖν, τηρῆσαι καὶ ἐπιτρέψαι ἔκρινα.

La lettre est relative à certains priviléges des Juifs. Puisque L. Antonius était questeur en 704, il résulte de ce document qu'il était encore en Asie l'année suivante et qu'il gouvernait la province comme proquesteur avec les pouvoirs de préteur. Il paraît être resté en Asie assez longtemps après l'arrivée des chefs pompéiens, le consul L. Lentulus, son légat T. Ampius, et le nouveau gouverneur de la province C. Fannius; c'est du moins ce qui paraît résulter d'une lettre d'Ampius aux Éphésiens, conservée également par Josèphe, et que nous reproduirons à l'article suivant.

La carrière de L. Antonius après son départ d'Asie est bien connue. Voyez *Borghesi*, IV, p. 49, et les notes.

34.

C. FANNIUS.

Cistophores frappés à Éphèse, à Tralles et à Apamée :

1. ΕΦΕ·ΠϚ·C·FAN·PONT·PR·ΑΡΧΙΔΗΜΟϹ.—Musée Britannique, deux exemplaires, l'un de Knight, l'autre de d'Ennery; de ma collection, exemplaire de Riccio. Les deux pièces du Musée Britannique sont mal décrites dans Pinder; sur toutes les deux, il y a ΠϚ et non ΠΕ.

2. T]ΡΑ·[C·F]AN·PONT·PR·ΑΡΙϹΤΟΚΛΗϹ. — Pièce fourrée; Pinder, n° 190.

3. T]ΡΑ·C·FAN·PONT·PR·ΜΕΝΑΝΔΡΟϹ [ΙΕ]ΡΕΥϹ. — Musée de Florence.

4. ΑΠΑ·C·FAN·PONT·PR·ΜΑΝΤΙΘΕΟΣ ΜΑΝΤΙΘΕΟΥ. — Bibliothèque impériale.

C. Fannius était tribun du peuple en 695, et en 698 Cicéron parle de lui, comme destiné bientôt à de nouveaux honneurs (*pro Sestio*, 53, 113); on a conclu, de ce passage, qu'il fut préteur l'année suivante, mais ce n'est pas sûr, et il s'agit peut-être de l'édilité. Il était *pontifex* en 697 (*de Harusp. Resp.*, 6, 12). Au commencement de 705 il était en Italie; car, le 27 janvier de cette année, Cicéron, étant à Capoue, apprend que les consuls ont donné ordre à Fannius de se rendre en Sicile (*ad Attic.*, VII, 15). Mais cet ordre ne fut pas exécuté, et au mois de mars nous trouvons Fannius mentionné parmi les partisans de Pompée qui, ayant été investis légalement de l'*imperium*, c'est-à-dire ayant été nommés au gouvernement d'une province ou à un commandement militaire, ont le droit de sortir d'Italie et de passer la mer, sans pour cela faire acte d'hostilité ouverte contre César (*ad Attic.*, VIII, 15). Comme Fannius avait été sur le point d'aller en Sicile, il est difficile d'admettre qu'il eût été désigné d'abord pour gouverner l'Asie, et je croirais plutôt avec Mommsen (*Geschichte Röm. Münzw.*, p. 375, note) que Fannius était un des préteurs de cette même année 705, et qu'il gouverna l'Asie comme préteur, ainsi que l'attestent ses cistophores, où il n'est appelé ni propréteur, ni proconsul, mais *prætor*. Il ne faut pas oublier que cette année les deux consuls, les principaux magistrats et une partie du sénat avaient quitté Rome pour s'établir en Asie, qu'il y eut des sénatus-consultes votés en Asie et que l'organisation de la capitale fut transférée momentanément au quartier général des Pompéiens.

Du reste tout est anormal et irrégulier en Asie en 705; car nous allons trouver trois fonctionnaires exerçant simultanément un pouvoir semblable dans la province avec des titres différents; c'est ce qui résulte des pièces suivantes conservées par Josèphe :

Λεύκιος Λέντλος εἶπε· Πολίτας Ῥωμαίων Ἰουδαίους, ἱερὰ Ἰουδαϊκὰ ἔχοντας καὶ ποιοῦντας ἐν Ἐφέσῳ, πρὸ τοῦ βήματος δεισιδαιμονίας ἕνεκα στρατείας ἀπέλυσα, πρὸ δεκαδύο καλανδῶν Ὀκτωβρίων, Λευκίῳ Λέντλῳ, Γαΐῳ Μαρκέλλῳ ὑπάτοις. Παρῆσαν Τίτος Ἄμπιος, Τίτου υἱός, Βάλβος Ὁρατίᾳ πρεσβευτής, κ. τ. λ. — Τίτος Ἄμπιος, Τίτου υἱός, πρεσβευτὴς καὶ ἀντιστράτηγος, Ἐφεσίων ἄρχουσι, βουλῇ, δήμῳ χαίρειν. Ἰουδαίους τοὺς ἐν τῇ Ἀσίᾳ Λούκιος Λέντλος ὕπατος, ἐμοῦ ἐντυγχάνοντος ὑπὲρ αὐτῶν, ἀπέλυσε τῆς στρατείας. Αἰτησάμενος δὲ μετὰ ταῦτα καὶ παρὰ Φαννίου τοῦ ἀρχιστρατήγου καὶ παρὰ Λουκίου Ἀντωνίου τοῦ ἀντιταμίου ἐπέτυχον, ὑμᾶς τε βούλομαι φροντίσαι μή τις διενοχλῇ (*Antiq. jud.*, XIV, 10, 13).

Γάϊος Φάννιος, Γαΐου υἱός, στρατηγὸς ὕπατος, Κῴων ἄρχουσι χαίρειν. Βούλομαι ὑμᾶς γνῶναι, ὅτι πρέσβεις Ἰουδαίων μοι προσῆλθον, ἀξιοῦντες λαβεῖν τὰ ὑπὸ τῆς συγκλήτου δόγματα περὶ αὐτῶν γεγονότα. Ὑποτέτακται δὲ τὰ δεδογμένα. Ὑμᾶς θέλω φροντίσαι καὶ προνοῆσαι τῶν ἀνθρώπων κατὰ τὸ συγκλήτου δόγμα, ὅπως διὰ τῆς ὑμετέρας χώρας εἰς τὴν οἰκείαν ἀσφαλῶς ἀνακομισθῶσι (*ibid.*, XIV, 10, 15). Suit le décret de Lentulus, rapporté plus haut, et qui est qualifié par Fannius de sénatus-consulte; il est répété encore une fois avec quelques variantes (*ibid.*, XIV, 10, 19).

On voit par ces documents qu'au mois de septembre 705 il y avait en Asie trois fonctionnaires exerçant à divers titres des pouvoirs analogues : le légat du consul T. Ampius, le préteur C. Fannius, et le proquesteur propréteur L. Antonius. La présence du dernier parmi les Pompéiens s'explique difficilement, alors que son frère était un des chauds partisans de César.

Fannius prend le titre de στρατηγὸς ὕπατος, c'est-à-dire de *général en chef;* les inscriptions trouvées en Grèce et en Asie fournissent d'autres exemples de ce titre et montrent que le texte de Josèphe est correct; voyez mon commentaire sur le n° 588 de Le Bas. C'est dans le même sens qu'il est appelé ἀρχιστράτηγος dans la lettre d'Ampius aux Éphésiens, qui suivit évidemment de près le décret de Lentulus et appartient aussi à l'année 705; la correction ἀντιστράτηγος se présente naturellement à l'esprit, mais Fannius ne pouvait être appelé propréteur que l'année suivante. La date 86 inscrite sur les cistophores montre que Fannius gouvernait l'Asie après le 24 septembre 705, mais on ne sait pas combien de temps il y resta. Il est probable qu'il se rendit sur le théâtre de la guerre et qu'il périt à la bataille de Pharsale (août 706); dans tous les cas, Cicéron parle de sa mort dans une lettre du 28 novembre (*ad Attic.*, XI, 6), et déjà lorsque César vint à Éphèse après sa victoire, c'était le légat T. Ampius qui y commandait.

Nous avons déjà parlé de ce dernier plus haut, à propos de son proconsulat d'Asie.

Borghesi a traité à deux reprises des cistophores de Fannius (I, p. 283; II, p. 436, sqq.), et il s'est prévalu des dates qu'on y rencontre pour montrer que l'ère d'Éphèse commence à l'équinoxe d'automne de 620. Ses prémisses étaient en partie fausses; car les deux cistophores de Knight et de d'Ennery, qui sont maintenant au Musée Britannique, et sur lesquels on voulait lire la date ΠΕ, portent en réalité la date ΠϚ, absolument comme celui de Riccio, qui a passé dans ma collection. Ainsi il ne reste pour le gouvernement de Fannius que l'année 86 qui pourrait commencer le 24 septembre 704 ou 705, mais certainement pas le 24 septembre 706, parce que la bataille de Pharsale avait eu lieu le 9 août et César était déjà maître d'Éphèse à la fin de ce mois. Il faut se rappeler en outre qu'à cette époque le calendrier romain était affecté d'une erreur d'environ quarante jours, tandis que le calendrier asiatique, ayant pour point de départ l'équinoxe d'automne, suivait son cours normal; ainsi la bataille de Pharsale fut livrée en réalité à la fin de juin 706, et César devait être maître d'Éphèse dès la fin de juillet. Il est facile de prouver que l'année 86 commence en septembre 705, et l'ère en septembre 620; car, si on reculait d'une année, on tomberait en plein dans le règne d'Attale, et on chercherait en vain un événement, autre que la mort de ce prince, et la réduction de l'Asie en province romaine, qui pût motiver l'adoption à cette époque d'une ère nouvelle. Voyez plus haut, p. 20.

35.

Q. CÆCILIUS Q. F. Q. N. METELLUS PIUS SCIPIO, cos. Kal. Sext.

702 = 52.

Cistophore frappé à Pergame :

ΠΕΡΓ·Q·METELLVS PIVS SCIPIO IMPER. Une aigle légionnaire entre les deux serpents. — Bibliothèque impériale.

Plut., *Pomp.*, 62 : Ὁ δὲ Πομπήιος Βρεντέσιον κατασχὼν καὶ πλοίων εὐπορήσας τοὺς μὲν ὑπάτους εὐθὺς ἐμβιβάσας καὶ μετ' αὐτῶν σπείρας τριάκοντα προεξέπεμψεν ἐς Δυρράχιον, Σκηπίωνα δὲ τὸν πενθερὸν καὶ Γναῖον τὸν υἱὸν εἰς Συρίαν ἀπέστειλε ναυτικὸν κατασκευάσοντας.

Cic., *ad Attic.*, IX, 1 ; anno 705 : Scipio vel in Syriam proficiscitur, sorte ; vel cum genero, honeste ; vel Cæsarem fugit iratum. Cf. VIII, 15.

Cæsar, *Bell. Civ.*, III, 4 ; anno 705 : Pompeius — exspectabat cum Scipione ex Syria legiones duas.

Ibid., III, 31 ; anno 705 exeunte : His temporibus Scipio detrimentis quibusdam circa montem Amanum acceptis imperatorem se appellaverat. Quo facto — legiones equitesque ex Syria deduxerat. Deductis Pergamum atque in locupletissimas urbes in hiberna legionibus, maximas largitiones fecit et confirmandorum militum causa diripiendas his civitates dedit.

Ibid., III, 33 ; anno 706 : Præterea Ephesi a fano Dianæ depositas antiquitus pecunias Scipio tolli jubebat. Certaque ejus rei die constituta, cum in fanum ventum esset, adhibitis compluribus senatorii ordinis quos advocaverat Scipio, litteræ ei redduntur a Pompeio, mare transisse cum legionibus Cæsarem : properaret ad se cum exercitu venire omniaque posthaberet. His litteris acceptis, quos advocaverat dimittit ; ipse iter in Macedoniam parare incipit paucisque post diebus est profectus. Hæc res Ephesiæ pecuniæ salutem attulit. Cf. 36, 57, 82, 83.

Metellus Scipio était fils de P. Cornelius Scipio Nasica et avait été adopté par Q. Cæcilius Metellus Pius ; sa fille Cornelia avait épousé

Pompée, dont il fut le collègue dans le consulat pendant une partie de l'année 702. En 703, il reçut du sénat la province de Syrie, mais il n'y resta pas longtemps et conduisit les troupes qu'il commandait au secours de son gendre; il leur fit prendre leurs quartiers d'hiver à Pergame et dans les villes voisines. Au printemps de 706, il passa en Macédoine avec ses troupes et prit part à la bataille de Pharsale. Il continua ensuite la guerre contre César et périt en Afrique en 707, quelque temps après la bataille de Thapsus.

Scipio ne fut jamais proconsul d'Asie; c'est comme chef militaire qu'il fit frapper des cistophores à Pergame, et qu'il augmentait encore la confusion qui régnait à cette époque dans l'administration de la province.

36.

CN. DOMITIUS M. F. M. N. CALVINUS cos. 701 = 53; cos. II, 714 = 40.

Cæs., *Bell. Alexandr.*, 9 : Eo biduo legio XXXVII ex dediticiis Pompeianis, cum frumento, armis, telis, tormentis, imposita in naves a Domitio Calvino, ad litora Africæ delata est.

Ceci se passait au début du siége, vers la fin de l'année 706.

Ibid., 34 : Dum hæc in Ægypto geruntur, rex Deiotarus ad Domitium Calvinum, cui Cæsar Asiam finitimasque provincias administrandas tradiderat, venit oratum, ne Armeniam minorem, regnum suum, neve Cappadociam, regnum Ariobarzanis, possideri vastarique pateretur a Pharnace. Cf. Cic., *pro Deiotaro*, 5, 14.

Dio, XLII, 46 : Φαρνάκης — τὴν Ἀρμενίαν ἀπόντος τοῦ Δηιοτάρου πᾶσαν, τῆς τε Καππαδοκίας καὶ τῶν τοῦ Πόντου πόλεων τινὰς κατεστρέψατο. Ὁ δὲ Καῖσαρ αὐτὸς μὲν οὐκ ἐκινήθη (οὔτε γὰρ ἡ Αἴγυπτός πω καθειστήκει) Γναῖον δὲ Δομίτιον Καλουῖνον ἔπεμψε, τήν τε Ἀσίαν οἱ καὶ τὰ ἐκεῖσε στρατόπεδα προστάξας.

Calvinus fut battu par Pharnace pendant l'hiver et se retira en Asie. César arriva bientôt d'Égypte et vainquit Pharnace à la bataille de Zéla, IV Non. Sextiles 707.

Dio, XLII, 49 : Après la bataille de Zéla, Καῖσαρ τὰ λοιπὰ τῷ Δομιτίῳ καταστήσασθαι κελεύσας, ἐς τὴν Βιθυνίαν ἦλθε, κἀντεῦθεν ἔς τε τὴν Ἑλλάδα καὶ ἐς τὴν Ἰταλίαν ἔπλευσε.

César arriva en Italie au mois de septembre.

Cæs., *Bell. Afric.*, 86 : (Après la bataille de Thapsus), Cæsar, Cn. Domitio cum duabus legionibus Tisdræ ad obsidendum relicto, ipse Uticam contendit.

La bataille de Thapsus fut livrée VIII Id. Apriles 708.

Ainsi Domitius avait quitté l'Asie au commencement de 708 pour amener des renforts à César en Afrique et il avait assisté à la bataille de Thapsus. Le bruit avait couru en Asie qu'il avait péri dans un naufrage (*pro Deiotaro*, 9, 25). Il fut consul pour la deuxième fois en 714, et obtint en 718 les honneurs du triomphe pour ses victoires en Espagne. Avant de gouverner l'Asie il avait été légat de L. Flaccus dans la même province; il fut tribun du peuple en 675, préteur en 698, consul en 701, et commanda le centre de l'armée de César à Pharsale. Sur ses monnaies, frappées à l'occasion de ses victoires en Espagne, voyez Mommsen, *Geschichte Röm. Münzw.*, p. 669.

Bergmann (p. 683), se fondant sur une médaille qui aurait été frappée à Pergame à l'effigie de Jules César, et avec le nom de C. Vibius Pansa au revers, a supposé que ce dernier gouverna l'Asie par intérim pendant l'absence de Calvinus en Cappadoce. Mais la médaille en question, qu'Eckhel et Mionnet (*Mysie*, n° 533) ont décrite d'après Gusseme sans l'avoir vue et que personne n'a vue depuis Gusseme, est tout simplement la pièce bien connue de Nicée (Mionnet, *Bithynie*, n° 210), dont la légende aura été altérée ou mal lue; nous en parlerons au chapitre relatif à la Bithynie.

37.

P. SERVILIUS P. F. C. N. ISAURICUS cos. 706 = 48.

Inscription de l'île de Calymna, communiquée par M. Ch. Newton, conservateur des antiques au Musée Britannique : Πόπλιος Σερουίλιος Ποπλίου υἱὸς Ἰσαυρικὸς ἀνθύπατος Ἀπόλλωνι Καλυμνίῳ ἀποκατέστησε.

Inscription trouvée probablement à Smyrne et apportée à Londres (*Corpus Inscr. Lat.*, I, 622) : [P]. Serveilius P. [f] Isauricus procos. res[tit]uit.

Cic. *ad Fam.* XIII, 68 : Sperare tamen videor, Cæsari, collegæ nostro, fore curæ et esse ut habeamus aliquam rem publicam; cujus consiliis magni referebat te interesse. Sed si tibi utilius est, id est gloriosius Asiæ præesse et istam partem reipublicæ male affectam tueri, mihi quoque idem optatius debet esse.

Cic. *ad Fam.* XIII, 67 : Ex provincia mea Ciliciensi, cui scis τρεῖς διοικήσεις Asiaticas attributas fuisse, nullo sum familiarius usus, quam Androne Laodicensi.

Cicéron recommande Andron à Servilius, les trois diocèses ayant été rendus à l'Asie déjà sous le gouvernement de Fannius. Plusieurs lettres de Cicéron (*ad Fam.*, XIII, 66-72) sont adressées à Servilius, mais elles ne contiennent que des recommandations en faveur de diverses personnes. La salutation de l'une d'elles est très-complète : « M. Tullius Cicero P. Servilio Isaurico procos. collegæ s. plurimam ; » Servilius faisait sans doute partie, comme Cicéron, du collége des augures. Dans la salutation de la lettre 67, Servilius est appelé propréteur, ce qui est certainement une erreur.

Toutes les lettres de Cicéron adressées à Servilius paraissent avoir été écrites en 708, et il est certain qu'il succéda à Calvinus, mais rien n'indique à quel moment il quitta sa province. Tout ce qu'on sait, c'est qu'il était à Rome en septembre 710 et qu'il parla contre Marc-Antoine après Cicéron (*ad Fam.*, XII, 2, 1). Il était fils de P. Servilius Vatia Isauricus, proconsul de Cilicie et vainqueur des pirates; voyez à la Cilicie.

38.

C. TREBONIUS C. F. cos. suff. 709 = 45.

Appian., *Civil.*, III, 2 : Après les funérailles de César, ὅσοι τῶν σφαγέων παρ' αὐτοῦ Καίσαρος εἰλήφεσαν ἡγεμονίας ἐθνῶν ἀπῆλθον ἐπὶ τὰς ἡγεμονίας. — Τρεβώνιος δὲ ἐς τὴν Ἀσίαν τὴν περὶ Ἰωνίαν.

Ad Fam., XII, 16 : Trebonius Ciceroni. Athenis veni a. d. XI Kal. Junias atque ibi vidi filium tuum — qui cum mihi in sermone injecisset se velle Asiam visere, non modo invitatus sed etiam rogatus est a me, ut id potissimum nobis obtinentibus provinciam faceret. VIII Kal. Jun. Athenis.

Appian. *Civil.* III, 6 : Brutus et Cassius à Rome, πρὸς Τρεβώνιον ἐς τὴν Ἀσίαν κρύφα ἔπεμπον, χρήματα ἀγείρειν ἀφανῶς καὶ στρατὸν περιβλέπεσθαι. Cf. Dio, XLVII, 21.

Dio, XLVII, 26 : Κάσσιος ἐς τὴν Ἀσίαν πρὸς τὸν Τρεβώνιον, φθάσας τὸν Δολοβέλλαν ἐπεραιώθη, καὶ λαβὼν παρ' αὐτοῦ χρήματα, τῶν τε ἱππέων συχνούς, οὓς ὁ Δολοβέλλας ἐς τὴν Συρίαν προεπεπόμφει — ἐς τὴν Συρίαν ἦλθεν.

Ibid. 29 : Κασσίῳ ἡ βουλὴ τήν τε ἀρχὴν τῆς Συρίας ἐβεβαίωσε καὶ τὸν τοῦ Δολοβέλλου πόλεμον ἐψηφίσατο. Οὗτος γὰρ ἐτέτακτο μὲν τῆς Συρίας ἄρχειν· καὶ τὴν ἔξοδον ὑπατεύων ἐποιεῖτο, χρόνιος δὲ διὰ τῆς Μακεδονίας καὶ τῆς Θρᾴκης ἐς τὴν Ἀσίαν κομισθεὶς καὶ ἐκεῖ ἐνδιέτριψεν. Ἐπειδή τε ἐνταῦθα ἔτι ὄντι αὐτῷ τὸ δόγμα ἠγγέλθη, πρὸς μὲν τὴν Συρίαν οὐ προεχώρησεν, αὐτοῦ δὲ δὴ καταμείνας τὸν Τρεβώνιον οὕτω μετεχειρίσατο ὥστε δόξαν οἱ εὐνοίας πλείστην παρασχεῖν, καὶ τὴν τροφὴν τοῖς στρατιώταις παρ' ἑκόντος αὐτοῦ λαβεῖν. Ἐπειδή τε τῷ θαρσοῦντι διὰ ταῦτ' ἐγένετο — τήν τε Σμύρναν νυκτὸς ἐξαπιναίως κατέλαβε καὶ ἐκεῖνον ἀποκτείνας τὴν κεφαλὴν αὐτοῦ πρὸς τὴν τοῦ Καίσαρος εἰκόνα ἔῤῥιψε, κἀκ τούτου πᾶσαν τὴν Ἀσίαν κατέσχεν. Cf. Appian., *Civil.*, III, 26; Cic., *Philipp.*, XI, 2-4.

Trebonius était arrivé en Asie vers le 1er juin 710, et fut assassiné au mois de janvier de l'année suivante. La date de sa mort est déterminée par la onzième Philippique de Cicéron, qui débute par l'annonce de cet événement, et qui fut prononcée dans les derniers jours de février 711. On y trouve de nombreux détails sur Trebonius et Dolabella.

39.

P. CORNELIUS P. F. DOLABELLA cos. suff. XVII kal. April.

710 = 44.

Cic., *Philipp.*, XI, 2, 6 (fin de février 711) : Quid loquor de cæde civium Romanorum? de direptione fanorum? Et nunc (Dolabella) tota Asia vagatur, volitat ut rex, nos alio bello distineri putat.

Ad Famil., XII, 15. — Dépêche de P. Lentulus Spinther au sénat sur les événements qui suivirent la mort de Trebonius, datée de Perge en Pamphylie, IV Nonas Junias.

Dio, XLVII, 30 : Ὁ δ' οὖν Δολοβέλλας ἐγκρατὴς οὕτω τῆς Ἀσίας γενόμενος ἐς τὴν Κιλικίαν ἦλθε, τοῦ Κασσίου ἐν τῇ Παλαιστίνῃ ὄντος, καὶ τοὺς Ταρσέας ἑκουσίους προσλαβὼν — ἐς τὴν Συρίαν ἐνέβαλεν.

Lorsque Lentulus Spinther écrivait sa dépêche, il venait d'apprendre par des déserteurs de l'armée de Dolabella, que ce dernier, forcé de s'enfuir d'Antioche, se dirigeait sur Laodicée, dont Cassius n'était éloigné que de quatre journées de marche. Enfermé bientôt par Cassius dans cette ville, il se suicida.

Joseph., *Antiq. jud.*, XIV, 10, 11-12 : Ἔπεμψε δὲ Ὑρκανὸς τούτων τῶν πρεσβευτῶν ἕνα καὶ πρὸς Δολόβελλαν τὸν τῆς Ἀσίας τότε ἄρχοντα, κ. τ. λ. — Ἐπὶ πρυτάνεως Ἀρτέμωνος, Ληναιῶνος πρώτῃ, Δολοβέλλας αὐτοκράτωρ Ἐφεσίων βουλῇ ἄρχουσι δήμῳ χαίρειν.

La lettre confère aux Juifs l'exemption du service militaire. Le premier jour du mois Lénæon dans le calendrier asiatique correspond au 24 janvier, ce qui s'accorde parfaitement avec les récits des historiens.

Dolabella ne fut maître de l'Asie que pendant deux ou trois mois de l'année 711 ; car il devait être arrivé en Cilicie dès le mois d'avril, et le meurtre de Trebonius avait eu lieu vers la fin de janvier. On remarquera que dans sa lettre aux Éphésiens il prend le titre d'*Imperator*.

40.

P. CORNELIUS P. F. LENTULUS SPINTHER.

Cic., *ad Attic.*, XIV, 11 : Hic mecum Balbus, Hirtius, Pansa. Modo venit Octavius. Lentulus Spinther hodie apud me; cras mane vadit.

Lettre écrite en 710 après la mort de César. Lentulus dut aller en Asie comme questeur de Trebonius, puisque l'année suivante il prend le titre de proquesteur.

Ad Fam., XII, 14 : Lentulus Ciceroni. Après avoir raconté que Dolabella est en Syrie, il ajoute : Quoniam consulibus (Hirtio et Pansæ) decreta est Asia et permissum est iis, ut dum ipsi venirent, darent negotium, qui Asiam obtineant, rogo te, petas ab iis ut hanc dignitatem potissimum nobis tribuant et mihi dent negotium ut Asiam obtineam, dum ipsorum alter venit. IV Kal. Jun. Pergæ.

Ad Fam., XII, 15 : P. Lentulus P. f. proq. propr. s. d. cos. pr. tr. pl. senatui populo plebique R. — IV Non. Jun. Pergæ.

Lorsque Lentulus écrivait sa première lettre, Hirtius et Pansa étaient morts depuis un mois. Il paraît avoir gouverné l'Asie par intérim après le départ de Dolabella et jusqu'à l'arrivée de Brutus; ce dernier lui confia ensuite des fonctions, dont la nature précise ne peut être déterminée, mais qui sont attestées par les monnaies d'or et d'argent qu'il fit frapper (Cohen, *Cornelia*, n° 58) :

LENTVLVS SPINT. Præfericulum et lituus.

℟. BRVTVS. Hache, simpulum et secespita.

41.

M. IUNIUS M. F. BRUTUS.

Appian., *Civil.*, III, 63 : Ἐψηφίσατο ἡ βουλὴ Κάσσιον ἄρχειν τῆς Συρίας καὶ πολεμεῖν Δολαβέλλᾳ· τούς τε ἄλλους, ὅσοι τινὸς ἔθνους ἢ στρατοῦ Ῥωμαίων ἄρχουσιν ἀπὸ τῆς Ἰονίου θαλάσσης ἐπὶ τὴν ἕω, πάντας ὑπακούειν ἐς ὅ τι προστάσσοι Κάσσιος ἢ Βροῦτος.

Ce vote eut lieu à Rome au mois de février 711, lorsqu'on reçut la nouvelle du meurtre de Trebonius.

Hor., *Sat.*, I, 7, 18 : Bruto prætore tenente ditem Asiam.
Dio, XLVII, 32 : Κάσσιος δὲ ἐπειδὴ τὰ ἐν τῇ Συρίᾳ καὶ τὰ ἐν τῇ Κιλικίᾳ κατεστήσατο, ἐς τὴν Ἀσίαν πρὸς τὸν Βροῦτον ἀφίκετο. — Cf. Liv., *Epitome*, CXXI, CXXII.
Dio, XLVII, 35 : Après la campagne de Cassius contre les Rhodiens et celle de Brutus contre les Lyciens, ἀμφότεροι ἐς τὴν Ἀσίαν αὖθις ἦλθον — καὶ ἐς τὴν Μακεδονίαν ἠπείγοντο.
Appian., *Civil.*, V, 2 : Κάσσιος ὁ Παρμήσιος ὑπελέλειπτο μὲν ὑπὸ Κασσίου καὶ Βρούτου περὶ τὴν Ἀσίαν ἐπὶ νεῶν καὶ στρατοῦ, χρήματα ἐκλέγειν.

La bataille de Philippes eut lieu vers la fin de 712; Cassius y fut tué et Brutus se donna la mort quelques jours après. Cf. Plut., *Brutus*, passim. Après cette catastrophe Cassius Parmensis alla rejoindre Domitius Ahenobarbus dans l'Adriatique.

Joseph., *Ant. jud.*, XIV, 10, 25 : Ψήφισμα Ἐφεσίων. Ἐπὶ πρυτάνεως Μηνοφίλου, μηνὸς Ἀρτεμισίου τῇ προτέρᾳ, ἔδοξε τῷ δήμῳ. — Ἐπεὶ ἐντυχόντων τῶν ἐν τῇ πόλει Ἰουδαίων Μάρκῳ Ἰουνίῳ Μάρκου υἱῷ, Βρούτῳ ἀνθυπάτῳ, ὅπως ἄγωσι τὰ σάββατα, — ὁ στρατηγὸς συνεχώρησε.

Les manuscrits donnent la leçon Μάρκῳ Ἰουλίῳ Πομπηΐῳ υἱῷ Βρούτου, qui a été corrigée par Bergmann (*Philologus*, 1847, p. 687). Dans ce décret Brutus est appelé proconsul, ce qui doit être exact; car en 711 et 712 il était propréteur avec les pouvoirs de proconsul; le mot στρατηγὸς est employé dans le sens de *général*, comme dans l'expression στρατηγὸς ὕπατος. Le premier du mois Artemisius correspond au 24 mars.

42.

P. SERVILIUS CASCA.

Joseph., *Ant. jud.*, XIV, 10, 21 : Πόπλιος Σερουΐλιος, Ποπλίου υἱός, Γάλκας, ἀνθύπατος, Μιλησίων ἄρχουσι, βουλῇ, δήμῳ χαίρειν. Πρυτάνης Ἑρμοῦ υἱός, πολίτης ὑμέτερος, προσελθών μοι ἐν Τράλλεσιν ἄγοντι τὸν ἀγόραιον, κ. τ. λ.

Le décret autorise les Juifs à célébrer leurs fêtes et à suivre les coutumes de leurs ancêtres; bien qu'il ne contienne aucune indication chronologique, il est probable qu'il est de la même époque que tous les autres décrets rapportés dans le même chapitre.

Les manuscrits de Josèphe donnent la leçon Γάλκας, que les éditeurs ont changée en Γάλβας; mais à cette époque on ne connait que des Sulpicius Galba, et non des Servilius Galba; voyez sur ce point Borghesi, IV, p. 54 sqq. et les notes. Bergmann (*Philologus*, 1847, p. 684) a proposé de lire Οὐατίας ou Βατίας, et d'attribuer le décret à P. Servilius, le proconsul de 708; Mommsen (*Corpus inscr. lat.*, I, 622; *Borghesi*, II, p. 59, note) a adopté cette correction, tout en signalant une objection qui me paraît très-forte. Il est singulier, en effet, que Servilius ne prenne pas dans ce texte le surnom d'Isauricus, le seul dont il se serve dans les inscriptions, et qu'il revienne à celui de Vatia, qui était celui de son père avant son triomphe sur les Isauriens.

Je crois qu'il s'agit plutôt de P. Servilius Casca, dont le nom se rapproche beaucoup de la leçon des manuscrits. Le seul personnage connu de ce nom est le tribun du peuple de 710, qui fut l'un des meurtriers de César, et fut déposé du tribunat la même année; il était présent à la bataille de Philippes et mourut probablement peu de temps après (Appian.,

Civil., II, 113; *Dio*, XLIV, 52; XLVI, 49; Plut., *Brutus*, 45). C'est lui, ou son frère C. Casca, qui fit frapper le denier suivant, ainsi qu'un *aureus* avec les mêmes légendes et des types analogues :

CASCA LONGVS. Tête de Neptune, avec un trident.

℞. BRVTVS IMP. Victoire marchant à droite et tenant une palme (*Cohen*, p. 298, n°ˢ 22, 23).

Ces pièces rappellent évidemment une victoire maritime, remportée par Brutus ou un de ses lieutenants sur les côtes d'Asie. L'un des deux Casca peut avoir été chargé par Brutus du gouvernement civil de la province d'Asie dans l'intervalle qui s'étend entre la lettre de Lentulus Spinther (2 juin 711) et la bataille de Philippes (fin de 712); car on ne connaît pas d'autre gouverneur d'Asie à cette époque que Brutus lui-même.

43.

M. ANTONIUS M. F. cos. 710; triumvir, v. kal. Dec. 711.

APPIAN., *Civil.*, V, 1 : Μετὰ δὲ τὸν Κασσίου καὶ Βρούτου θάνατον ὁ μὲν Καῖσαρ ἐπὶ τῆς Ἰταλίας ᾔει, ὁ δὲ Ἀντώνιος ἐς τὴν Ἀσίαν. — V, 4 : Ὁ μὲν Καῖσαρ ἐπὶ τὸν Ἰόνιον ᾔει, ὁ δὲ Ἀντώνιος ἐν Ἐφέσῳ γενόμενος τῇ θεῷ μεγαλοπρεπῶς ἔθυε — τοὺς δὲ Ἕλληνας, καὶ ὅσα ἄλλα ἔθνη τὴν ἀμφὶ τὸ Πέργαμον Ἀσίαν νέμονται, κατά τε πρεσβείας παρόντας ἐπὶ συνθέσει καὶ μετακεκλημένους συναγαγὼν ἔλεξεν ὧδε.

DIO, XLVIII, 24 : Μετὰ τὴν μάχην τὴν πρὸς τοῖς Φιλίπποις συμβᾶσαν, ὁ Ἀντώνιος ὁ Μάρκος ἐς τε τὴν Ἀσίαν τὴν ἤπειρον ἦλθε, κἀνταῦθα τὰ μὲν αὐτὸς περιιών, ἐς δὲ τὰ ἄλλους πέμπων, τάς τε πόλεις ἠργυρολόγει καὶ τὰς δυναστείας ἐπίπρασκεν. Κἀν τούτῳ τῆς Κλεοπάτρας ἐν Κιλικίᾳ οἱ ὀφθείσης ἐρασθεὶς οὐκέτ' οὐδεμίαν τοῦ καλοῦ φροντίδ' ἐποιήσατο, ἀλλὰ τῇ τε Αἰγυπτίᾳ ἐδούλευε καὶ τῷ ἐκείνης ἔρωτι ἐσχόλαζεν. Καὶ τέλος Πλάγκον μὲν ἐν τῇ Ἀσίᾳ τῷ ἔθνει, Σάξαν δὲ ἐν τῇ Συρίᾳ καταλιπὼν ἐς τὴν Αἴγυπτον ἀπῆρεν.

APPIAN., *Civil.*, V, 52 : Ὁ δὲ Ἀντώνιος χειμῶνος μὲν ἔτι τοὺς πρέσβεις κατεῖχε τοὺς ἀπὸ τῶν κληρουχιῶν πρὸς αὐτὸν ἐλθόντας, — ἦρι δ' ἐκ μὲν Ἀλεξανδρείας ἐς Τύρον ὥδευεν, ἐκ δὲ Τύρου διαπλέων ἐπὶ

Κύπρῳ καὶ Ῥόδου καὶ Ἀσίας ᾔσθετο τῶν ἐν τῇ Περουσίᾳ γεγονότων. — Φουλουίαν μὲν οὖν εὗρεν ἐν Ἀθήναις, ἐκ Βρεντεσίου φυγοῦσαν.

Antoine quitta l'Asie vers l'automne de 713, et passa l'hiver à Alexandrie; au printemps de 714 il partit d'Égypte pour Athènes, et apprit en route la prise de Pérouse, qui avait eu lieu avant la fin de l'hiver. Cf. Dio, XLVIII, 27.

L'Asie resta au pouvoir de Marc-Antoine, sauf pendant l'invasion de Labienus et des Parthes, jusqu'à la bataille d'Actium; il la gouvernait par des lieutenants.

44.

L. MUNATIUS L. F. L. N. PLANCUS cos. 712 = 42, censor 732 = 22.

INSCRIPTION de Gaëte (*Orelli*, 590; Mommsen, *I. N.* 4089) : L. Munatius, L. f. L. n. L. pron. Plancus cos., cens., imp. iter., VIIvir epulon., triump. ex Rætis, ædem Saturni fecit de manibis, agros divisit in Italia Beneventi, in Gallia colonias deduxit Lugudunum et Rauricam.

ACTA Triumph. Capitolina (*Corpus inscr. lat.*, I, p. 461) : L. Munatius L. f. L. n. Plancus procos. anno [DCCX] (711 Varron) ex Gallia, IIII k. Jan.

L. Munatius Plancus joua un rôle considérable pendant les guerres civiles. Il avait été légat de César dans les Gaules en 700 et 701, en Espagne en 705, en Afrique en 708, et préfet de Rome en 709. A la mort de César en 710, il se hâta d'aller prendre possession de la province de Gaule Transalpine, dont il avait été nommé proconsul, et y resta pendant cette année. Au printemps de 711 il quitta sa province, passa les Alpes, et, après quelques tergiversations, embrassa le parti d'Antoine. Pendant son commandement en Gaule, il avait remporté quelques succès sur les montagnards de la Rhétie, qui lui valurent le titre d'*imperator* et les honneurs du triomphe à la fin de 711. Il fut consul en 712, et l'année suivante Antoine lui confia le gouvernement de l'Asie. La vie de Plancus a été racontée en détail par Visconti (*Iconogr. Rom.*, II, 24).

Le proconsulat de Plancus n'est mentionné que dans les deux passages de Dion Cassius (XLVIII, 24 et 26), rapportés ci-dessus et à l'article suivant. Il gouverna l'Asie pour Marc-Antoine pendant quelques mois du second semestre de 713, et s'enfuit dans les îles à l'approche de Labienus. Pour le reste de la carrière, voyez à la Syrie.

45.

Q. LABIENUS T. F.

Dio, XLVIII, 24 : Après l'arrivée de Marc-Antoine en Égypte, les Parthes envahissent la Syrie : Ἦγον δὲ αὐτοὺς Λαβιῆνος καὶ Πάκορος, οὗτος μὲν Ὀρώδου τοῦ βασιλέως, ἐκεῖνος δὲ τοῦ Λαβιήνου τοῦ Τίτου παῖς ὤν· ἦλθε δὲ ὧδε ἐς τοὺς Πάρθους. Ἐτύγχανε μὲν τῷ τε Κασσίῳ καὶ τῷ Βρούτῳ συμμαχῶν, πεμφθεὶς δὲ πρὸς τὸν Ὀρώδην πρὸ τῆς μάχης ὅπως τινὰ βοήθειαν λάβῃ, συχνὸν ὑπ' αὐτοῦ χρόνον διετρίβη περιορώμενος, κατοκνοῦντος μὲν συνθέσθαι οἱ, δεδιότος δὲ ἀπαρνήσασθαι. — Οὗτος οὖν ὁ Λαβιῆνος ἐπειδὴ τάχιστα τήν τε ἔκλυσιν τοῦ Ἀντωνίου καὶ τὸν ἔρωτα τήν τε ἐς τὴν Αἴγυπτον ὁδὸν ᾔσθετο, ἔπεισε τὸν Πάρθον τοῖς Ῥωμαίοις ἐπιχειρῆσαι.

Dio, XLVIII. 26 : Pacorus et les Parthes se rendent maîtres de toute la Syrie, excepté la ville de Tyr. Ὁ δὲ Λαβιῆνος ἐν τούτῳ τήν τε Κιλικίαν κατέσχε, καὶ τῆς Ἀσίας τὰς ἠπειρώτιδας πόλεις (ὁ γὰρ Πλάγκος φοβηθεὶς αὐτὸν ἐς τὰς νήσους ἐπεραιώθη) παρεστήσατο, πλὴν Στρατονικείας, τὰ μὲν πλεῖστα ἄνευ πολέμου, Μύλασα δὲ καὶ Ἀλάβανδα διὰ κινδύνων ἑλών. Οὗτοι γὰρ ἐδέξαντο μὲν παρ' αὐτοῦ φρουρούς, φονεύσαντες δὲ αὐτοὺς ἐν ἑορτῇ τινι ἀπέστησαν· καὶ διὰ τοῦτο τοὺς μὲν Ἀλαβανδέας αὐτοὺς λαβὼν ἐκόλασε, τὰ δὲ δὴ Μύλασα ἐκλειφθέντα κατέσκαψεν· τῇ γὰρ Στρατονικείᾳ πολὺν μὲν προσήδρευσε χρόνον, οὐδένα δὲ αὐτὴν τρόπον ἑλεῖν ἠδυνήθη. Καὶ ὁ μὲν χρήματά τε ἐπὶ τούτοις ἐπράσσετο καὶ τὰ ἱερὰ ἐσύλα, αὐτοκράτορά τε αὐτὸν καὶ Παρθικὸν ὠνόμαζεν. Voyez les inscriptions de Mylasa (*Le Bas et Waddington*, 441-43) et *Strab.*, XIV, 2, 24.

Antoine ne fit rien pour arrêter Labienus, et lorsque au printemps de 714 il se décida à quitter l'Égypte, il était trop tard;

il alla seulement à Tyr et de là à Rhodes et à Athènes, sans aborder en Asie, ainsi qu'il résulte du passage suivant :

Dio, XLVIII, 27 : Ὀψὲ δ' οὖν ἀναγκασθεὶς ἐξαναστῆναι ἔπλευσεν Ἀντώνιος πρὸς τὴν Τύρον ὡς καὶ βοηθήσων σφίσιν, ἰδὼν δὲ δὴ τὰ ἄλλα προκατειλημμένα ἐγκατέλιπεν αὐτούς, πρόφασιν τὸν τοῦ Σέξτου (Πομπηίου) πόλεμον ποιησάμενος — καὶ ἐς τὴν Ἑλλάδα διέβαλε.

Dio, XLVIII, 39-40 : En 715, après la conclusion du traité avec Sextus Pompée, Antoine revient à Athènes et s'y établit, ensuite τὸν Οὐεντίδιον τὸν Πόπλιον ἐς τὴν Ἀσίαν προύπεμψεν. Καὶ ὃς ἦλθέ τε ἐπὶ τὸν Λαβιῆνον πρὶν ἔκπυστος γενέσθαι, καὶ καταπλήξας αὐτὸν τῷ τε αἰφνιδίῳ τῆς ἐφόδου καὶ τοῖς στρατεύμασιν, ἐκεῖθέν τε μηδὲ ἐς χεῖρας οἱ ὑπομείναντα ἐλθεῖν ἐξέωσε, καὶ φεύγοντα ἐς τὴν Συρίαν ἐπεδίωξε.

Plut., *Anton.*, 33 : Ἀντώνιος δὲ μετὰ τὰς διαλύσεις (avec Sextus Pompée) Οὐεντίδιον μὲν εἰς Ἀσίαν προύπεμπε. — Διαχειμάζοντι δὲ αὐτῷ περὶ Ἀθήνας ἀπαγγέλλεται τὰ πρῶτα τῶν Οὐεντιδίου κατορθωμάτων, ὅτι μάχῃ τοὺς Πάρθους κρατήσας Λαβιῆνον ἀπεκτόνοι.

Strab., XII, 8, 9 : Κλέων ὁ καθ' ἡμᾶς τῶν λῃστηρίων ἡγεμὼν ἦν ἐκ Γορβίου κώμης· — ὑπῆρξε δ' Ἀντωνίῳ μὲν χρήσιμος, ἐπελθὼν ἐπὶ τοὺς ἀργυρολογοῦντας Λαβιήνῳ, καθ' ὃν χρόνον ἐκεῖνος τὴν Ἀσίαν κατέσχε, καὶ κωλύσας τὰς παρασκευάς.

Après une rencontre dans le Taurus, où il fut battu, Labienus fut abandonné par ses troupes, et, après avoir erré quelque temps en Cilicie, il fut pris et mis à mort par Demetrius, qui gouvernait Cypre pour Marc-Antoine. Cf. Liv., *Epitome*, CXXVII; Appian., *Civil.*, V, 65.

Ainsi Ventidius débarqua en Asie vers le milieu de l'année 715, en chassa Labienus sans coup férir, le défit et le fit périr en automne ; il passa sans doute l'hiver en Cilicie et continua au printemps sa campagne contre les Parthes. Labienus fut donc maître de l'Asie pendant dix-huit mois environ, depuis la fin de 713 jusqu'à l'été de 715. Il fit frapper à cette époque la monnaie suivante, sur laquelle il prend le titre d'*imperator*, et dont le revers fait allusion à son alliance avec les Parthes :

Q. LABIENVS PARTHICVS IMP. Tête nue de Labienus à droite.

℟. Cheval sellé et bridé (Cohen, *Monnaies de la Républ.* p. 48).

La plupart des historiens et des numismatistes depuis P. Manuce ont admis que Labienus appartenait à la gens Atia, probablement à cause d'un passage d'une lettre de Cicéron, écrite en 705 : Pompeius ad legiones Attianas est profectus; Labienum secum habet (*ad Attic.* VII, 15, 3). Mais c'est une erreur; on sait maintenant que les noms en *enus*, comme Labienus, Vetulenus, Trebellenus, etc., sont des *nomina gentilicia;* il en est de même de beaucoup de noms en *anus*, comme Norbanus, Funisulanus, etc.

Plusieurs auteurs modernes, et même Bergmann, ont confondu Q. Labienus avec son père Titus Labienus, le célèbre lieutenant de César dans les Gaules, qui passa ensuite au service de Pompée et devint un des ennemis les plus acharnés de son ancien chef; il périt en Espagne à la bataille de Munda en 709 (Cæs., *Bell. Hisp.*, 31; Appian., *Civil.*, II, 105).

46.

P. VENTIDIUS P. F. BASSUS cos. suff. 711 = 43.

Les passages cités dans l'article précédent montrent que Ventidius ne fit que traverser l'Asie à la poursuite de Labienus; son combat contre ce dernier et ses victoires sur les Parthes eurent pour théâtre la Cilicie et la Syrie. Il revint à Rome en 716 et triompha à la fin de l'année; voyez à la Syrie. Il fut probablement chargé de la guerre contre Labienus et les Parthes, plutôt que du gouvernement de la province d'Asie, et, dès qu'Antoine apprit la fuite de Labienus, il dut envoyer quelqu'un pour diriger les affaires de la province.

47.

C. FURNIUS C. F. cos. 737 = 17.

Dio, XLIX, 17-18 : Sextus Pompée, après sa défaite par Octavien, se réfugie à Mytilène, καὶ διενοεῖτο κατὰ χώραν χειμάσαι·

— ἐπειδὴ δὲ τὸν Ἀντώνιον δυστυχήσαντα ἐν τῇ Μηδίᾳ ἐπύθετο καὶ Γάϊος Φούρνιος ὁ τῆς Ἀσίας τότε ἄρχων οὐκ εὐνοϊκῶς οἱ ἐχρῆτο, οὐ κατέμεινεν, ἀλλ' ἐλπίσας τὴν τοῦ Ἀντωνίου ἀρχὴν διαδέξασθαι — παρεσκευάζετο. — Καὶ αὐτὸν ἐπιδιώξαντες ὅ τε Τίτιος καὶ ὁ Φούρνιος ἔν τε Μιδαείῳ τῆς Φρυγίας κατέλαβον καὶ περισχόντες ἐζώγρησαν. Peu de temps après Titius le fait périr. Ἀπέθανεν ἐπὶ Λουκίου Κορνουφικίου καὶ Σέξτου τινὸς Πομπηΐου ὑπάτων (719).

Appian., *Civil.*, V, 133-144 : Récit détaillé des aventures de Sextus Pompée, depuis son arrivée à Mytilène, jusqu'à sa mort à Milet. Furnius est appelé ὁ τῆς Ἀσίας ἡγούμενος Ἀντωνίῳ (137).

Sextus Pompée ne put arriver à Mytilène que vers la fin de l'été, puisque Octavien ne partit pour sa campagne contre lui que le 1er juillet (Appian., *Civ.*, V, 97); d'un autre côté les revers d'Antoine en Médie eurent lieu à l'entrée de l'hiver (Plut., *Anton.*, 40, 51 ; Dio, XLIX, 31). Furnius gouvernait donc l'Asie pour Marc-Antoine en 718 et 719.

Plus tard, en 725, il fut élevé au rang de consulaire par Auguste (*Dio*, LII, 42), et il fut enfin consul en 737.

48.

M. TITIUS M. F. cos. suff. kal. Mai. 723 = 31.

Inscription de Mytilène (*Gruter*, p. 474, 8 ; et mieux, *Corpus inscr. lat.*, III, 455) : Cives Romani qui Mytilenis negociantur M. Titio M. f. procos., præf. classis, cos. desig., patrono, honoris causa.

La date du consulat de Titius n'est connue que par un fragment des fastes de Venusia (*Corpus inscr. lat.*, I, p. 469) perdu depuis longtemps, et dont on ne possède que des copies qui laissent plus ou moins à désirer. Ainsi on y trouve les deux leçons T. Titius et M. Titius.

Titius est mentionné sans prénom par Plutarque (*Anton.*, 42), comme questeur de Marc-Antoine pendant la campagne de 718 contre les Parthes, vers la fin de l'année. C'est le même sans doute que l'on trouve immédiatement après, arrivant de Syrie, par ordre d'Antoine, avec une flotte et spécialement chargé de combattre Sextus Pompée; il s'acquitta de cette commission et fit périr Pompée à Milet dans les premiers mois de 719 (*Dio*, XLIX, 17-18; Appian., *Civil.*, V, 134-144); Dion l'appelle Marcus Titius. En 722, et avant la déclaration de guerre d'Octavien contre Cléopâtre, c'est-à-dire probablement vers le milieu de l'année, Titius et Plancus abandonnent le parti d'Antoine et vont à Rome trahir ses secrets les plus intimes à Octavien (*Dio*, L, 3; Plut., *Anton.*, 58). Dans Dion et Plutarque, le prénom n'est pas indiqué, mais Plutarque dit : Τίτιος καὶ Πλάγκος, Ἀντωνίου φίλοι τῶν ὑπατικῶν, et s'il ne s'est pas trompé, Titius aurait déjà été consul avant 722; malheureusement, on ne peut se fier à l'exactitude de Plutarque, et il y a tout lieu de croire qu'il a commis ici une erreur en ce qui touche Titius, car Plancus avait été consul en 712. On peut supposer que l'erreur vient de ce que Titius était consul désigné pour 723.

Malgré ces différentes inexactitudes, il y a tout lieu d'admettre que, dans tous les passages cités, ainsi que dans les fastes de Venusia, il est question du même personnage et qu'il s'appelait M. Titius.

Bergmann suppose qu'il reçut le titre de proconsul lorsqu'il fut envoyé contre Sextus Pompée; mais son titre à cette époque était plutôt *præfectus classis*. Je ne serais donc pas éloigné de croire qu'il succéda à Furnius dans le gouvernement de l'Asie avec le titre de proconsul; il était probablement à Éphèse avec Antoine et Cléopâtre au commencement de 722 (Plut., *Anton.*, 56, 58).

L'inscription aurait donc été gravée dans la première moitié de 722, à l'occasion de la désignation de Titius comme consul pour l'année suivante, et avant sa rupture avec Antoine.

49.

C. CAESAR OCTAVIANUS.

Sueton., *Octav.*, 17 : Ab Actio quum Samum in hiberna se recepisset, turbatus nunciis de seditione militum — repetit

Italiam — nec amplius quam septem et viginti dies, donec desideria militum ordinarentur, Brundisii commoratus, Asiæ Syriæque circuitu Ægyptum petit.

Ibid., 26 : Quartum consulatum (724) in Asia, quintum (725) in insula Samo iniit.

Dio, LI, 18 : Après la réduction de l'Égypte en province (724). Καῖσαρ ἐς τὴν Ἀσίαν τὸ ἔθνος διὰ τῆς Συρίας ἦλθε, κἀνταῦθα παρεχείμασε, τά τε τῶν ὑπηκόων ὡς ἕκαστα καὶ τὰ τῶν Πάρθων ἅμα καθιστάμενος. — 21 : τοῦ δὲ δὴ θέρους (725) ἐς τὴν Ἑλλάδα καὶ ἐς τὴν Ἰταλίαν ἐπεραιώθη.

La bataille d'Actium fut livrée le 2 septembre 723 ; elle mit fin à l'autorité de Marc-Antoine dans la province d'Asie. Auguste y passa l'hiver après sa victoire, ainsi que l'hiver suivant, et il y revint à la fin de 733, pour en régler lui-même les affaires.

Dio, LIV, 7 : Ὁ δ' οὖν Αὔγουστος τό τε Ἑλληνικὸν διήγαγε καὶ ἐς Σάμον ἔπλευσεν, ἐνταῦθά τε ἐχείμασε, καὶ ἐς τὴν Ἀσίαν ἐν τῷ ἦρι ἐν ᾧ Μάρκος Ἀπουλήιος καὶ Πούπλιος Σίλιος ὑπάτευσαν (734) κομισθεὶς πάντα τά τε ἐκεῖ καὶ τὰ ἐν τῇ Βιθυνίᾳ διέταξεν. — 9 : Ἐς τὴν Σάμον ἐπανῆλθε κἀνταῦθα αὖθις ἐχείμασε, καὶ ἐκείνοις τε ἐλευθερίαν μισθὸν τῆς διατριβῆς ἀντέδωκε, καὶ ἄλλα οὐκ ὀλίγα προσδιῴκησεν.

Il retourna à Rome au printemps de 735.

60.

C. NORBANUS C. F. FLACCUS, cos. 716 = 38.

Joseph., *Ant. jud.*, XVI, 6, 3 : Καῖσαρ Νορβανῷ Φλάκκῳ χαίρειν. Ἰουδαῖοι, ὅσοι ποτ' οὖν εἰσίν, οἳ δι' ἀρχαίαν συνήθειαν εἰώθασιν χρήματά τε ἱερὰ φέροντες ἀναπέμπειν εἰς Ἱεροσόλυμα, ἀκωλύτως τοῦτο ποιείτωσαν.

Ibid., XVI, 6,6 : Γάϊος Νορβανὸς Φλάκκος ἀνθύπατος Σαρδιανῶν ἄρχουσι χαίρειν. Καῖσάρ μοι ἔγραψε κελεύων μὴ κωλύεσθαι τοὺς Ἰουδαίους, ὅσοι ἂν ὦσιν, κατὰ τὸ πάτριον αὐτοῖς ἔθος συναγαγόντας χρήματα ἀναπέμπειν εἰς Ἱεροσόλυμα. Ἔγραψα οὖν ὑμῖν, ἵν' εἰδῆτε ὅτι Καῖσαρ κἀγὼ οὕτως θέλομεν γίνεσθαι.

Philo, *Legat. ad Caium*, 40 : Γάϊος Νορβανὸς Φλάκκος ἀνθύπατος Ἐφεσίων ἄρχουσι χαίρειν. Καῖσάρ μοι ἔγραψεν, Ἰουδαίους, οὗ ἂν ὦσιν, ἰδίῳ ἀρχαίῳ ἐθισμῷ νομίζειν συναγομένους χρήματα εἰσφέρειν ἃ πέμπουσιν εἰς Ἱεροσόλυμα· τούτους οὐκ ἠθέλησε κωλύεσθαι τοῦτο ποιεῖν. Ἔγραψα οὖν ὑμῖν, ἵνα εἰδῆτε ὡς ταῦτα οὕτω γίνεσθαι κελεύω.

La comparaison des deux derniers documents montre qu'ils ne sont que des traductions libres de la pièce officielle.

Il y a deux C. Norbanus Flaccus, qui furent contemporains d'Auguste, l'un qui fut consul en 716, et l'autre, probablement son fils, qui fut consul en 730. Comme le titre de Σεβαστός, qui ne fut décerné à Octavien qu'en 727, ne se trouve dans aucune des trois lettres, il ne peut être question que du consul de 716, et il est probable qu'il gouverna l'Asie peu de temps après la bataille d'Actium.

51.

M. HERENNIUS M. F. PICENS, cos. suff. kal. Nov. 720 = 34.

Inscription d'Ephèse, conservée au Musée Britannique (*Hermes*, IV, p. 195 ; le texte publié par M. Curtius, contient quelques inexactitudes) :

> Μάρκος Ἑρέννιος Πίκης ἀνθ[ύπατος λέγει·
> ἀφανοῦς γεγενημένου τοῦ π[αλαιοῦ χώ-
> ματος, ὅπερ δημοσίᾳ κατασκ[ευῇ τῶν
> Ἐφεσίων μεταξὺ τῆς ἀγορᾶς κα[ὶ τοῦ λιμέ-
> νος γεγονέναι συνεφωνεῖτο . . . .
> τῶν καιρῶν ἢ τοῦ πολέμου πε. . .
> τελ. . . . .

Inscription de Veies (*Orelli*, 110) : M. Herennio M. f. Picent. cos. municipes municipi Augusti Veientis intramurani patrono.

Fasti Venusini (*Corpus inscr. lat.*, I, p. 471), anno 720 : K. Novem. M. Herennius.

Le consulat de M. Herennius n'est connu que par les fastes de Venusia, et les fastographes s'accordent à lui attribuer l'inscription de Veies, qui cependant ne fut gravée qu'après l'année 727, ainsi que l'indique le mot *Augusti*. L'inscription d'Éphèse appartient au même personnage; j'en ai un estampage sous les yeux, et j'ai examiné l'original au Musée Britannique; elle est gravée en caractères ornés d'*apices*, comme le sont beaucoup d'inscriptions asiatiques de la fin de la république et du règne d'Auguste; voyez, par exemple, la lettre d'Auguste aux habitants de Mylasa, qui est maintenant au Louvre (*Le Bas et Waddington*, n° 441). De plus l'orthographe Πείκης, correspondant au latin *Pices*, au lieu de Πίκηνς, montre que l'inscription est d'une bonne époque. Il n'y a donc pas lieu, comme le voudrait M. Curtius (*Hermes*, loc. cit.), de l'attribuer à un autre Herennius, descendant du consul de 720. On ne peut dire si Herennius gouverna l'Asie avant ou après son consulat; car l'inscription de Veies n'est pas un *cursus honorum* et ne mentionne que son consulat, et, à l'époque dont il s'agit, les règles de l'avancement établies par Auguste n'étaient pas encore en vigueur; toutefois le titre de proconsul doit plutôt faire présumer qu'Herennius ne fut envoyé en Asie qu'après son consulat; il n'est mentionné par aucun auteur, que je sache.

52.

M. VALERIUS MESSALA POTITUS, cos. suff. kal. Nov. 722 = 32.

INSCRIPTION de Magnésie du Sipyle (*Le Bas et Waddington*, 1660 *a*) : Ὁ δῆμος Μεσσάλαν Ποτῖτον ἀνθύπατον, πάτρωνα καὶ εὐεργέτην διὰ προγόνων τῆς πόλεως.

FASTI VENUSINI (*Corpus inscr. lat.*, I, p. 471), anno 722 : K. Nov. M. Valerius.

DIO, LI, 21; anno 725 : Τοῦ δὲ δὴ θέρους ἔς τε τὴν Ἑλλάδα καὶ ἐς τὴν Ἰταλίαν ὁ Καῖσαρ ἐπεραιώθη, καὶ αὐτοῦ ἐς τὴν πόλιν ἐσελθόντος οἵ τε ἄλλοι ἔθυσαν, ὥσπερ εἴρηται, καὶ ὁ ὕπατος Οὐαλέριος Ποτῖτος· ἐκεῖνος (Καῖσαρ) μὲν γὰρ καὶ τοῦτο πᾶν τὸ ἔτος, ὥσπερ καὶ τὰ δύο τὰ πρότερα, ὑπάτευσεν, τὸν δὲ δὴ Σέξτον (Ἀππουλήϊον) ὁ Ποτῖτος διεδέξατο. Οὗτος οὖν δημοσίᾳ καὶ αὐτὸς ὑπέρ τε τοῦ δήμου καὶ ὑπὲρ τῆς βουλῆς ἐπὶ τῇ τοῦ Καίσαρος ἀφίξει ἐβουθύτησεν· ὃ μήπω πρότερον ἐπὶ μηδενὸς ἄλλου ἐγεγόνει.

D'après Dion Cassius, Valerius Potitus fut consul suffect en 725, tandis que les fastes de Venusia indiquent un M. Valerius comme consul suffect en 722, et n'indiquent aucun suffect pour 725. On ne connaît les fastes de Venusia que par la copie de Fra Jocondo, dont dérivent toutes les autres, et il est fort possible qu'il s'y soit glissé une erreur; car Dion s'exprime trop positivement pour qu'on puisse légèrement révoquer son témoignage en doute; il est fort possible que Potitus ait été consul suffect en 725, et que le M. Valerius des fastes de Venusia soit un autre personnage. Il y a d'ailleurs d'autres divergences entre les fastes de Dion et ceux de Venusia. On ne sait rien d'autre au sujet de Potitus, mais on suppose qu'il était frère de l'orateur Messalla Corvinus. Voyez *Borghesi*, I, 412.

53.

M. TULLIUS M. F. M. N. CICERO, cos. suff. id. Sept.
724 = 30.

APPIAN., *Civ.*, IV, 51 : Κικέρων δὲ ὁ Κικέρωνος προαπέσταλτο μὲν ὑπὸ τοῦ πατρὸς ἐς τὴν Ἑλλάδα, ἀπὸ δὲ τῆς Ἑλλάδος ἐς Βροῦτον, καὶ μετὰ Βροῦτον ἀποθανόντα ἐς Πομπήϊον ἐλθὼν τιμῆς παρ' ἑκατέρῳ καὶ στρατηγίας ἠξιοῦτο. Ἐπὶ δ' ἐκείνοις αὐτὸν ὁ Καῖσαρ ἐς ἀπολογίαν τῆς Κικέρωνος ἐκδόσεως, ἱερέα τε εὐθὺς ἀπέφηνε καὶ ὕπατον οὐ πολὺ ὕστερον καὶ Συρίας στρατηγόν· καὶ τὴν Ἀντωνίου περὶ Ἄκτιον συμφορὰν ἐπισταλεῖσαν ὑπὸ τοῦ Καίσαρος ὁ Κικέρων ὅδε ὑπατεύων ἀνέγνω τε τῷ δήμῳ καὶ προύθηκεν ἐπὶ τοῦ βήματος, ἔνθα πρότερον ἡ τοῦ πατρὸς αὐτοῦ προύκειτο κεφαλή. — Cf. V, 2; Plut., *Brutus*, 24, 26; Plut., *Cic.*, 49; *Dio*, LI, 19; Seneca, *de Benef.*, IV, 30; Plin., *H. N.*, XXII, § 13; XIV, § 146.

FASTI VENUSINI (*Corpus inscr. lat.*, I, p. 471), anno 724 : Eid. Sept. M. Tullius.

INSCRIPTION d'Aquinum (Mommsen, *I. N.*, 4321) : M. Tullio M. f. M. n. M. pn. Cor. Ciceroni cos. procos. patrono.

INSCRIPTION d'Aquinum (*Orelli*, 572; Mommsen, *I. N.* 4320) : M. Tullio M. f. M. n. M. pn. Cor. Ciceroni cos. procos. prov. Asiæ, leg. imp. Cæs. Aug. in Syria, patrono.

MÉDAILLE de Magnésie du Sipyle :

ΜΑΡΚΟΣ ΤΥΛΛΙΟΣ ΚΙΚΕΡΩΝ. Tête nue, à droite.

℞. ΜΑΓΝΗΤΩΝ ΤΩΝ ΑΠΟ ΣΙΠΥΛΟΥ ΘΕΟΔΩΡΟΣ. Main tenant une couronne, une palme, un épi et un cep de vigne. — Æ. 5 (Bibliothèque impériale et Musée britannique).

M. SENECA, *Suasor.*, VII, 13 : Cum M. Tullius filius Ciceronis Asiam obtineret, homo qui nihil ex paterno ingenio habuit præter urbanitatem, cœnabat apud eum Cestius.

Il n'existe aucun témoignage précis qui permette de fixer les dates du proconsulat de Cicéron et de sa légation de Syrie. Le passage d'Appien, qui ne parle pas du proconsulat, ferait supposer qu'il fut d'abord légat de Syrie, et cela peu de temps après son consulat; mais les deux inscriptions d'Aquinum, dont l'une omet la légation, tandis que l'autre la place après le proconsulat, prouvent que Cicéron alla d'abord en Asie et ensuite en Syrie; en effet, toutes les deux ont été gravées par les habitants d'Aquinum en l'honneur de leur patron, et à l'occasion des nouvelles et importantes fonctions dont il était revêtu. Nous verrons plus loin, en traitant de la province de Syrie, que la légation de Cicéron ne peut se placer après 731 ; ainsi il est probable qu'il gouverna l'Asie peu de temps après son consulat.

La médaille décrite plus haut a été l'objet de nombreuses dissertations, qui ont été résumées et complétées par Borghesi (*Œuvres*, I, p. 171 sqq.); ce savant était d'avis que la tête qui y est représentée est celle d'Auguste, mais il n'avait pas vu la médaille. J'ai traité de nouveau dans mes *Mélanges de numismatique* (2e *série*, p. 133 sqq.) toute la question des portraits des proconsuls sur les monnaies, et il me semble démontré aujourd'hui que la tête de la médaille de Magnésie ne peut être que celle de Cicéron l'orateur ou celle du proconsul lui-même. Voyez à ce sujet les observations de Mommsen (*Hermes*, III, p. 268).

Dans le passage cité plus haut, Appien a confondu la nouvelle de la bataille d'Actium, livrée en septembre 723, avec celle de la mort de Marc-Antoine, qui eut lieu vers la même époque de l'année suivante. Cf. *Dio*, LI, 19.

54.

M. VIPSANIUS L. F. AGRIPPA, cos. III, 727 = 27; trib. pot. in quinquennium, 736 = 18; trib. pot. in alterum quinquennium, 741 = 13.

Dio, LIII, 32; anno 731 : Αὔγουστος μαθὼν τὸν Μάρκελλον οὐκ ἐπιτηδείως τῷ Ἀγρίππᾳ ἔχοντα, ἐς τὴν Συρίαν εὐθὺς τὸν Ἀγρίππαν ἔστειλεν· καὶ ὃς ἐκ μὲν τῆς πόλεως εὐθὺς ἐξώρμησεν, οὐ μέντοι καὶ ἐς τὴν Συρίαν ἀφίκετο, ἀλλ' ἔτι καὶ μᾶλλον μετριάζων ἐκεῖσε μὲν τοὺς ὑποστρατήγους ἔπεμψεν, αὐτὸς δὲ ἐν Λέσβῳ διέτριψεν.

Joseph., *Ant. jud.*, XV, 10, 2 : Πέμπεται δὲ Ἀγρίππας τοῦ πέραν Ἰονίου διάδοχος Καίσαρος· καὶ τούτῳ περὶ Μυτιλήνην χειμάζοντι συντυχὼν Ἡρώδης εἰς τὴν Ἰουδαίαν πάλιν ἀναστρέφει.

Dio, LIV, 12; anno 736 : Αὔγουστος τῷ Ἀγρίππᾳ ἄλλα τε ἐξ ἴσου πῃ ἑαυτῷ, καὶ τὴν ἐξουσίαν τὴν δημαρχικὴν ἐς τὸν αὐτὸν χρόνον ἔδωκεν.

Ibid., LIV, 19; anno 738 : Τὸ μὲν ἄστυ τῷ Ταύρῳ μετὰ τῆς ἄλλης Ἰταλίας διοικεῖν ἐπέτρεψε· τὸν γὰρ Ἀγρίππαν ἐς τὴν Συρίαν αὖθις ἐστάλκει.

Joseph., *Ant. jud.*, XVI, 3, 3 : Ἀγρίππᾳ μὲν οὖν ἀνιόντι ἐς τὴν Ῥώμην, μετὰ τὴν διοίκησιν τῶν ἐπὶ τῆς Ἀσίας δεκαετῆ γεγενημένην, τὸν Ἀντίπατρον ἐπηγάγετο Ἡρώδης.

Dio, LIV, 28; anno 741 : Κἀν τούτῳ τὸν Ἀγρίππαν ἐκ τῆς Συρίας ἐλθόντα ἐς τὴν Παννονίαν ἐξέπεμψε.

On voit par ces différents passages que pendant dix ans, de 731 à 741, Agrippa reçut d'Auguste des pouvoirs étendus sur les provinces asiatiques de l'empire; mais Dion Cassius semble restreindre ces pouvoirs à la Syrie, tandis que Josèphe les étend à toutes les provinces asiatiques. En ce qui touche la Syrie, les deux auteurs sont d'accord, et il est très-probable, sinon tout à fait certain, que pendant ces dix années Agrippa était le véritable légat impérial de cette grande province, et qu'il la gouverna par des lieutenants sous ses ordres; en fait, et malgré le séjour qu'Auguste fit en Syrie en 734, et les expéditions nombreuses d'Agrippa dans les provinces occidentales de l'empire, ni Josèphe, ni aucun autre auteur, ni les monuments, ne nous font connaître de légat impérial de Syrie pendant cet intervalle décennal, tandis qu'immédiatement après la série recommence et se continue à peu près sans interruption; nous traiterons ce point en détail dans le chapitre consacré à la Syrie. On peut admettre aussi, bien qu'il n'y en ait pas de preuves, que les pouvoirs d'Agrippa s'étendaient sur les autres provinces de l'empereur, c'est-à-dire sur la Galatie et la Pamphylie, érigées en provinces en 729, après la mort du roi Amyntas, et sur Cypre qui ne devint province du sénat qu'en 732.

En ce qui touche les provinces asiatiques, qui dépendaient du sénat, c'est-à-dire l'Asie, la Bithynie et le Pont, la question est plus difficile. Avant 738 on ne trouve aucune trace d'autorité exercée par Agrippa dans ces provinces; mais, en 738 et les années suivantes, Agrippa fut constamment occupé des affaires de l'Asie et du Pont, et son autorité s'exerçait aussi sur une autre province du sénat, la Cyrénaïque. Outre le témoignage des auteurs nous avons les lettres relatives aux privilèges des Juifs (Joseph., *Ant. jud.*, XVI, 6), adressées par Agrippa aux gouverneurs d'Asie et de Cyrénaïque, et celle de Julius Antonius, proconsul d'Asie en 750, qui rappelle les décisions d'Auguste et d'Agrippa, et paraît les mettre ainsi sur le même rang. Je ferai remarquer que, dans sa lettre aux Éphésiens, Agrippa ne donne au gouverneur Silanus ou Silvanus que le titre de στρατηγός; de même dans sa lettre aux Cyrénéens, il donne le même titre à Flavius ou Fabius qui avait gouverné la Cyrénaïque un peu auparavant; tandis que dans les autres documents de la même époque conservés par Josèphe, les gouverneurs d'Asie prennent leur titre normal de proconsul. N'y a-t-il pas là une indication de la nature des pouvoirs exercés par Agrippa, et ne peut-on pas supposer que, lorsqu'il fut envoyé en 738 pour régler les affaires d'Orient, le sénat lui confia le pouvoir proconsulaire dans les provinces qui dépendaient de lui, de sorte qu'Agrippa les aurait administrées par ses légats, ainsi qu'il le faisait pour la Syrie? En fait, de 738 à 741 on ne connaît pas d'autre gouverneur d'Asie que ce

Silanus ou Silvanus appelé στρατηγός; voyez plus loin l'article relatif à ce personnage.

Zumpt, qui a traité en détail cette question de la nature des pouvoirs d'Agrippa (*Comment. epigraph.*, II, p. 79-82), est d'avis que lorsqu'Auguste fit décerner en 736 à Agrippa la puissance tribunicienne, il lui fit accorder également le pouvoir proconsulaire; c'est très-possible; dans tous les cas, pendant la seconde portion de la période décennale signalée par Josèphe, son pouvoir s'étendait à un titre quelconque sur les provinces du sénat, et c'est en confondant les deux portions de cette période que Josèphe a pu écrire μετὰ τὴν διοίκησιν τῶν ἐπὶ τῆς Ἀσίας δεκαετῆ γεγενημένην. Voyez sur cette question les observations de Mommsen (*Res Gestæ Augusti*, p. 113).

Plus tard, sous le règne de Tibère, des pouvoirs analogues à ceux d'Agrippa furent accordés à Germanicus, mais néanmoins chaque province avait toujours son légat ou son proconsul : *Decreto patrum permissæ Germanico provinciæ quæ mari dividuntur, majusque imperium, quoquo adisset, quam iis qui sorte aut missu principis obtinerent* (Tac., *Ann.*, II, 43). Sous Néron, des pouvoirs extraordinaires furent aussi confiés à Corbulon, en vue de la guerre contre les Parthes (*Ibid.*, XV, 25), et sous Marc-Aurèle, on fit de même pour Avidius Cassius (*Dio*, LXXI, 3.)

55.

M. JUNIUS M. F. SILANUS, cos. 729 = 25.

DENIER de Marc-Antoine, frappé en 719 ou 720 (Cohen, *Antonia*, n° 60) :

ANTON·AVG·IMP·III·COS·DES·III·III·V·R·P·C.

℟. M·SILANVS AVG·Q·PRO·COS, en deux lignes dans le champ.

PLUT., *Anton.*, 59 : Πολλοὺς δὲ καὶ τῶν ἄλλων φίλων οἱ Κλεοπάτρας κόλακες ἐξέβαλον τὰς παροινίας καὶ βωμολοχίας οὐχ ὑπομένοντας, ὧν καὶ Μάρκος ἦν Σιλανὸς καὶ Δέλλιος ὁ ἱστορικός. — Ceci avait lieu peu de temps avant la bataille d'Actium.

SENATUS CONSULTUM de ludis sæcularibus. XIII K. Mart. 737

(*Gruter*, p. 328, 1) : Scribundo adfuere M. Junius M. f. Si-[lanus, Sentius Saturn]inus, C. Asinius Cn. f. [Pollio].

Joseph., *Ant. jud.*, XVI, 6, 4 : Ἀγρίππας Ἐφεσίων ἄρχουσι βουλῇ δήμῳ χαίρειν. Τῶν εἰς τὸ ἱερὸν τὸ ἐν Ἱεροσολύμοις ἀναφερομένων ἱερῶν χρημάτων τὴν ἐπιμέλειαν βούλομαι τοὺς ἐν Ἀσίᾳ Ἰουδαίους ποιεῖσθαι κατὰ τὰ πάτρια. Ἔγραψα δὲ καὶ Σιλανῷ τῷ στρατηγῷ, ἵνα σάββασι μηδεὶς ἀναγκάζῃ Ἰουδαῖον ἐγγύας ὁμολογεῖν. — Quelques manuscrits donnent Σιλουανῷ.

Borghesi (V, p. 180) a réuni tout ce que l'on sait de la carrière de Silanus avant et après qu'il eut embrassé le parti d'Antoine. La monnaie décrite plus haut prouve que le triumvir lui confia l'administration d'une province avec le titre de *quæstor pro consule*, mais on ne sait pas quelle était cette province. Le sénatus-consulte montre qu'il était à Rome en février 737, puisqu'il fut un des trois consulaires présents à la rédaction de la minute.

Grâce aux récits de Josèphe (*Ant. jud.*, XVI, 2) et de Nicolas de Damas (*fragm.* 3, éd. Muller) on peut déterminer exactement la date du gouvernement de Silanus. Agrippa alla en Judée vers la fin de 737, et revint en Asie pendant l'hiver; Hérode quitta son royaume au printemps de 738, et après un petit séjour à Chios il alla rejoindre Agrippa, qu'il trouva à Sinope, occupé à régler les affaires du Pont et du Bosphore (Clinton, *Fasti Hellen.*, A. U. C. 737, 38).

Hérode étant demeuré auprès d'Agrippa jusqu'à ce que les affaires du Bosphore fussent terminées, ils revinrent ensemble par terre à Éphèse et de là à Samos, où Agrippa consentit à écouter les Juifs asiatiques, et leur donna gain de cause; c'est alors que fut écrite la lettre à Silanus. Hérode retourna ensuite en Judée. Il paraît que les affaires du Bosphore et l'installation de Polémon comme roi de ce pays retinrent Agrippa pendant une partie de l'année 738, pendant toute l'année 739, et qu'il ne quitta le Pont qu'au printemps de 740; car c'est à cette année que Dion Cassius (LIV, 24) place la reconnaissance de Polémon par ses nouveaux sujets et la pacification du pays. Ainsi Silanus gouvernait l'Asie en 740.

Nous avons déjà signalé, en parlant des pouvoirs conférés à Agrippa, l'emploi du mot στρατηγός au lieu de ἀνθύπατος dans la lettre aux Éphésiens, et nous avons fait remarquer que le même mot est employé, à propos d'un gouverneur de Cyrénaïque, dans la lettre aux Cyrénéens. Borghesi, à qui cette particularité n'avait pas échappé, suppose que Josèphe n'a pas reproduit exactement le document original et qu'il a employé le mot στρατηγός dans le sens général de *præses*, et on ne peut nier que les auteurs du temps de l'empire ne se piquaient pas d'exactitude dans le choix des expressions de ce genre. Toutefois, comme on ne trouve le mot στρατηγός que dans les deux lettres d'Agrippa, tandis que dans les autres pièces de la même époque il y a ἀνθύπατος, il n'est pas impossible que Silanus ait été seulement légat d'Agrippa. Dans ce cas il s'agirait ici d'un légat prétorien et d'un autre Silanus que le consul de 729. Il ne faut pas oublier non plus que quelques manuscrits donnent Σιλουανῷ, qui est peut-être la vraie leçon, et alors le personnage s'appellerait Silvanus et non Silanus. En somme, la question est encore indécise et ne pourra être résolue qu'avec l'aide de nouveaux documents.

56.

P. CORNELIUS P. F. P. N. SCIPIO, cos. 738 = 16.

INDEX Dionis, lib. LIV, anno 738 : Π. Κορνήλιος Π. υἱ Π. ἔγγ. Σκηπίων.

MÉDAILLE de Pitané en Mysie :

[ϹЄΒΑϹ]ΤΟΝ ΠΙΤΑΝΑΙΟΙ. Tête laurée d'Auguste à droite.

℟. Π·ϹΚΙΠΙΩΝΑ. Tête nue de Scipion à droite; dans le champ, une tête d'Ammon de face et un pentagramme. — Æ. 5. (Collection de M. le général Fox, à Londres.) Je possède un exemplaire incomplet de cette pièce, et il y en avait un autre dans la collection Millingen (Mionnet, tome VI, *Incertaines*, n° 401).

Il ne peut être question ici de Lentulus Scipio, consul suffect en 755 et proconsul d'Asie vers la fin du règne d'Auguste (voyez plus loin, § 66), parce que les portraits des proconsuls sur les monnaies sont plus faciles à admettre dans la première moitié du règne de ce prince, que dans la seconde. Voyez à ce sujet les observations de Mommsen (*Hermes*, III, p. 272), et mes Mélanges de Numismatique (2ᵉ *série*, p. 133) ; lorsque j'ai publié ce dernier travail, je ne connaissais pas encore la monnaie de Pitané.

P. Scipio était fils par un premier mariage de Scribonia, qui en 714 épousa Auguste, devint la mère de Julie, et fut répudiée en 715 pour faire place à Livie. Sa sœur Cornelia avait épousé L. Æmilius Lepidus Paullus, censeur en 732, et mourut en 738 pendant le consulat de son frère (*Propert.*, IV, 11). On suppose que leur père était un autre P. Scipio, consul suffect en 716 (*Corpus inscr. lat.*, I, p. 467). Dans tous les cas P. Scipio, comme tous les autres proconsuls du temps d'Auguste dont on voit les portraits sur les monnaies provinciales, tenait de près à la famille impériale, puisqu'il était frère utérin de Julie.

Selon Borghesi (V, p. 215), c'est ce même P. Scipio qui fut mis à mort ou exilé en 752 avec les autres amants de Julie (*Vell. Pat.*, II, 100 ; Cf. *Dio*, LV, 10) ; il aurait été le dernier de sa famille, et il aurait adopté P. Lentulus Scipio, qui fut consul en 755 ; ce dernier aurait relevé et continué le nom de Scipion. Mais il est bien difficile d'admettre que Scipion, l'amant de Julie, soit le consul de 738, qui était son propre frère, et qui en 752 avait au moins quarante-six ans ; il est probable que Borghesi avait oublié la parenté de Scipion et de Julie. Quant à l'adoption de P. Lentulus, elle est plus que douteuse, ainsi que l'a démontré Mommsen (*Corpus inscr. lat.*, I, p. 14). Toute la filiation des derniers Scipions et des Lentulus Scipions est assez obscure et aurait besoin d'être étudiée avec soin.

57.

P. SULPICIUS P. F. QUIRINIUS, cos. 742 = 12.

Inscription de Tibur (*Orelli-Henzen*, 5366, et *Addenda*, p. 498) :

. . . .
[bellum gessit cum gente Homonaden-]
[sium quæ interfecerat Amyntam]
r]egem, qua redacta in pot[estatem dicionemque divi

Augusti populique Romani, senatu[s dis immortalibus supplicationes binas ob res prosp[ere ab eo gestas et ipsi ornamenta triumph[alia decrevit.
Pro consul(e) Asiam provinciam op[tinuit, legatus pr. pr. divi Augusti iterum Syriam et Ph[œnicen optinuit.

Ce fragment a été attribué à Quirinius par Borghesi, par Henzen et par Mommsen, dont j'ai reproduit la restitution. Ce dernier en a fait l'objet d'une remarquable étude (*Res gestæ Augusti*, p. 111 sqq.), que nous analyserons et que nous examinerons dans le chapitre relatif à la Syrie, où les questions fort controversées qui se rattachent à Quirinius trouveront plus naturellement leur place. Selon Mommsen, Quirinius gouverna l'Asie soit entre 747 et 750, soit entre 753 et 755; son proconsulat dépend uniquement de la restitution proposée pour l'inscription de Tibur. Nous verrons aux articles suivants que l'année proconsulaire 748-49 appartient à C. Asinus Gallus, et l'année 753-754 à Cn. Lentulus Augur.

58.

C. ASINIUS C. F. CN. N. GALLUS, cos. 746 = 8.

Monnaies d'Auguste (Cohen, *Asinia*, 1 et 3) :

1. CAESAR AVGVSTVS TRIBVNIC·POTEST. Tête nue d'Auguste.
   ℟. C·ASINIVS GALLVS III·VIR A·A·A·F·F. Dans le champ, S·C. — Æ.
2. OB CIVIS SERVATOS. Couronne de chêne entre deux branches de laurier.
   ℟. C·ASINIVS C·F·GALLVS III·VIR A·A·A·F·F. Dans le champ, S·C. — Æ.

Inscription d'Éphèse, découverte en 1869 par M. Wood :

Imp. Cæsar divi f. Aug. cos. XII, tr. pot. XVIII, pontifex maxi | mus, ex reditu Dianæ fanum et Augusteum muro muniendum | curavit, C. Asinio [Gallo pro. cos.], curatore Sex. Lartidio leg.

Αὐτοκράτωρ Καῖσαρ θεοῦ υἱὸς Σεβαστός, ὕπατος τὸ ιβ', δημαρχικῆς ἐξουσίας τὸ ιη', | ἐκ τῶν ἱερῶν τῆς θεοῦ προσόδων τὸν νεώ[ν] καὶ τὸ Σεβαστῆον τε[χ]ισθῆναι προενοήθη, | [ἐπὶ Γαίου Ἀσινίου Γάλλου ἀνθυπάτου], ἐπιμελήᾳ Σέξτου Λαρτιδίου πρεσβευτοῦ.

M. Wood a trouvé trois autres inscriptions portant la même date, et conçues en termes analogues; celle-ci est la seule où le nom du proconsul n'était pas entièrement martelé.

Inscription de l'île d'Astypalée (L. Ross, *Inscr. inedit.*, n° 312) :

Αὐτ]οκράτωρ Καῖσαρ θεοῦ υἱὸς Σεβαστός, [ἀρχ]ιερεύ[ς], ὕπατος τὸ δωδέκατον ἀπο[δε]δειγμένος, [δη]μαρχικῆς ἐ[ξο]υσίας τὸ ὀκτωκαιδέκατον, Κνιδίων ἄρχουσι βουλῇ δήμῳ χαίρειν. Οἱ πρέσβεις ὑμῶν — [ἐν]έτυχον ἐν Ῥώμῃ μοι καὶ τὸ ψήφισμα ἀποδόντες κατηγόρησαν Εὐβούλου μὲν τοῦ Ἀναξανδρίδα τεθνειῶτος ἤδη, Τρυφέρας δὲ τῆς γυναικὸς αὐτοῦ παρούσης, περὶ τοῦ θανάτου τοῦ Εὐβούλου τοῦ Χρυσίππου· ἐγὼ δὲ ἐξετάσαι προστάξας Γάλλῳ Ἀσινίῳ τῷ ἐμῷ φίλῳ τῶν οἰκετῶν τοὺς ἐνφερομένους τῇ αἰτίᾳ διὰ βασάνων, κ. τ. λ.

Cette inscription n'avait pas été copiée par Ross lui-même et la copie est pleine de fautes, mais elles sont toutes d'une correction facile et certaine et il n'était pas nécessaire de les répéter ici; les indications chronologiques et le nom du proconsul étaient copiés exactement.

Monnaies de Temnus en Éolie :

1. ΑϹΙΝΙΟϹ ΓΑΛΛΟϹ ΑΓΝΟϹ. Tête nue de Gallus.

℟. ΑΠΟΛΛΑϹ ΦΑΙΝΙΟΥ ΤΑΜΝΙΤΑΝ. Tête de Dionysus ceinte de lierre. — Æ. 4 (Bibliothèque impériale, Musée britannique, collection de M. Six, à Amsterdam).

2. ΚΑΙϹΑΡ ϹΕΒΑϹΤΟϹ ΠΛΟΥϹΙΑϹ ΥΠΑΤ[ΙΟΥ]. Tête nue d'Auguste.

℟. ΑΠΟΛΛΑϹ ΦΑΙΝΙΟΥ ΤΑΜΝΙΤΑΝ. Pallas debout. — Æ. 4 (Musée britannique, et Banque d'Angleterre).

C. Asinius Gallus, fils d'Asinius Pollio, l'ami d'Auguste et le fondateur des bibliothèques publiques à Rome, est lui-même un personnage assez connu et souvent mentionné par Tacite et par d'autres auteurs. Il fut triumvir monétaire après 731, ainsi que le montrent les monnaies décrites ci-dessus; car Auguste ne reçut définitivement la puissance tribunicienne qu'en cette année. En 743 il épousa Vipsania Agrippina, fille d'Agrippa, qui était déjà mariée à Tibère, mais que ce prince avait été forcé de répudier pour épouser Julie. Tibère ne lui pardonna jamais ce mariage; mais aux yeux d'Auguste, qui l'avait sans doute ordonné, il fut un titre de faveur; aussi Gallus fut-il consul en 746, proconsul d'Asie deux ans après et qualifié d'ami par l'empereur dans un document officiel.

Les deux inscriptions ci-dessus donnent la date précise du proconsulat de Gallus; la dix-huitième puissance tribunicienne d'Auguste s'étend du 27 juin 748 au 26 juin 749; il fut consul pour la douzième fois en 749, et par conséquent en 748 il était cos. des. XII. Gallus gouverna donc l'Asie pendant l'année proconsulaire 748-49, c'est-à-dire deux ans seulement après son consulat; on voit que la règle de l'intervalle quinquennal établie par la constitution de 727 n'était pas toujours observée; je dois dire toutefois que je ne connais qu'un autre exemple certain de sa violation, celui de Domitius Ahenobarbus, consul en 738 et proconsul d'Afrique en 742.

Sur les marbres d'Éphèse le nom de Gallus a été martelé; c'est parce qu'il avait été condamné en 783 par le sénat et que sa mémoire avait été abolie. Borghesi a déjà signalé le même fait dans une inscription relative à Agrippine, épouse de Gallus (*Orelli*, 658), et l'exemple d'Éphèse confirme les observations du savant italien; il a réuni tous les passages relatifs à la mort de Gallus dans une lettre adressée à Labus (*Œuvres*, VI, p. 210). Gallus mourut en 786.

La monnaie qui donne le portrait de Gallus est connue depuis longtemps, mais elle a toujours été décrite inexactement d'après des exemplaires incomplets ou mal conservés. Moi-même, lorsque j'en ai parlé, il y a trois ans (*Mélanges de numismatique*, 2e série, p. 145), je n'avais pu en rencontrer un exemplaire, où le troisième mot de la légende fût bien lisible; depuis lors j'en ai trouvé deux sur lesquels on lit clairement AΓΝΟϹ, qui est la vraie leçon. Ἀγνός, ἁγνεία, sont des mots qu'on trouve souvent dans les inscriptions honorifiques appliqués aux magistrats romains, par exemple à Tlos, τὸν ἁγνὸν δικαιοδότην (*Corpus inscr. gr.*, 2631, 4240); comme en latin, *integerrimo et sanctissimo præsidi.*

59.

PAULLUS FABIUS Q. F. MAXIMUS, cos. 743 = 11.

Index Dionis, lib. LIV, anno 743 : Παῦλος Φά(βιος) Κ. υἱ. Μάξιμος.

Inscription de Lugo en Gallicie (*Corpus inscr. lat.*, II, 2581) : [Imp.] Cæsari Paullus Fabius Maxumus legat. Cæsaris.

Inscription d'Eumenia en Phrygie (*Corpus inscr. gr.*, 3902 *b*) : .... πρὸ ἐννέα Καλανδῶν] τῶν Ὀκτωβρίων γενεθλίου ἡμέρας Καίσαρος· [ἐπεὶ] δὲ ἐψηφισμένον [ἐστιν εὐχαριστῆσαι τῷ τὰς μ]εγίστας εὑρόντι τειμὰς ὑπὲρ Καίσαρος, δεδόσθαι Μαξίμῳ τῷ ἀνθυπάτῳ ὀν[ομαστ]εὶ ἀναγορεύεσθαι ἐν τῷ γυμνικῷ ἀγῶνι τῷ ἐν Περγάμῳ τῶν Ῥωμαίων Σεβαστῶν, ὅτι στεφανοῖ ἡ Ἀσία Παῦλον Φάβιον Μάξιμον εὐσεβέστατα παρευρόντα τὰς εἰς Καίσαρα τειμάς· ὡσαύτως δὲ ἀναγορεύεσθαι καὶ ἐν τοῖς ἀγομένοις κατὰ πόλιν ἀγῶσι τῶν Καισαρήων· ἀναγραφῆναι δὲ τὸ δελτογράφημα τοῦ ἀνθυπάτου καὶ τὸ ψήφισμα τῆς Ἀσίας ἐν στήλῃ καὶ τεθῆναι ἐν τῷ τῆς Ῥώμης καὶ τοῦ Σεβαστοῦ τεμένει. — Cf. *Corpus inscr. gr.*, 3957.

Monnaies d'Hierapolis en Phrygie :

1. ΦΑΒΙΟΣ [Μ]ΑΞΙΜ[ΟΣ]. Tête nue de Fabius.
   ℞. ΙΕΡΑΠΟΛΕΙΤΩΝ ΒΡΥΩΝ, en trois lignes dans le champ. — Æ. 3 (de ma collection).
2. ΦΑΒΙΟΣ....... Même tête.
   ℞. ΙΕΡΑΠΟΛΕΙΤΩΝ ΓΡΥΦΩΝ, en trois lignes. — Æ. 3 (de ma collection).
3. [Φ]ΑΒΙΟΣ ΜΑΞΙΜΟΣ. Même tête.
   ℞. ΖΩΣΙΜΟΣ ΦΙΛΟΠΑΤΡΙΣ ΙΕΡΟΠΟΛΕΙΤΩΝ [Χ]ΑΡΑΞ. Hermès ornée de bandelettes. — Æ. 4 (Bibliothèque impériale).
4. ΣΕΒΑΣΤΟΣ. Tête nue d'Auguste.
   ℞. ΖΩΣΙΜΟΣ ΦΙΛΟΠΑΤΡΙΣ ΙΕΡΟΠΟΛΕΙΤ[ΩΝ] ΧΑΡΑΞ. Lyre. — Æ. 4 1/2 (de ma collection).

Inscription d'Athènes (*Corpus inscr. gr.*, 370 *b*, p. 911) : Ὁ δῆμος Παῦλλον Φάβιον Μάξιμον ἀρετῆς ἕνεκεν τῆς εἰς ἑαυτόν.

INSCRIPTION de Paphos (*Corpus inscr. gr.*, 2629) : Μαρκίᾳ Φιλίππου θυγατρί, ἀνεψιᾷ Καίσαρος θεοῦ Σεβαστοῦ, γυναικὶ Παύλου Φαβίου Μαξίμου, Σεβαστῆς Πάφου ἡ βουλὴ καὶ ὁ δῆμος.

Fabius accompagna Auguste en Espagne comme légat, lorsqu'il y alla en 727 ; car, ainsi que le fait remarquer Mommsen, l'inscription de Lugo ne donne pas à l'empereur le titre d'Auguste, qu'il ne reçut en effet qu'en 727. On ne sait rien de la carrière de Fabius jusqu'à son consulat en 743. Si on observa pour lui la règle de l'intervalle quinquennal, son proconsulat d'Asie doit se placer en 749 et il aurait été le successeur d'Asinius Gallus ; mais l'exemple de ce dernier montre qu'on violait quelquefois la règle en faveur des amis du prince, et, comme Fabius était plus ancien consulaire que Gallus, il est fort possible qu'il l'ait précédé en Asie. On ne peut non plus retarder le proconsulat de Fabius au-delà de 749, parce que celui de Julius Antonius, plus jeune consulaire que lui, doit se placer au plus tard en 750. J'ai déjà parlé ailleurs des monnaies d'Hiérapolis, et j'ai montré que le portrait qui s'y trouve est bien celui de Fabius (*Mélanges de numismatique*, 2e série, p. 139).

Bœckh a inféré de l'inscription de Paphos que Fabius avait été proconsul de Cypre ; mais il est difficile d'admettre que dans ce cas le titre ἀνθύπατος ait été omis ; ce serait à peu près sans exemple. L'inscription, qui est postérieure à l'année 729, époque à laquelle Paphos reçut le nom de Sébasté (*Dio*, LIV, 23), prouve seulement que Marcia avait rendu quelque service aux Paphiens, et ailleurs qu'en Asie, l'épithète de θεός, *divus*, donnée à Auguste montrerait qu'elle fut gravée après la mort de l'empereur et par conséquent après la mort de Fabius ; mais dans les provinces asiatiques de l'empire on trouve d'assez nombreux exemples d'empereurs divinisés de leur vivant. Marcia était fille de Marcius Philippus et d'Attia, sœur de la mère d'Auguste, ainsi que le dit expressément Ovide, qui était un ami de la famille (*Fasti*, VI, 807 ; *Epist. ex Ponto*, I, 2, 139) ; elle était la confidente de l'impératrice Livie, comme Fabius était l'ami d'Auguste.

Cette amitié fut cause de sa mort. Lorsqu'à la fin de son règne l'empereur alla en secret voir son petit-fils Agrippa Postumus, qu'il avait relégué dans l'île de Planasia, il n'emmena avec lui que Fabius. L'entrevue aboutit à une réconciliation, ou du moins Auguste céda à sa tendresse naturelle pour le seul petit-fils qui lui restât, et il est probable qu'il méditait de le déclarer son héritier à l'exclusion de Tibère. Malheureusement Fabius ne sut pas garder le secret; il raconta le résultat du voyage à sa femme, qui le redit à Livie, la mère de Tibère et l'ennemie mortelle du jeune Agrippa. Auguste s'aperçut de l'indiscrétion de son ami et Fabius mourut peu de temps après; on crut généralement qu'il s'était donné la mort, et à ses funérailles on entendit Marcia se lamenter et s'accuser d'avoir causé la mort de son époux. Tel est le récit de Tacite (*Ann.*, I, 5); Pline fait allusion aux mêmes faits (*H. N.*, VII, § 150), et Plutarque les raconte un peu autrement; mais, dans son texte, le nom de Fulvius a été substitué à celui de Fabius, probablement par une erreur de copiste (*De Garrulitate*, 11). Fabius faisait partie du collége des Frères Arvales, et il est mentionné comme présent à leurs réunions au mois de mai 767; mais au mois de décembre de la même année, c'est-à-dire après la mort d'Auguste, il n'y figure plus; il était mort dans l'intervalle (Marini, *Arvali*, tab. I).

Le véritable *prænomen* de Fabius était Paullus, qu'il avait pris, selon l'usage des grandes familles romaines de son temps, en souvenir de son ancêtre L. Æmilius Paullus, le vainqueur de Persée; sur cet usage, voyez l'excellent article de Mommsen (*Römische Forschungen*, p. 34 sqq.). Sur tous les monuments où son consulat est mentionné, il est toujours appelé Paullus Fabius Maximus; outre ceux que j'ai déjà cités, voyez *Res gestæ divi Augusti*, texte grec, col. 3; Frontin. *de Aquæductibus*, p. 194; *Corpus inscr. lat.*, I, 799. Sur sa famille et ses ancêtres, voyez Borghesi, I, p. 250.

60.

C. JULIUS ANTONIUS M. F. M. N., cos. 744 = 10.

JOSEPH., *Ant. jud.*, XVI, 6, 7 : Οὐδὲν ἧττον Ἰούλιος Ἀντώνιος ἀνθύπατος ἔγραψεν· Ἐφεσίων ἄρχουσι βουλῇ δήμῳ χαίρειν. Οἱ ἐν τῇ Ἀσίᾳ κατοικοῦντες Ἰουδαῖοι Ἴδοις Φεβρουαρίοις δικαιοδοτοῦντί μοι ἐν

Ἐφέσῳ ὑπέδειξαν Καίσαρα τὸν Σεβαστὸν καὶ Ἀγρίππαν συγκεχωρηκέναι αὐτοῖς κ. τ. λ.

VELL. PAT., II, 100; anno 752 : Tum Julius Antonius, singulare exemplum clementiæ Cæsaris, violator ejus domus, ipse sceleris a se commissi ultor fuit; quem victo ejus patre, non tantum incolumitate donaverat, sed sacerdotio, prætura, consulatu, provinciis, honoratum etiam matrimonio sororis suæ filiæ in arctissimam adfinitatem receperat.

DIO, LV, 10; anno 752 : Exil de Julia, fille d'Auguste. Τῶν δὲ χρησαμένων αὐτῇ ὁ μὲν Ἰούλιος ὁ Ἀντώνιος, ὡς καὶ ἐπὶ τῇ μοναρχίᾳ τοῦτο πράξας, ἀπέθανε μετ' ἄλλων τινῶν ἐπιφανῶν ἀνδρῶν, οἱ δὲ λοιποὶ ἐς νήσους ὑπερωρίσθησαν.— Cf. Tac. *Ann.* IV, 44; Seneca, *de Brevit. vitæ*, 4.

MONNAIE de Carthagène (Mionnet, *Suppl. Tarragonaise*, n° 412) :

AVGVSTVS D·D·C·C·N·C. Tête nue d'Auguste.

℟. M·PETRONIO C·IVLIO ANTONIO II·VIR. Têtes de Caius et de Lucius César, avec les lettres C·L.

C. Julius Antonius était fils de Marc-Antoine et de Fulvia; après la mort de son père, il fut recueilli et élevé par Octavie, qui lui donna sa fille en mariage; Auguste, dont il devint ainsi le neveu, le traita avec une grande faveur et le combla d'honneurs (*Dio*, LI, 15; Plut. *Anton.* 87), jusqu'au moment où éclata le scandale des amours licencieuses de Julie; Antonius, qui était un de ses amants, fut mis à mort et Julie fut exilée. Ceci se passa en 752. Antonius fut préteur en 741 (*Dio*, LIV, 26), consul en 744, et proconsul d'Asie, probablement en 750 à l'expiration des cinq années réglementaires; il retourna à Rome au plus tard vers le milieu de 751 et mourut l'année suivante. Une des odes d'Horace (IV, 2) lui est adressée. Son collègue dans le consulat, Africanus Fabius Maximus, fut proconsul d'Afrique.

Borghesi a montré dans une dissertation intéressante (I, p. 468) que plusieurs princes de la famille impériale acceptèrent le titre de *duumvirs* de Carthagène, *Colonia Cæsarea Nova Carthago*, et que Julius Antonius fut du nombre; la médaille nous apprend que son prénom était Caius, ce qui est d'accord avec le sénatus-consulte qui interdisait aux membres de la famille Antonia de prendre le nom de Marcus (*Dio*, LI, 19). Dans la plupart des éditions des auteurs qui ont fait mention de lui, il est appelé Iulus Antonius, mais Iulus est une correction arbitraire; les manuscrits portent Iulius, qui est son véritable nom; voyez Borghesi, I, p. 471, note.

61.

CN. CORNELIUS CN. F. LENTULUS AUGUR, cos. 740 = 14.

INDEX Dionis, lib. LIV, anno 740 : Γν. Κορνήλιος Γν. υἱ. Λέντουλος.

INSCRIPTION de Nysa en Carie (*Corpus inscr. gr.* 2943) : Μηνὸς Γορπιαίου ιθ', πρὸ μιᾶς εἰδῶν Αὐγούστων, Κόσσῳ Κορνηλίῳ Λέντλῳ καὶ Λευκίῳ Πείσωνι ὑπάτοις, — Ἀρτεμίδωρος ἀποκατέστησεν εἰς τὸ γραμματῆον τὰ ἱερὰ γράμματα περὶ τῶν θεῶν καὶ τῆς ἀσυλίας, — ἐμφανίσας Γναίῳ Λέντλῳ Αὔγουρι τῷ ἀνθυπάτῳ καὶ ἀποδοὺς τὴν ὑπογεγραμμένην ἐπιστολήν· Γναῖος Λέντλος Αὔγουρ ἀνθύπατος Νυσαίων ἄρχουσι, κ. τ. λ.

SENECA, *de Benef.* II, 27 : Cn. Lentulus Augur, divitiarum maximum exemplum, antequam illum libertini pauperem facerent, — ingenii fuit sterilis, tam pusilli quam animi. — Hic cum omnia incrementa sua divo Augusto deberet, ad quem paupertatem adtulerat sub onere nobilitatis laborantem, princeps jam civitatis et pecunia et gratia subinde de Augusto solebat queri, dicens a studiis se abductum; nihil tantum in se congestum esse, quantum perdidisset relicta eloquentia. At illi inter alia hoc quoque divus Augustus præstiterat, quod illum derisu et labore inrito liberaverat.

SUETON. *Tiber.* 49 : Satis constat, Cn. Lentulum Augurem, cui census maximus fuit, metu et angore ad fastidium vitæ ab eo actum, et ut ne quo nisi ipso (Tiberio) herede moreretur.

Les consuls mentionnés dans l'inscription de Nysa sont ceux de 753, et par conséquent Lentulus gouverna l'Asie pendant l'année proconsulaire 753-54, c'est-à-dire treize ans après son consulat. Ce retard est le plus long que nous rencontrerons de longtemps, et il eut sans doute quelque cause particulière; car les consulaires n'étaient pas nombreux à cette époque, et dans l'ordre naturel Lentulus eût dû parvenir au tirage beaucoup plus tôt. Il était *magister* du collége des frères Arvales en 767, l'année de la mort d'Auguste (*Marini*, tab. I). Il vivait encore en 775 (Tac. *Ann.* III, 59) et mourut sous Tibère. Augur était l'*agnomen* de Lentulus, et dans les passages de Suétone et de Tacite il faut lire *Augur* et non *augur*.

62.

C. MARCIUS L. F. CENSORINUS, cos. 746 = 8.

INSCRIPTION de Brixia (Orelli, 1972) : C. Asinio Gallo, C. Marcio Censorino cos.

INSCRIPTION d'Aquinum (Mommsen, *I. N.* 4319) : C. Marcio L. f. Censorino cos. auguri, patrono, d. d.

JOSEPH. *Ant. jud.* XVI, 6, 2 : Καῖσαρ Σεβαστός, ἀρχιερεύς, δημαρχικῆς ἐξουσίας, λέγει· — Τό τε ψήφισμα τὸ δοθέν μοι ὑπ' αὐτῶν (sc. τῶν Ἰουδαίων), ὑπὲρ τῆς ἐμῆς εὐσεβείας, ἧς ἔχω πρὸς πάντας ἀνθρώπους, καὶ ὑπὲρ Γαΐου Μαρκίου Κηνσωρίνου, καὶ τοῦτο τὸ διάταγμα κελεύω ἀνατεθῆναι ἐν ἐπισημοτάτῳ τόπῳ γενηθέντι μοι ὑπὸ τοῦ κοινοῦ τῆς Ἀσίας ἐν Περγάμῳ (mss. ἀργυρῆ).

VELL. PAT. II, 102 : Quo tempore M. Lollii, quem veluti moderatorem juventæ filii sui Augustus esse voluerat, perfida consilia, per Parthum indicata Cæsari, fama vulgavit ; cujus mors intra paucos dies fortuita an voluntaria fuerit ignoro. Sed quam hunc decessisse lætati homines, tam paulo post obisse Censorinum in iisdem provinciis, graviter tulit civitas, virum demerendis hominibus genitum.

INSCRIPTION de Mylasa en Carie (*Corpus inscr. gr.* 2698 *b*). Γαΐῳ Μαρκίῳ Κηνσορίνῳ, σωτῆρι καὶ εὐεργέτῃ, καθιέρωσαν οἱ γεγονότες ἀγωνοθέται τῶν Κηνσορινήων, Μελάντας Λέοντος καὶ Θεόμνηστος Ἰάσονος, τῷ θεῷ.

Lollius mourut en 755, et Censorinus dut mourir cette année ou l'année suivante. L'expression *in iisdem provinciis* fait supposer qu'il mourut en Asie et peut-être dans l'exercice de ses fonctions, et alors il aurait gouverné la province pendant l'année proconsulaire 755-56 ; mais il peut tout aussi bien avoir été proconsul plusieurs années avant. L'inscription de Mylasa, gravée après sa mort, montre qu'on avait institué dans cette ville, et peut-être ailleurs, des jeux en son honneur, comme on l'avait fait autrefois pour Q. Mucius Scævola, pour L. Valerius Flaccus et pour Lucullus. Voilà tout ce que l'on sait de la carrière de Censorinus; nous avons vu que son collègue dans le consulat, C. Asinius Gallus, avait été proconsul d'Asie dès l'année 748.

63.

C. ANTISTIUS C. F. VETUS, cos. 748=6. A. C.

INDEX Dionis, lib. LV, anno 748 : Γ. Ἀντίστιος Γ. υἱ. Οὐέτερ.

INSCRIPTION de Chios (*Corpus inscr. gr.* 2222) : .... τῶν ἀντιδί[κων] πρὸς τοὺς Χείων πρέσβεις ἀναγεινωσκόντων ἐπιστολὴν Ἀντιστίου Οὐέτερος τοῦ πρὸ ἐμοῦ ἀνθυπάτου, ἀνδρὸς ἐπιφανεστάτου, κατακολουθῶν τῇ καθολικῇ μου προθέσει τοῦ ἐπαινεῖν τὰ ὑπὸ τῶν πρὸ ἐμοῦ ἀνθυπάτων γραφέντα, φυλάττειν καὶ τὴν ὑπὲρ τούτων φερομένην ἐπιστολὴν Οὐέτερος εὔλογον ἡγησάμην. Ὕστερον δὲ — κατὰ τὴν ἐμὴν συνήθειαν παρ' ἑκατέρου μέρους ἐπιμελέστερα γεγραμμένα ᾔτησα ὑπομνήματα· ἃ λαβών, εὗρον τοῖς μὲν χρόνοις ἀρχαιοτάτου δόγματος συνκλήτου ἀντισφράγισμα, γεγονότος Λουκίῳ Σύλλᾳ τὸ δεύτερον ὑπάτῳ, ἐν ᾧ κ. τ. λ. — Αὐτοκράτορος δέ, θεοῦ υἱοῦ, Σεβαστοῦ, τὸ ὄγδοον ὑπάτου, ἐπιστολὴν πρὸς Χείους γράφοντος .....

VELL. PAT. II, 43 : C. Cæsar quæstor fuit in Hispania sub Vetere Antistio, avo hujus Veteris consularis atque pontificis, duorum consularium et sacerdotum patris, viri in tantum boni, in quantum humana simplicitas intelligi potest.

Bœckh s'est trompé en identifiant le proconsul mentionné dans ce texte avec L. Antistius Vetus, qui gouverna l'Asie sous Néron; car l'inscription fut gravée du vivant d'Auguste, puisqu'il est appelé *divi filius* et non *divus*. On aurait pu hésiter entre les deux C. Antistius Vetus, consuls en 724 et 748; mais comme le proconsul de l'inscription n'exerça sa charge qu'assez longtemps après le huitième consulat d'Auguste (728), c'est évidemment du second C. Antistius Vetus qu'il s'agit. Si on suit l'ordre des consulats, il dut gouverner l'Asie après Censorinus, vers l'an 756 ou 757.

Le passage de Paterculus nous apprend que Vetus était membre du collége des pontifes, qu'il vivait encore au moment où l'historien écrivait (783), et qu'il fut le père du consul de 776 et de son frère, consul suffect vers 779. Voilà tout ce que l'on sait de lui.

64.

M. PLAUTIUS M. F. A. N. SILVANUS, cos. 752 = 2 A. C.

INDEX Dionis, lib. LV, anno 752 : M. Πλαύτιος M. υἱ. Σιλουανός.

MONNAIES de Pergame :

1. ΣΕΒΑΣΤΟΝ ΔΗΜΟΦΩΝ. Auguste debout dans un temple tétrastyle.

℟. ΠΕΡΓΑΜΗΝΟΙ ΣΙΛΒΑΝΟΝ. Personnage debout, vêtu de la toge, couronné par une autre figure, vêtue d'un habit court. — Æ. 4 (Bibliothèque impériale).

2. Λ·ΚΑΙΣΑΡΑ ΔΗΜΟΦΩΝ. Tête nue de L. César.

℟. Γ·ΚΑΙΣΑΡΑ ΠΕΡΓΑΜΗΝΟΙ. Tête nue de C. César. — Æ. 4 (Bibliothèque impériale). Ces monnaies ont été décrites inexactement par Mionnet (*Mysie*, nos 535, 536, 543; *Supplément*, nos 929, 936).

INSCRIPTION de Tibur (*Gruter*, p. 452, 6; *Orelli*, 622) : M. Plautius M. f. A. n. Silvanus cos. VII vir epulon. Huic senatus triumphalia ornamenta decrevit ob res in Ilyrico bene gestas. Lartia Cn. f. uxor. A. Plautius M. f. Urgulanius vix. ann. XI.

VELL. PAT. II, 112; anno 759 : (Pars Delmatarum et Pannoniorum) occupato monte Claudio, munitione se defendit. At ea pars, quæ obviam se effuderat exercitui, quem A. Cæcina et Silvanus Plautius consulares ex transmarinis adducebant provinciis, circumfusâ quinque legionibus nostris auxiliaribusque et equitatu regio (quippe magnam Thracum manum junctus prædictis ducibus Rhœmetalces Thraciæ rex in adjutorium ejus belli secum trahebat) pene exitiabilem omnibus cladem intulit. — Sed ex insperato victoriam legiones vindicaverunt. — Cf. *Dio*, LV, 30.

Dio, LV, 34; anno 761 : Ἐν τούτῳ Βάτων ὁ Βρεῦκος, ὁ τόν τε Πίννην προδοὺς καὶ μισθὸν τούτου τὴν ἀρχὴν τῶν Βρεύκων λαβών, ἑάλω τε ὑπὸ τοῦ ἑτέρου Βάτωνος καὶ διεφθάρη. — Γενομένου δὲ τούτου συχνοὶ τῶν Παννονίων ἐπανέστησαν, καὶ αὐτοῖς ὁ Σιλουανὸς ἐπιστρατεύσας τούς τε Βρεύκους ἐνίκησε καὶ τῶν ἄλλων τινὰς ἀμαχὶ προσεποιήσατο. — Καὶ οὕτω καὶ οἱ λοιποὶ τῶν Παννονίων ἄλλως τε καὶ τῆς χώρας σφῶν ὑπὸ τοῦ Σιλουανοῦ κακουμένης, ὡμολόγησαν. — Cf. *Vell. Pat.* II, 114.

Dio, LVI. 12, anno 763 ineunte : Τοῦ δὲ πολέμου μηκυνομένου, τὸν Τιβέριον ὁ Αὔγουστος ἐς τὴν Δελματίαν αὖθις ἔπεμψεν. Καὶ ὃς — τριχῇ διεῖλεν τοὺς στρατιώτας, καὶ τοὺς μὲν τῷ Σιλουανῷ τοὺς δὲ Μάρκῳ Λεπίδῳ προστάξας ἐπὶ τὸν Βάτωνα μετὰ τῶν λοιπῶν σὺν τῷ Γερμανικῷ ὥρμησεν. — Baton se rendit à Tibère et la guerre fut terminée cette année. — Cf. *Vell. Pat.* II, 115, 116; Sueton. *Tiber.* 20.

Les deux monnaies de Pergame, frappées par le même magistrat, sembleraient prouver que Silvanus fut proconsul d'Asie, soit pendant que les deux jeunes Césars, Caius et Lucius, étaient encore en vie, soit peu de temps après le décès de Lucius, qui mourut le premier des deux, en septembre 755. Mais comme on ne sait pas quelle était la magistrature exercée par Démophon, et comme rien n'indique qu'elle ait été une magistrature annuelle, on ne peut affimer que Silvanus ait été proconsul l'année de la mort de L. César. D'après la règle de l'intervalle quinquennal, il ne pouvait être proconsul qu'en 757 ou 758, et à la même époque Lentulus Cossus, consul en 753, fut proconsul d'Afrique en 759. Il ne put non plus l'être après 758; car, en comparant le récit de Velleius Paterculus (II, 112) avec celui de Dion Cassius (LV, 30), on voit qu'en 759, de concert avec A. Cæcina Severus, légat de la Mésie, il amenait des troupes en Dalmatie, dont il venait d'être nommé légat, et qu'il y était encore en 763. Il gouverna donc l'Asie probablement pendant l'année proconsulaire 757-58, revint ensuite à Rome et alla au printemps de 759 prendre le commandement d'une portion des troupes qu'on faisait marcher vers la Pannonie *ex transmarinis provinciis*, c'est-à-dire de la Mésie et de la Thrace;

car, en Asie, il n'y en avait pas. Il paraît que la ville de Pergame lui avait décerné une couronne, comme la province d'Asie en avait voté une à Paullus Fabius Maximus.

L'inscription de Tibur n'est pas un *cursus honorum*; on s'est borné à y rappeler la plus haute charge civile du défunt, le consulat; sa plus haute fonction religieuse, le septemvirat, et sa plus grande gloire militaire, les insignes du triomphe. Silvanus était fils d'Urgulania, la favorite de l'impératrice Livie, mentionnée plusieurs fois dans Tacite (*Ann.* II, 34; IV, 21, 22); l'influence de sa mère, autant que ses propres services, en faisait un des hommes les plus considérables de son temps.

65.

P. VINICIUS M. F. P. N. COS. 2 P. C. = 755.

INSCRIPTION d'Andros, copiée par M. Foucart : Ὁ δῆμος Πόπλιον Οὐινίκιον τὸν ἀνθύπατον, τὸν πάτρωνα καὶ εὐεργέτην, πάσης ἀρετῆς ἕνεκα.

VELL. PAT. II, 101 : Quod spectaculum stantis ex adverso hinc Romani, illinc Parthorum exercitus, sub initia stipendiorum meorum, tribuno militum mihi visere contigit (anno 755). Quem militiæ gradum ante sub patre tuo, M. Vinici, et P. Silio auspicatus in Thracia Macedoniaque, mox Achaia Asiaque, et omnibus ad Orientem visis provinciis, et ore atque utroque maris Pontici latere, haud injucunda tot rerum recordatione perfruor. Prior Parthus apud Caium Cæsarem in nostra ripa, posterior hic apud regem in hostili epulatus est.

FASTI Anagnini (*Corpus Inscr. Lat.* I, p. 473), anno 755 : P. Vinucio, P. Varo cos.

TACIT. *Annal.* VI, 15 : M. Vinicio (cos. 783) oppidanum genus : Calibus ortus, patre atque avo consularibus, cetera equestri familia erat.

M. Vinicius, consul en 783, avait eu pour père P. Vinicius, consul en 755, et pour aïeul M. Vinicius, consul suffect en 735; le passage de Tacite montre que ses autres ancêtres n'étaient que de rang équestre, et que par conséquent le P. Vinicius de notre inscription est bien le consul de 755. Le passage de Paterculus, qui écrivait en 783, nous apprend que P. Vinicius commandait vers 752 une légion dans la Thrace, qui, à cette époque, n'était pas encore réduite en province romaine, et que la même année ou l'année suivante, P. Silius, consul suffect en 756, était proconsul de Macédoine ou plutôt légat d'une légion sur les frontières de cette province.

Nous avons vu plus haut (p. 22) que, sous l'empire, l'île de Syros dépendait de la province d'Asie; il est probable qu'il en était de même d'Andros, bien que cette île, située entre Syros et l'Eubée, et beaucoup plus rapprochée de la Grèce, ait pu faire partie, soit de l'Achaïe, soit de la Macédoine. Un décret des habitants d'Adramyttium, que nous avons cité plus haut (§ 6) fournit peut-être une indication dans le même sens; en effet, c'est aux Andriens que les Adramyttiens avaient demandé des juges, qui devaient juger selon les lois locales et les *décrets du proconsul d'Asie*, et il semble naturel que ces juges fussent pris dans une ville qui dépendait du même proconsul; Andros aurait donc fait partie, comme Syros, de la province d'Asie. L'argument, je le reconnais, n'est pas concluant; néanmoins, jusqu'à preuve du contraire, j'incline à croire que les îles de la mer Égée dépendaient de l'Asie.

Si, comme je le pense, P. Vinicius fut proconsul d'Asie, son gouvernement doit se placer dans l'intervalle entre ceux de Plautius Silvanus et de Messalla Volesus. Sur la famille Vinicia, voyez *Borghesi*, II, p. 314; V, p. 126.

66.

P. CORNELIUS CN. F. LENTULUS SCIPIO, cos. suff. kal. Iul.
2 P. C. = 755.

FASTI GABINI (*Corpus inscr. lat.* I, p. 473), anno 755 : Suf. K. Iul. P. Lentulus, P. Qui[nctius].

INSCRIPTION de Rome (Marini, *Arv.* p. 15) : P. Lentulus Cn. f. Scipio, T. Quinctius Crispinus Valerianus cos. ex s. c. faciundum curavere eidemq. probavere.

Inscription de Smyrne (*Corpus inscr. gr.* 3186) : Ὁ δῆμος Πόπλιον Λέντλον Σκιπίωνα τὸν ἀνθύπατον, εὐεργέτην ὄντα διὰ προγόνων τῆς πόλεως.

Inscription de Brescia (*Orelli*, 2075) : P. Cornelio P. f. Lentulo Scipioni cos. præf. ærari, leg. Ti. Cæsaris Aug., leg. leg. VIIII Hispan., pontifici, fetiali.

Cette dernière inscription appartient au fils du consul de 755, qui fut consul suffect probablement sous Tibère.

Le proconsul de l'inscription de Smyrne doit être le consul de 755, car la simplicité de l'inscription convient bien au temps d'Auguste; mais il pourrait aussi être question de son fils, en supposant qu'il parvint au proconsulat après que l'inscription de Brescia fut gravée. Sur les Scipions de cette époque, voyez plus haut, § 56.

67.

L. VALERIUS POTITI F. MESSALLA VOLESUS,
cos. 5 p. c. = 758.

Index Dionis, lib. LV ; anno 758 : Λ. Οὐαλέριος Ποτίτου υἱ. Μεσσάλας Οὐόλαισος.

Tacit. *Ann.* III, 68 : Tiberius quæ in Silanum parabat, quo excusatius sub exemplo acciperentur, libellos divi Augusti de Voleso Messala ejusdem Asiæ proconsule factumque in eum senatus consultum recitari jubet.

Seneca, *de Ira*, II, 5 : Volesus nuper sub divo Augusto proconsul Asiæ, cum trecentos uno die securi percussisset, incedens inter cadavera vultu superbo, quasi magnificum quiddam conspiciendumque fecisset, Græce proclamavit : O rem regiam ! Quis hæc rex fecisset?

Le nom complet et la filiation de ce personnage ne sont connus que par la liste des consuls en tête du cinquante-cinquième livre de Dion Cassius. Son père, Messalla Potitus, avait été proconsul d'Asie avant lui (voyez § 52). Son proconsulat d'Asie tombe dans les dernières années du règne d'Auguste, en 764 ou 765. On ne sait rien d'autre de sa carrière.

Borghesi (I, p. 178) a attribué à ce proconsul une monnaie de Synnada de Phrygie publiée par Vaillant et par Sestini (Mionnet, *Phrygie*, n° 984; *Suppl.*, n° 591), et sur laquelle Vaillant avait cru lire ΟΥΑΛΕΡΙΟΣ ΑΝΘΥΠΑΤΟΣ. Voici la description exacte de cette pièce, d'après un bel exemplaire du Musée britannique :

> ϹЄΒΑϹΤΟϹ ϹΥΝΝΑΔЄΩΝ. Tête nue d'Auguste, à droite.
>
> ℞. ЄΠΙ ΚΛΑΥΔΙΟΥ ΟΥΑΛЄΡΙΑΝΟΥ. Zeus Nicéphore assis à gauche. — Æ. 4.

Il en existe aussi un exemplaire à la Bibliothèque impériale, qui est probablement celui que Vaillant a décrit; la pièce est fruste, et au revers on ne lit que la fin de la légende : ... ΛЄΡΙΑΝΟΥ.

68.

Q. POPPÆUS Q. F. Q. N. SECUNDUS, cos. suff. kal. Iul. 9 P. C. = 762.

FASTI CAPITOLINI, anno 762 : C. Poppæus Q. f. Q. n. Sabinus, Q. Sulpicius Q. f. Q. n. Camerinus. Ex K. Iul. M. Papius M. f. M. n. Mutilus, Q. Poppæus Q. f. Q. n. Secundus.

MÉDAILLE de Pergame :

> ΣΕΒΑΣΤΟΙ ΕΠΙ ΠΟΠΠΑΙΟΥ. Têtes affrontées et laurées d'Auguste et de Tibère.
>
> ℞. ΜΗΝΟΓΕΝΗΣ ΣΕΒΑΣΤΗΝ ΠΕΡΓΑΜΗΝΩΝ. Livie assise, la main droite sur la haste et tenant dans la gauche des épis. — Æ. 4 (Bibliothèque impériale, trois exemplaires). Cette pièce a été mal décrite par Mionnet, *Mysie*, n° 544.

INSCRIPTION de Samos (*Bull. Instit. archeol.* 1866, p. 209) : Ὁ δῆμος Γάϊον Ποππαῖον Σαβῖνον Ἥρῃ.

INSCRIPTION de Delphes, communiquée par M. Foucart :

> Ἁ πόλις τῶν Δελφῶν Π[οππαῖον Σα-
> βεῖνον, τὸν ἑαυτᾶς πάτρω[να καὶ εὐ-
> εργέταν, ὑπὲρ τᾶς τῶν Ἑλ[λήνων σω-
> τηρί]ας, Ἀπόλλωνι Πυ[θίῳ.

Tacit. *Annal.* I, 80 ; anno 15 exeunte : Prorogatur Poppæo Sabino provincia Mœsia, additis Achaia et Macedonia.

Ibid. IV, 46 ; anno 26 ineunte : Decreta triumphi insignia Poppæo Sabino contusis Thracum gentibus. — La campagne contre les Thraces, qui avait eu lieu en 25, est racontée par Tacite, IV, 46-51.

Ibid. V, 10 ; anno 31 : Poppæus Sabinus Macedoniæ tum intentus Achaiam quoque curabat.

Ibid. VI, 39 ; anno 35 : Fine anni Poppæus Sabinus concessit vita, modicus originis, principum amicitia consulatum ac triumphale decus adeptus, maximisque provinciis per quattuor et viginti annos impositus, nullam ob eximiam artem, sed quod par negotiis neque supra erat.

Dio, LVIII, 25 ; anno 35 : Ποππαῖος Σαβῖνος τῆς τε Μυσίας ἑκατέρας καὶ προσέτι καὶ τῆς Μακεδονίας ἐς ἐκεῖνο τοῦ χρόνου παρὰ πᾶσαν ὡς εἰπεῖν τὴν τοῦ Τιβερίου ἀρχὴν ἡγεμονεύσας, ἥδιστα προαπηλλάγη πρίν τινα αἰτίαν λαβεῖν. Καὶ αὐτὸν ὁ Ῥήγουλος ἐπὶ τοῖς αὐτοῖς διεδέξατο· καὶ γὰρ ἡ Μακεδονία, ὥς δέ τινές φασι, καὶ ἡ Ἀχαΐα, ἀκληρωτὶ προσετάσσοντο.

Tacit. *Annal.* XIII, 45 ; anno 58 : Erat in civitate Sabina Poppæa, T. Ollio patre genita, sed nomen avi materni sumpserat, illustri memoria Poppæi Sabini, consulari et triumphali decore præfulgentis ; nam Ollium honoribus nondum functum amicitia Seiani pervertit.

On voit par les passages de Tacite que Poppæus Sabinus était légat de Mésie dès la fin du règne d'Auguste et qu'il fut nommé à ce poste en l'année 11 ou 12, c'est-à-dire deux ou trois ans après son consulat. Comme il le conserva jusqu'à sa mort, avec l'adjonction depuis l'an 15 de la Macédoine, de l'Achaïe et peut-être de la Thrace, on ne peut guère admettre qu'il quitta un si grand commandement pour aller participer au tirage des provinces consulaires du sénat ; d'ailleurs on sait que Tibère n'aimait pas les changements et qu'il laissait volontiers les mêmes gouverneurs dans les provinces pendant de longues années. L'inscription de Samos, qui pourrait faire croire que Sabinus gouverna l'Asie, ne lui donne pas le titre de proconsul, et doit lui avoir été élevée à l'occasion de quelque service rendu aux Samiens.

Il faut donc que le Poppæus de la monnaie de Pergame soit

le seul autre personnage du nom, qui ait vécu à cette époque, Q. Poppæus Secundus, sans doute le frère de Sabinus, et consul suffect la même année que lui. On ne sait absolument rien de lui, si ce n'est qu'il donna son nom, de concert avec son collègue Papius Mutilus, à la loi Papia-Poppæa, qui fut votée cette année; Dion fait remarquer que ni l'un ni l'autre n'avaient d'enfants, et qu'ils n'étaient même pas mariés (LVI, 10). En suivant l'ordre des consulats, Poppæus dut être proconsul vers 19, puisque C. Silanus, consul en 10, le fut en 20.

La monnaie de Pergame fut frappée après l'avénement de Tibère; car ce prince ne put porter le titre d'Auguste qu'après la mort de son prédécesseur, et Livie ne le reçut qu'en vertu de son testament; s'il ne s'agissait que de Livie, l'argument ne serait pas concluant, car sur les monnaies des villes d'Asie on lui donna souvent le titre de Σεβαστή du vivant d'Auguste.

69.

C. JUNIUS C. F. M. N. SILANUS, cos. 10 P. C. = 763.

Fasti Capitolini, anno 763 : P. Cornelius P. f. P. n. Dolabella, C. Junius C. f. M. n. Silanus flam(en) Mart(ialis).

Tacit. *Annal.* III, 66-69; anno 22 : C. Silanum proconsulem Asiæ, repetundarum a sociis postulatum, Mamercus Scaurus e consularibus, Junius Otho prætor, Brutidius Niger ædilis simul corripiunt, objectantque violatum Augusti numen, spretam Tiberii majestatem. — Auxere numerum accusatorum Gellius Publicola et M. Paconius, ille quæstor Silani, hic legatus. Nec dubium habebatur sævitiæ captarumque pecuniarum teneri reum. — Il fut exilé à Cythnos.

Ibid. IV, 15; anno 23 : Procurator Asiæ Lucilius Capito accusante provincia — damnatur; ob quam ultionem, et quia priore anno in C. Silanum vindicatum erat, decrevere Asiæ urbes templum Tiberio matrique ejus ac senatui.

On ne sait rien d'autre au sujet de Silanus; il gouverna l'Asie pendant l'année proconsulaire 20-21. Voyez *Borghesi*, V, p. 184.

70.

M. ÆMILIUS L. F. LEPIDUS, cos. 6 P. C. = 759.

INDEX DIONIS, lib. LV ; anno 6 : M. Αἰμίλιος Λ. υἱ. Λέπιδος.
FASTI GABINI ET PRÆNESTINI (*Corpus inscr. lat.* I, p. 473-74) ; anno 6 : M. Aimilius Lepidus.

Pour les autres inscriptions où son consulat est mentionné, voyez Borghesi, V, p. 288.

VELL. PAT. II, 114 ; anno 9 : Guerre de Pannonie. — Autumno victor in hiberna reducitur exercitus, cujus omnibus copiis a Tiberio M. Lepidus præfectus est, vir nominis ac fortunæ eorum proximus.
Ibid. II, 115 ; anno 10 : Guerre de Dalmatie. — Initio æstatis Lepidus, educto hibernis exercitu, tendens ad Tiberium imperatorem, et cum difficultate locorum et cum vi hostium luctatus — lætus victoria, prædaque onustus, pervenit ad Cæsarem ; et ob ea ornamentis triumphalibus, consentiente cum judicio principum voluntate senatus, donatus est.
DIO, LVI, 12 ; anno 10 : Τὸν Τιβέριον ὁ Αὔγουστος ἐς τὴν Δελματίαν αὖθις ἔπεμψεν· καὶ ὅς — τριχῇ διεῖλεν τοὺς στρατιώτας, καὶ τοὺς μὲν τῷ Σιλουανῷ τοὺς δὲ Μάρκῳ Λεπίδῳ προστάξας ἐπὶ τὸν Βάτωνα μετὰ τῶν λοιπῶν σὺν τῷ Γερμανικῷ ὥρμησεν.
TACIT. *Annal.* II, 48 ; anno 17 : Cæsar bona Æmiliæ Musæ, locupletis intestatæ, petita in fiscum Æmilio Lepido, cujus e domo videbatur, tradidit — nobilitatem pecunia juvandam præfatus.
Ibid. III, 32 ; anno 21 ineunte : Sex. Pompeius Marcum Lepidum, ut socordem inopem et majoribus suis dedecorum, eoque etiam Asiæ sorte depellendum incusavit, adverso senatu, qui Lepidum mitem magis quam ignavum, paternas ei angustias et nobilitatem sine probro actam honori quam ignominiæ habendam ducebat. Igitur missus in Asiam, et de Africa decretum ut Cæsar legeret cui mandanda foret.
MONNAIE de Cotiæum en Phrygie :

ΤΙΒΕΡΙΟΣ ΣΕΒΑΣΤΟΣ. Tête laurée de Tibère.

℞. ΕΠΙ ΜΑΡΚ[ΟΥ] ΛΕΠΙΔΟΥ [ΚΟΤΙΑ]ΕΩΝ. Zeus assis, tenant la foudre. — Æ. 5 (De ma collection). Cf. Mionnet, *Phrygie*, nº 441.

Tacit. *Annal.* III, 72; anno 22: Isdem diebus Lepidus ab senatu petivit ut basilicam Pauli, Æmilia monimenta, propria pecunia firmaret ornaretque. Erat etiam tum in more publica munificentia; — quo exemplo Lepidus, quamquam pecunia modicus, avitum decus recoluit.

Borghesi (V, p. 287-293) a réuni et discuté avec sa science et sa sagacité habituelles tous les passages relatifs à Marcus Lepidus, et il les a soigneusement distingués de ceux qui ont rapport à son contemporain Manius Lepidus; je n'ai fait que les reproduire. M. Lepidus servit en Pannonie et en Dalmatie, sous les ordres de Tibère, et en même temps que Plautius Silvanus, soit comme légat de la province, soit comme commandant un corps d'armée, et il reçut, comme Silvanus, les insignes du triomphe pour ses victoires en Dalmatie. Il gouverna l'Asie pendant l'année proconsulaire 21-22, et il était de retour à Rome en 22; il obtint alors l'autorisation de réparer la basilique émilienne, bâtie par un de ses ancêtres; Borghesi a montré qu'il était bien le descendant direct et le représentant des deux Æmilius Paulus, consuls en 704 et en 720, qui avaient déjà réparé la basilique. Il n'est plus mentionné après l'année 22. Il est question de lui ou de Manius Lepidus dans un fragment d'inscription trouvé en Algérie (Renier, *Inscr. Alg.* 4063).

La monnaie de Cotiæum est nouvelle, ou du moins on n'en connaissait qu'un exemplaire incomplet, qui donnait le nom de la ville, mais sur laquelle le nom du proconsul était réduit aux lettres ΙΔΟΥ.

Enfin Borghesi (II, p. 327-333) a attribué à Lepidus une monnaie de l'île de Cos qui porte, d'un côté, la légende ΜΑΡΚΟΣ ΛΕΠΙΔΟΣ et une tête nue, et de l'autre, ΔΙΟΦΑΝΤΟΣ ΚΩΙΩΝ et la tête d'Esculape. Il existe à la Bibliothèque impériale une pièce intacte et indubitable, semblable, quant au revers, mais qui, de l'autre côté, porte la légende ΝΙΚΙΑΣ, et qui est de tout point semblable aux autres monnaies de ce tyran de Cos (Mionnet, *Iles de Carie*, nºˢ 80 à 81; *Suppl.* nºˢ 113 à 115); de plus, j'ai eu entre les mains une pièce pareille à celle que décrit Borghesi, sur laquelle la légende ΜΑΡΚΟΣ ΛΕΠΙΔΟΣ avait été entièrement refaite au burin à une époque déjà ancienne. Je suis donc convaincu qu'il en est de même de celle que Borghesi cite comme appartenant au professeur Aldini de Pavie, et qu'elle est aussi une pièce de Nicias, dont la légende a été altérée. Ces altérations doivent remonter au dix-septième siècle, et elles avaient pour but de fournir aux collecteurs des grands bronzes à l'effigie du triumvir Lépide.

71.

SER. CORNELIUS CN. F. CN. N. LENTULUS MALUGINENSIS, cos. suff. kal. Iul. 10 P. C. = 763.

FASTI CAPITOLINI, anno 763 : Ex K. Iul. Ser. Cornelius Cn. f. Cn. n. Lentul. Malug. flam. Dial.

TACIT. *Annal.* III, 58 ; anno 22 : Provincia Africa Junio Blæso prorogata, Servius Maluginensis flamen Dialis ut Asiam sorte haberet postulavit, frustra vulgatum dictitans non licere Dialibus egredi Italia, neque aliud jus suum quam Martialium Quirinaliumque flaminum.

Ibid. III, 71 ; eodem anno : Dilatum nuper responsum adversus Servium Maluginensem prompsit Cæsar. — Ita sors Asiæ in eum qui consularium Maluginensi proximus erat conlata.

Bien que Maluginensis n'ait pas gouverné l'Asie, son cas et quelques autres que nous rencontrerons plus loin sont d'une grande importance pour l'établissement de la série des proconsuls, parce qu'ils montrent où en était le roulement des consulaires en telle ou telle année et combien de temps s'était écoulé entre leur consulat et le moment où ils arrivaient par droit d'ancienneté au tirage des deux provinces consulaires. La question religieuse soulevée par les adversaires de Maluginensis est curieuse, et ce que Tacite en dit mérite d'être lu. C'est aussi à cette occasion que nous trouvons pour la première fois la règle de l'ancienneté, sinon reconnue en droit, du moins invoquée et appliquée en fait.

On ne sait rien d'autre de ce candidat malheureux au proconsulat, sauf qu'il mourut en 23 et que son fils lui succéda comme *flamen Dialis* (Tac. *Ann.* IV, 16).

72.

C. FONTEIUS C. F. C. N. CAPITO, cos. 12 P. C. = 765.

FASTI CAPITOLINI, anno 765 : C. Fonteius C. f. C. n. Capito.
TACIT. *Annal.* IV, 36 ; anno 25 : Fonteius Capito, qui proconsul Asiam curaverat, absolvitur, comperto ficta in eum crimina per Vibium Serenum.

Capito ne paraît pas être mentionné ailleurs. Comme son acquittement est relaté par Tacite parmi les événements de la première moitié de l'année, il devait être revenu d'Asie dès l'été de l'année précédente. Ainsi il gouverna l'Asie au plus tard pendant l'année proconsulaire 23-24 ; mais il peut l'avoir gouvernée une année plus tôt, et dans ce cas il aurait été le *consularium proximus* qui alla en Asie en place de Maluginensis.

Capito n'arriva au proconsulat qu'après plusieurs autres consulaires, tous moins anciens que lui, d'où il suit que l'expression *consularium proximus* ne s'applique pas d'une manière absolue au plus ancien consulaire sur la liste, mais au plus ancien, présent à Rome et n'ayant pas d'autre emploi.

73.

M'. ÆMILIUS Q. F. M. N. LEPIDUS, cos. 11 P. C. = 764.

FASTI CAPITOLINI, anno 764 : [M' Ai]milius Q. f. M. n. Lepidus.
FASTI ANTIATES (*Corpus inscr. lat.* I, p. 475) : M. Æmilius Lepidus.
FASTI ARVALIUM (Henzen, *Scavi*, p. 99) : M'. Æmilio, [T. Statilio].

Inscription de Pergame (*Corpus inscr. lat.* III, 398) : M'. Aimilio M'. *f.* Pal. Proculo, præf(ecto) fabr(um) M'. Lepidi aug(uris) proc[os]. sacrum.

Tacit. *Annal.* III, 35; anno 21 : Tiberius per litteras M'. (mss. M.) Lepidum et Junium Blæsum nominavit ex quis pro consule Africæ legeretur. Tum audita amborum verba, intentius excusante se Lepido, cum valitudinem corporis, ætatem liberum, nubilem filiam obtenderet. — Blæsus fut envoyé en Afrique.

Ibid. IV, 55-56; anno 26 : Cæsar legatos Asiæ, ambigentes quanam in civitate templum statueretur, plures per dies audivit. Undecim urbes certabant. — Patres Zmyrnæos prætulere; censuitque Vibius Marsus ut M'. (mss. M.) Lepido, cui ea provincia obvenerat, super numerum legaretur, qui templi curam susciperet, et quia Lepidus ipse deligere per modestiam abnuebat, Valerius Naso e prætoriis sorte missus est.

Ibid. IV, 20; anno 24 : Hunc ego Lepidum temporibus illis gravem et sapientem virum fuisse comperior; nam pleraque ab sævis adulationibus aliorum in melius flexit. Neque tamen temperamenti egebat, cum æquabili auctoritate et gratia apud Tiberium viguerit.

Ibid. VI, 27; anno 33 : Obiit eodem anno M'. (mss. M.) Lepidus, de cujus moderatione atque sapientia in prioribus libris satis conlocavi.

Borghesi (V, p. 289-295) a cité toutes les inscriptions qui mentionnent le consulat de Manius Lepidus, et il a distingué nettement les passages qui se rapportent à lui de ceux qui concernent son contemporain Marcus Lepidus; la confusion entre les deux est ancienne; car on la trouve déjà dans les Fastes d'Antium, bien que dans les autres monuments où son consulat est mentionné, il soit appelé Manius. Dans les manuscrits de Tacite il est toujours appelé M. Lepidus, excepté dans un seul passage (III, 22) où son prénom est écrit Manius en toutes lettres. Borghesi a montré qu'il est l'orateur mentionné par Sénèque, qu'il plaida devant le sénat en différentes occasions en 20, en 21 et en 24, et que c'est de lui que Tacite parle avec éloge dans les passages cités plus haut. Il a montré également que c'est lui qui fut recommandé en 21 avec Junius

Blæsus par Tibère pour le proconsulat d'Afrique, lorsque M. Lepidus avait déjà été choisi pour le proconsulat d'Asie, et qu'en cette occasion Blæsus et lui furent tous les deux désignés par le prince *extra sortem*, et avant que leur tour de participer au tirage des provinces fût arrivé; et effectivement le tour de M'. Lepidus n'arriva qu'en 26. Il gouverna l'Asie pendant l'année proconsulaire 26-27.

74.

SEX. APPULEIUS SEX. F. SEX. N. COS. 14 P. C. = 767.

Inscription d'Assos (*Corpus inscr. gr.* 3571; *Le Bas et Waddington*, 1034) : Ἐπὶ Σέξτου Ἀπ[π]ολη̣ίου ἀνθυπ[άτου κ]αὶ πάτρωνος τῆς πόλεως, ἐκ τῶν ἀποκατασταθεισῶν ὑπ' αὐτοῦ τῇ πόλε[ι προσόδων ....

Index Dionis, lib. LVI; anno 14 : Σέξτος Πομπήιος Σέξτου υἱ(ός), καὶ Σέξτος Ἀπουλήιος Σέξτου υἱ(ός).

Fasti Antiates (*Corpus inscr. lat.* I, p. 475), anno 14 : Sex. Appuleius, Sex. Pompeius.

Inscription d'Æsernia (Mommsen, *I. N.* 5016) : Sex. Appuleio Sex. f. imp. cos. auguri, patrono.

Inscription de Sarzane (*Muratori*, p. 1133, 9) : ... Appuleio Sex. f. Gal. Sex. n. Sex. pron. Fabia Numantina nato, ultimo gentis suæ.

Il y eut du temps d'Auguste deux consuls qui portèrent le nom de Sextus Appuleius, celui de 725 et celui de 767. L'inscription d'Assos peut appartenir à l'un ou à l'autre; et je ne me suis déterminé en faveur du second, qu'à cause de la forme des lettres, qui se rencontre peut-être plus fréquemment dans cette partie de l'Asie sous le règne de Tibère que sous celui d'Auguste (voyez mes notes sur l'inscription); cependant il n'y aurait aucune difficulté à admettre qu'il s'agit du consul de 725. Le proconsulat d'Appuleius tombe entre les années 27 et 30.

L'orthographe Ἀππολήιος, au lieu de Ἀππουλήιος, indique aussi que l'inscription est d'une bonne époque. D'ailleurs l'inscription de Sarzane montre que la *gens Appuleia* s'éteignit avec le fils du consul de 767; Fabia Numantina, ainsi que Borghesi l'a fait remarquer (V, p. 309), avait épousé en premières noces Plautius Silvanus, avait été divorcée par ce dernier, et avait ensuite épousé le consul de 767.

75.

SEX. POMPEIUS SEX. F. CN. N. COS. 14 P. C. = 767.

VALER. MAX. II, 6, 8 : Quam consuetudinem — etiam in insula Ceo servari animadverti, quo tempore, Asiam cum Sex. Pompeio petens, Iulida oppidum intravi.

SENEC. *de Tranquill. Animi*, 11 : Locuples es : Numquid divitior Ptolemæo? cui cum Gaius, vetus cognatus, hospes novus, aperuisset Cæsaris domum, ut suam cluderet, defuit panis, aqua; cum tot flumina possideret in suo orientia, in suo cadentia, mendicavit stillicidia; fame ac siti periit in palatio cognati, dum illi heres publicum funus esurienti locat.

Borghesi (V, p. 136-142) a réuni tous les témoignages relatifs à ce Pompée et à sa famille. Il était l'ami d'Ovide, qui de son exil lui adressa quatre lettres vers l'époque où il fut consul (*Epist. ex Ponto*, IV, 1, 4, 5, 15). Valère Maxime en fait un grand éloge (IV, 7, 2). Dion Cassius (LVI, 29, 45) dit qu'il était parent, συγγενής, d'Auguste, et Borghesi a discuté l'origine de cette parenté. En l'an 20 il était à Rome et refusa de défendre Cn. Piso, accusé d'avoir empoisonné Germanicus (Tac. *Annal.* III, 11). Son proconsulat d'Asie n'est mentionné que par Valère Maxime; il doit se placer entre les années 27 et 30.

Dans les anciennes éditions de Sénèque, on lisait *Pompeio* au lieu de *Ptolemæo* dans le passage rapporté plus haut; mais Haase, le dernier éditeur de Sénèque, a rétabli la leçon *Ptolemæo*, qui paraît être la vraie; il est certain en effet que les expressions de l'auteur s'appliquent bien mieux au royaume de Maurétanie, qu'aux possessions territoriales d'un grand seigneur romain, quelque vastes qu'elles fussent. Si on maintient la leçon *Pompeio*, on doit en conclure avec Borghesi que Caligula fit périr Pompée pour s'emparer de ses immenses biens.

76.

P. PETRONIUS P. F. COS. SUFF. 772 = 19.

ALBUM Collegii Augurum (Fea, *Frammenti di fasti*, n° 10), anno 760 : P. Petronius P. f. [cooptatus].

FASTI consulares Arvalium (Henzen, *Scavi*, p. 99), anno 19 : [M. Silanus, L. N]orbanus ; suf. P. Petronius.

TACIT. *Annal.* III, 49 ; anno 21 : Carmen C. Lutorius in domo P. Petronii socru ejus Vitellia coram multisque illustribus feminis, per vaniloquentiam legerat.

MÉDAILLE de Smyrne :

> ϹΕΒΑϹΤΗ ϹΥΝΚΛΗΤΟϹ ΖΜΥΡΝΑΙΩΝ ΙΕΡΩΝΥΜΟϹ. Têtes affrontées de Livie et du Sénat.
>
> ℟. ΕΠΙ ΠΕΤΡΩΝΙΟΥ ϹΕΒΑϹΤΟϹ ΤΙΒΕΡΙΟϹ. Tibère vêtu de la toge, debout dans un temple tétrastyle. — Æ. 5 (Bibliothèque impériale et Musée britannique).

MÉDAILLE de Pergame :

> ϹΕΒΑϹΤΟΙ ΕΠΙ ΠΕΤΡΩΝΙΟΥ ΤΟ Ϲ. Têtes affrontées de Tibère et de Livie.
>
> ℟. ΘΕΟΝ ϹΕΒΑϹΤΟΝ ΠΕΡΓΑΜΗΝΟΙ. Auguste debout dans un temple tétrastyle. — Æ. 5 (Bibliothèque impériale et Musée britannique). — Sur tous les exemplaires de cette pièce, dont le flan est assez large, les lettres ΤΟ Ϲ se trouvent derrière la tête de Tibère.

TACIT. *Annal.* VI, 45 ; anno 36 : Idem annus gravi igne urbem adficit. — Æstimando cujusque detrimento quattuor progeneri Cæsaris, Cn. Domitius, Cassius Longinus, M. Vinicius, Rubellius Blandus delecti, additusque nominatione consulum P. Petronius.

PHILO, *Legat. ad Caium*, 33 : Πετρώνιος εἶχέ τινα καὶ αὐτὸς ἐναύσματα τῆς Ἰουδαϊκῆς φιλοσοφίας ἅμα καὶ εὐσεβείας, εἴγε καὶ πάλαι προμαθὼν ἕνεκα τῆς περὶ παιδείαν σπουδῆς, εἴτε καὶ ἀφ' οὗ τῶν χωρῶν ἐπετρόπευσεν, ἐν αἷς Ἰουδαῖοι καθ' ἑκάστην πόλιν εἰσὶ παμπληθεῖς, Ἀσίας τε καὶ Συρίας.

Ibid. 34 : Γαῖος Καῖσαρ εἶπεν· Εὖ, Πετρώνιε, οὐκ ἔμαθες ἀκούειν αὐτοκράτορος· αἱ ἐπάλληλοί σε ἀρχαὶ πεφυσήκασιν.

Dio, LVIII, 23; anno 33 : Τοσοῦτο γὰρ πλῆθος τῶν τε ἄλλων καὶ τῶν βουλευτῶν ἀπώλετο ὥστε τοὺς ἄρχοντας τοὺς κληρωτοὺς τοὺς μὲν ἐστρατηγηκότας ἐπὶ τρία τοὺς δ' ὑπατευκότας ἐπὶ ἓξ ἔτη τὰς ἡγεμονίας τῶν ἐθνῶν, ἀπορίᾳ τῶν διαδεξομένων αὐτούς, σχεῖν.

P. Petronius, qu'il ne faut pas confondre avec C. Petronius Umbrinus cos. suff. 25, ni avec Petronius Arbiter, devint membre du collége des augures en l'an 7 et consul suffect en 19; il était à Rome en 21 et en 36, et il fut nommé légat de Syrie par Caligula en 39, ainsi que nous le verrons au chapitre relatif à cette province. Les passages de Philon, que j'ai rapportés, montrent qu'avant d'avoir gouverné la Syrie, il avait été proconsul d'Asie; c'est donc bien le même personnage qui est mentionné sur les monnaies de Smyrne et de Pergame.

Nous avons vu que M' Lepidus gouverna l'Asie pendant l'année proconsulaire 26-27, et qu'après son consulat il faut placer certainement celui de Sex. Pompeius et probablement celui de Sex. Appuleius, ce qui nous mène jusqu'au printemps de 29; d'autre part, Petronius était de retour à Rome en 36; c'est donc entre ces deux années 29 et 36 que doit se placer son proconsulat. La province d'Asie avait décrété la construction d'un temple dédié à Tibère, à Livie et au sénat, et en 26 il avait été décidé que le temple serait bâti à Smyrne (Tac. *Ann.* IV, 56); c'est sans doute à l'occasion de la dédicace de cet édifice que fut frappée la médaille de Smyrne, et au plus tard en 29, année de la mort de Livie. Ainsi Petronius arriva en Asie en 29 au plus tard, et peut-être en 28, si on reporte au commencement du règne d'Auguste le proconsulat de Sex. Appuleius.

La médaille de Pergame nous apprend que Petronius gouverna l'Asie pendant six ans; j'ai vu un assez grand nombre d'exemplaires de cette pièce, et sur toutes le chiffre n'est pas un Γ mais un C ou Ϲ, plus ou moins arrondi, c'est-à-dire le chiffre Ϛ. L'on sait que M. Silanus, le collègue de Petronius dans le consulat, fut proconsul d'Afrique pendant six ans, de 32 à 37 (*Borghesi*, V, p. 217), et le passage de Dion Cassius cité plus haut montre que l'autre province consulaire du sénat vit aussi son proconsul rester au pouvoir pendant six années consécutives. La monnaie de Pergame confirme donc d'une façon remarquable l'assertion de l'historien ; bien que Livie fût morte depuis plusieurs années, elle y est associée à son fils sous le titre commun de Σεβαστοί, de même qu'Auguste mort et Tibère régnant sont associés sous le même titre sur la monnaie frappée lors du proconsulat de Poppæus (voyez plus haut, § 68).

Ainsi Petronius gouverna l'Asie pendant six ans, probablement depuis le printemps de 29 jusqu'à celui de 35 ; mais il serait possible que les six années dussent être comptées de 28 à 34 ou de 30 à 36. Pour le reste de sa carrière, voyez à la Syrie, et pour sa famille, voyez Borghesi, III, p. 356.

77.

C. SULPICIUS GALBA, cos. 22 = 775.

FASTI Lunenses (*Corpus inscr. lat.* I, p. 476), anno 22 : D. Haterio Agrippa, C. Sul. Galb. cos.

SUETON. *Galba*, 3 : Pater (Galbæ imperatoris) ex Mummia Achaica liberos, Gaium et Servium, procreavit ; quorum major Gaius attritis facultatibus urbe cessit, prohibitusque a Tiberio sortiri anno suo proconsulatum, voluntaria morte obiit.

TACIT. *Annal.* VI, 40 ; anno 36 : C. Galba consularis voluntario exitu cecidit, tristibus Cæsaris literis provinciam sortiri prohibitus.

On voit que Galba était arrivé au tirage des provinces consulaires quatorze ans après son consulat ; mais son tour avait été retardé par la prolongation insolite du proconsulat de Petronius pendant six années consécutives. Sur la famille de Galba, voyez Borghesi, V, p. 142-147.

78.

C. ASINIUS C. F. C. N. POLLIO, cos. 23 = 776.

INDEX Dionis, lib. LVII ; anno 23 : Γ. Ἀσίνιος Γ. υἱ. Πωλίων, καὶ Γ. Ἀντίστιος Γ. υἱ. Οὐέτερ.

Médailles de Sardes :

1. ΔΡΟΥΣΟΣ ΚΑΙ ΓΕΡΜΑΝΙΚΟΣ ΚΑΙΣΑΡΕΣ ΝΕΟΙ ΘΕΟΙ ΦΙΛΑΔΕΛΦΟΙ. Drusus et Germanicus assis.

℟. ΓΑΙΩ ΑΣΙΝΝΙΩ ΠΟΛΛΙΩΝΙ ΑΝΘΥΠΑΤΩ. Couronne de chêne et de laurier dans laquelle on lit les mots ΚΟΙΝΟΥ ΑΣΙΑΣ. — Æ. 7 (Bibliothèque impériale).

2. Même légende et même type.

℟. ΕΠΙ ΑΛΕΞΑΝΔΡΟΥ ΚΛΕΩΝΟΣ ΣΑΡΔΙΑΝΟΥ. Couronne de chêne et de laurier, dans laquelle on lit les mots ΚΟΙΝΟΥ ΑΣΙΑΣ.—Æ. 7 (Bibliothèque impériale).

Germanicus mourut en l'an 19, et Drusus, fils de Tibère, en 23. Germanicus était fils adoptif de Tibère, de sorte que Drusus et lui, cousins germains par le sang, étaient frères par adoption. Pollio était fils d'Asinius Gallus, cos. 746, et de Vipsania Agrippina, qui avait été la première femme de Tibère (voyez plus haut, § 58), et la mère de Drusus; de sorte que Pollio et Drusus étaient frères utérins. Malgré la rivalité entre les partis de Drusus et de Germanicus, rivalité soigneusement entretenue par Tibère, ces deux princes restèrent fort unis, et, après la mort du second, Drusus se montra bon pour ses enfants (Tac. *Ann.* II, 43).

Il n'est guère probable que la médaille ait été frappée sous Tibère, qui avait fait périr Germanicus, ni que Pollio, dont il avait probablement aussi fait mourir le père en 33, ait obtenu le proconsulat d'Asie avant l'époque régulière du tirage, ni même pendant son règne. Au contraire, en plaçant le proconsulat de Pollio au début du règne de Caligula, fils de Germanicus, les légendes de la médaille s'expliquent tout naturellement. D'ailleurs, si le tour de C. Galba, consul en 22, était arrivé en 36, celui de Pollio, consul en 23, pouvait très-bien être arrivé en 37. Il gouverna donc l'Asie pendant l'année proconsulaire 37-38; Tibère était mort le 16 mars 37.

Sur la famille Asinia, voyez Borghesi, III, p. 346, sqq.

79.

C. CALPURNIUS AVIOLA, cos. suff. 24 = 777.

FASTI consulares Arvalium (Henzen, *Bullet. Instit. archeol.* 1869, p. 123), anno 24 : [Ser. Co]rnelius Cethegus, [L. Vis]ellius Varro. [Suf]. C. Calpurnius Aviola, L. Scipio.

MÉDAILLES de Smyrne :

1. ΓΑΙΟΝ ΚΑΙϹΑΡΑ ΓΕΡΜΑΝΙΚΟΝ ΕΠΙ ΑΟΥΙΟΛΑ. Tête laurée de Caligula.

℟. ΓΕΡΜΑΝΙΚΟΝ ΑΓΡΙΠΠΕΙΝΑΝ ΖΜΥΡΝΑΙΩΝ ΜΗΝΟΦΑΝΗϹ. Têtes affrontées de Germanicus et d'Agrippine. — Æ. 5 (Bibliothèque impériale et Musée britannique).

2. Même légende et même tête.

℟. ΔΡΟΥϹΙΛΛΑΝ ΖΜΥΡΝΑΙΩΝ ΜΗΝΟΦΑΝΗϹ. Drusille assise avec les attributs de Cérès. — Æ. 4 (Mêmes collections). — Mionnet (*Mysie*, n° 550; *Suppl. Mysie*, n° 943) a attribué, d'après Gusseme et Sestini, une pièce semblable à Pergame; c'est une erreur, ainsi que le prouve le nom du magistrat local.

3. ΓΑΙΟΝ ΚΑΙϹΑΡΑ ΕΠΙ ΑΟΥΙΟΛΑ. Même tête.

℟. ΖΜΥΡΝΑΙΩΝ ΜΗΝΟΦΑΝΗϹ. La Victoire debout. — Æ. 4 (Mêmes collections).

Drusille, sœur favorite de Caligula, mourut vers la fin de juillet 38, et fut divinisée immédiatement après sa mort (Philo, *in Flaccum*, 8; *Dio*, LIX, 10-11; *Borghesi*, II, p. 141; Henzen, *Scavi*, p. 14). Borghesi en conclut avec raison que la deuxième médaille citée plus haut fut frappée pendant le second semestre de 38, au moment où Caligula accumulait les honneurs sur la mémoire de sa sœur. Quant au proconsul Aviola, le savant italien l'identifiait avec Acilius Aviola, légat de la Lyonnaise en 21, et mentionné par Tacite (*Ann.* III, 41); mais les fastes consulaires des Frères Arvales, découverts récemment, montrent qu'il s'appelait C. Calpurnius Aviola. Il gouverna l'Asie pendant l'année proconsulaire 38-39.

80.

C. CASSIUS LONGINUS, cos. suff. 30 = 783.

Fasti Nolani (Mommsen, *I. N.* 1968), anno 30 : L. Cassius Longinus, M. Vinicius cos. Suf. C. Cassius Longinus, L. Nævius Surdinus.

Pomponius, *Digest*. I, 2, 51 : Gaius Cassius Longinus natus est ex filia Tuberonis, quæ fuit neptis Servii Sulpicii, et ideo proavum suum Servium Sulpicium appellat. Hic consul fuit cum Quartino temporibus Tiberii, sed plurimum in civitate auctoritatis habuit eo usque, donec eum Cæsar civitate pelleret. Expulsus ab eo in Sardiniam, revocatus a Vespasiano diem suum obit. (Dans ce passage la leçon *Quartino*, donnée par tous les manuscrits, est une erreur évidente pour *Surdino*.)

Dio, LIX, 29 : Θεοπρόπιον δέ τι τῷ Γαΐῳ ὀλίγον ἔμπροσθεν ἐγεγόνει φυλάττεσθαι Κάσσιον· καὶ ὁ μὲν ἐς Γάϊον Κάσσιον τὸν τότε τῆς Ἀσίας ἄρχοντα, ἐπειδὴ τὸ γένος ἀπὸ τοῦ Κασσίου ἐκείνου τοῦ τὸν Καίσαρα ἀποκτείναντος εἶχεν, ὑποπτεύσας μετεπέμψατο αὐτὸν δεδεμένον, προέλεγε δ' ἄρα αὐτῷ τὸ δαιμόνιον τὸν Κάσσιον τὸν Χαιρέαν.

Sueton. *Calig*. 57 : Futuræ cædis multa prodigia exstiterunt. — Monuerunt et Fortunæ Antiatinæ ut a Cassio caveret. Qua causa ille Cassium Longinum, Asiæ proconsulem, occidendum delegaverat.

Les commentateurs ont souvent confondu les deux Cassius Longinus, qui furent consuls en 30. Le premier, Lucius, épousa en 33 Drusille, la fille de Germanicus; il était à Rome en 36, et il n'est plus question de lui après; sa femme l'abandonna pour vivre avec M. Lepidus d'abord, et ensuite avec son propre frère Caligula (Tac. *Ann.* VI, 15, 45; Sueton. *Calig.* 24; *Dio*, LIX, 11). Il paraît avoir vécu fort obscurément. On a généralement admis que c'est lui qui fut proconsul d'Asie; mais selon Dion le proconsul s'appelait Caius, et Suétone confirme indirectement son témoignage; car, s'il avait voulu parler de L. Cassius, il semble qu'il n'eût pas omis d'ajouter qu'il était beau-frère de Caligula.

C. Cassius est le célèbre jurisconsulte, souvent mentionné dans les auteurs. Comme plusieurs autres personnages de son temps, il fut successivement proconsul d'Asie et légat de Syrie; condamné à mort par Caligula, il fut sauvé par l'assassinat de ce prince, qui eut lieu le 24 janvier 41; il avait été envoyé en Asie pour l'année proconsulaire 40-41. Pour le reste de sa carrière, voyez à la Syrie.

81.

PAULLUS FABIUS PERSICUS, cos. 34 = 787.

INSCRIPTION d'Éphèse, communiquée par M. Wood et maintenant au Musée britannique :

Paullus Fa]bius Persicus, pontif[ex,
sodalis Au]gustalis, frater Arval[is
. . . .

DISCOURS de Claude *de Jure honorum Gallis dando* (Gruter, p. 502) : Tot ecce insignes juvenes quot intueor non magis sunt pænitendi senatores, quam pænitet Persicum nobilissimum virum amicum meum inter imagines majorum suorum Allobrogici nomen legere.

SENECA, *de Benef.* IV, 30 : Quid nuper Fabium Persicum, cujus osculum etiam impuri vitabant, sacerdotem non in uno collegio fecit, nisi Verrucosi et Allobrogici.

L'inscription d'Éphèse ne prouve pas que Fabius Persicus ait été proconsul d'Asie, mais on ne voit pas quelle raison il pouvait avoir pour faire une dédicace à Éphèse, s'il n'était pas là comme fonctionnaire romain. A l'époque où l'inscription fut gravée, Fabius était déjà investi de trois sacerdoces, distinction fort rare, et qu'il ne put guère obtenir qu'après son consulat; or, s'il était à Éphèse après son consulat, il est assez probable qu'il y était en qualité de proconsul.

D'après l'intervalle habituel à cette époque, Fabius dut arriver au tirage des provinces consulaires vers 44. Il y a dans la série des proconsuls une grande lacune qui embrasse tout le commencement du règne de Claude, depuis 41 jusqu'à 51; c'est vers le milieu de cette lacune qu'il faut placer le proconsulat de Fabius. Il est souvent mentionné dans les Actes des Frères Arvales, et il assistait à leurs réunions en 35, 36, 39 et 42; en mai et juin 40 il était absent (Marini, *Arvali*, tab. V, VI, VII, IX, XI; Henzen, *Scavi*, p. 7). Il était mort lorsque Sénèque écrivait.

Dans toutes les inscriptions où il est mentionné, le nom est écrit Paullus Fabius Persicus (*Marini*, p. 45; *Orelli-Henzen*, 7051).

82.

CN. DOMITIUS CN. F. CORBULO, cos. suff. 39 = 792.

TACIT. *Annal.* III, 31; anno 21 : Domitius Corbulo prætura functus — plurima per Italiam itinera fraude mancipum et incuria magistratuum interrupta et impervia clamitando, exsecutionem ejus negotii libens suscepit.

DIO, LIX, 15; anno 39 : Γναῖος Δομίτιος Κορβούλων βουλευτής, κακῶς ἐπὶ τοῦ Τιβερίου τὰς ὁδοὺς ἐχούσας ὁρῶν, τοῖς τε ἐπιμεληταῖς αὐτῶν ἀεί ποτε ἐνέκειτο, καὶ προσέτι καὶ τῇ γερουσίᾳ ὀχληρὸς ὑπὲρ αὐτῶν ἐγίγνετο. Τοῦτον οὖν παραλαβὼν ὁ Γάϊος ἐπέθετο δι' αὐτοῦ πᾶσιν οὐχ ὅτι τοῖς ζῶσιν ἀλλὰ καὶ τοῖς τεθνηκόσιν, ὅσοι ποτὲ ἐπιστάται τῶν ὁδῶν ἐγεγόνεσαν. — Ἐφ' οὗ δὴ ὁ Κορβούλων τότε μὲν ὑπάτευσεν, ὕστερον δὲ ἐπὶ Κλαυδίου αἰτίαν τε ἔσχε καὶ εὐθύνθη.

TACIT. *Annal.* XI, 18-20; anno 47 : Per idem tempus Chauci, morte Sanquinii (legati Germaniæ inferioris) alacres, dum Corbulo adventat, inferiorem Germaniam incursavere. — At Corbulo provinciam ingressus magna cum cura, et mox gloria, cui principium illa militia fuit, triremes alveo Rheni adegit. — Igitur Claudius adeo novam in Germanias vim prohibuit ut referri præsidia cis Rhenum juberet, — insignia tamen triumphi indulsit quamvis bellum negavisset.

Ibid. XIII, 8; anno 54 exeunte : Senatores læti quod Domitium

Corbulonem retinendæ Armeniæ Nero proposuerat, videbaturque locus virtutibus patefactus.

Médailles de Docimeon en Phrygie :

1. ΤΙ · ΚΛΑ[ΥΔΙΟΝ] ΚΑΙCΑΡΑ. Tête laurée de Claude.

℟. ΚΟΡΒΟΥΛΩΝΟC ΑΝΘΥΠΑΤΟΥ ΔΟΚΙΜΕΩΝ. Cybèle de face entre deux lions. — Æ. 4 (De ma collection et Bibliothèque impériale).

2. ΚΛΑΥΔΙΟC ΚΑΙCΑΡ. Tête laurée de Claude.

℟. ΕΠΙ ΚΟΡΒΟΥΛΩΝΟC ΑΝΘΥ · ΔΟΚΙΜΕΩΝ. Même type. — Æ. 4 (Collection de M. Wigan, à Londres).

Médailles de Dioshieron en Lydie :

1. ΝΕΡΩΝ ΚΑΙΣΑΡ. Tête laurée de Néron.

℟. ΚΟΡΒΟΥΛΩΝ ΔΙΟΣΙΕΡΙΤΩΝ. Zeus debout; dans le champ, le monogramme ΤΡ. Æ. (Bibliothèque impériale et Musée britannique).

2. ΖΕΥC ΝΕΡΩΝ ΚΑΙCΑΡ. Têtes affrontées de Zeus et de Néron.

℟. ΔΙΟCΙΕΡΕΙΤΩΝ ΚΟΡΒΟΥΛΩΝΟC ΗΡΑ. Junon debout. — Æ. 6 (Pièce décrite par Eckhel, *D. N. V.* III, p. 100, d'après l'exemplaire du cabinet du prince de Waldeck).

On voit par ces différents passages que Corbulon fut près de vingt ans à passer de la préture au consulat, qu'il n'obtint qu'en 39. Sa carrière militaire, si brillante plus tard, ne commença qu'en 47, lorsqu'il succéda à Sanquinius Maximus, comme légat de la Germanie inférieure; on ne sait pas combien de temps il conserva ces fonctions, dont la durée ordinaire était de trois ans ; toujours est-il que, vers la fin de 54, il quittait Rome pour aller prendre le commandement des troupes destinées à agir en Arménie contre les Parthes. Depuis cette époque il fut constamment occupé en Orient jusqu'à sa mort.

C'est dans l'intervalle entre sa légation de Germanie, et son départ pour l'Arménie en 54, que doit se placer son proconsulat d'Asie. Il est postérieur à 50, l'année où Néron fut adopté par Claude et reçut le titre de César ; d'autre part, l'année proconsulaire 54-55 appartient à M. Silanus, et l'année précédente probablement à Suillius Rufus; de sorte qu'il ne reste pour Corbulon que l'une des deux années 51 et 52. Pour le reste de sa carrière, voyez à la Syrie.

83.

P. SUILLIUS RUFUS, cos. suff. Gaio vel Claudio imp.

TACIT. *Annal.* IV, 31; anno 24 : P. Suillium quæstorem quondam Germanici, cum Italia arceretur convictus pecuniam ob rem judicandam cepisse, amovendum in insulam censuit Tiberius, tanta contentione animi ut et jurando obstringeret e re publica id esse. Quod aspere acceptum ad præsens, mox in laudem vertit regresso Suillio; quem vidit sequens ætas præpotentem, venalem, et Claudii principis amicitia diu prospere, numquam bene usum.

Ibid. XIII, 42-43; anno 58 : Damnatur Publius Suillius, imperitante Claudio terribilis ac venalis, et mutatione temporum non quantum cuperent inimici demissus. — Reperti accusatores direptos socios, cum Suillius provinciam Asiam regeret, ac publicæ pecuniæ peculatum detulerunt. — Igitur adempta bonorum parte in insulas Baleares pellitur, non in ipso discrimine, non post damnationem fractus animo; ferebaturque copiosa et molli vita secretum illud toleravisse. Filium ejus Nerullinum aggressis accusatoribus, intercessit princeps tamquam satis expleta ultione.

INSCRIPTION de Samos (Stamatiadès, Σαμιακά, n°s 36, 66) : 'Ο δῆμος Πόπλιον [Σ]ουΐλ[λι]ον 'Ροῦφον τὸν ἀνθύπατον "Ηρῃ.

L'inscription est répétée deux fois dans le recueil de Stamatiadès, comme s'il s'agissait de deux textes différents; du reste les deux copies sont différentes; la première donne ΠΟΠΛΙΟΝ ΟΥΙΛΜΟΝ Ρ.....; la seconde ΠΟΠΛΙΟΝ ΙΟΥΛΙΟΥ ΡΟΥΦΟΝ.

Borghesi, dans ses fastes inédits, a placé le consulat de Suillius, qui fut certainement un consulat suffect, à l'année 46; mais je ne saurais dire les raisons qui l'ont déterminé; voyez, sur les consuls de cette année, la note de Mommsen (*Hermes*,

IV, p. 105). Dans tous les cas il ne put obtenir le consulat et le proconsulat que sous Caligula et Claude; car, avant et après les règnes de ces princes, il était en disgrâce. Il dut gouverner l'Asie vers la fin du règne de Claude, en 52 ou 53. Il existe des monnaies frappées à Hierapolis de Phrygie, à l'effigie de Claude et de Néron jeune, par le magistrat M. Σούλλιος Ἀντίοχος; il était sans doute devenu le client de M. Suillius Nerullinus, le fils du proconsul, qui probablement accompagnait son père, et qui lui-même gouverna plus tard l'Asie sous le règne de Vespasien (voyez § 95).

Suillius Rufus était fils de cette Vestilia, dont les nombreux mariages et les accouchements irréguliers sont signalés par Pline (*H. N.* VII, § 39); Corbulon et Cæsonia, la femme de Caligula, étaient aussi enfants de la même Vestilia. Suillius épousa la fille par un premier mariage de Fabia, la troisième femme d'Ovide; ce dernier lui adressa une lettre, dans laquelle il le prie d'intercéder pour lui auprès de Germanicus (*Epist. Pont.* 4, 8).

84.

M. JUNIUS AP. F. SILANUS, cos. 46 = 799.

TACIT. *Annal.* XIII, 1; anno 54 exeunte : Prima novo principatu mors Junii Silani proconsulis Asiæ, ignaro Nerone, per dolum Agrippinæ paratur, non quia ingenii violentia exitium irritaverat segnis et dominationibus aliis fastiditus, adeo ut C. Cæsar pecudem auream eum appellare solitus est. Verum Agrippina fratri ejus L. Silano necem molita ultorem metuebat : — quippe Silanus divi Augusti abnepos erat. Hæc causa necis. Ministri fuere P. Celer eques Romanus et Helius libertus, rei familiari principis in Asia impositi. Ab his proconsuli venenum inter epulas datum est apertius quam ut fallerent. — Cf. XIII, 33; *Dio,* LXI, 6.

PLIN. *Hist. nat.* VII, § 58 : Divus Augustus neptis suæ nepotem vidit genitum, quo excessit anno, M. Silanum, qui cum Asiam teneret post consulatum, Neronis principis successione, veneno ejus sublatus est.

Borghesi (V, p. 189) a démontré que M. Silanus était fils d'Appius Silanus, consul en 28, et d'Æmilia Lepida, fille de L. Æmilius Paulus, consul en 754 = 1 P. C.; ce dernier avait épousé Julia minor, qui était issue du mariage d'Agrippa et de Julie, fille d'Auguste. C'est ainsi que M. Silanus avait Auguste pour trisaïeul maternel. Il faisait partie du collége des Frères Arvales, et il assistait aux réunions de l'année 40 (Marini, *Arvali*, tab. VII); on le trouve encore aux réunions de l'année 42, ainsi que son frère L. Silanus (*ibid.* tab. IX). Il obtint le consulat en 46; n'ayant pas encore tout à fait les trente-deux ans exigés par la loi, puisqu'il était né en 14. Arrivé en Asie au printemps de 54, il fut mis à mort vers la fin de l'année, Claude étant mort le 13 octobre.

85.

TI. PLAUTIUS M. F. M. N. SILVANUS ÆLIANUS, cos. suff. 45 = 798; cos. suff. II, 74 = 827.

INSCRIPTION de Tibur (*Orelli*, 750) : Ti. Plautio M. f. A[ni]. Silvano Æliano pontif., sodal. aug(ustali), III vir. a. a. a. f. f., q. Ti. Cæsaris, legat. leg. V in Germania, pr(ætori) urb(ano), legat. et comiti Claud. Cæsaris in Britannia, consuli, procos. Asiæ, legat. pro præt. Mœsiæ, in qua, etc. — Hunc legatum in Hispaniam ad præfectur. urbis remissum senatus in præfectura triumphalibus ornamentis honoravit, auctore Imp. Cæsare Augusto Vespasiano. — Hunc in eadem præfectura urbis Imp. Cæsar Aug. Vespasianus iterum cos. fecit.

INSCRIPTION de Pompeii (Mommsen, *I. N.* 2225) : Tauro Statilio, Ti. Platilio Æliano cos.

TESSERA gladiatoria (*Bullet. Instit. archeol.* 1865, p. 101) : Philetus Rutili sp. K. Apr. Ti. Plau(tio) et Cor(vino).

INSCRIPTION de Tralles en Lydie (*Le Bas et Waddington*, 600 a) : Νέρωνα Κλαύδιον [Καίσαρα] Σεβαστὸν Γερμανικὸν Αὐτοκράτορα θεὸν [ὁ δῆ]μ[ος] ὁ Καισαρέων καθιέρωσεν, ἐπὶ ἀνθυπάτου [Τιβε]ρίου Πλαυτίου Σιλουανοῦ [Αἰ]λιανοῦ.

TESSERA gladiatoria (*Corpus inscr. lat.* I, 774) : Maximus Valeri sp. Id. Jan. T. Cæs. Aug. f. III, Ælian. II.

Les consuls ordinaires de l'année 45 sont M. Vinicius II, T. Statilius Taurus Corvinus; l'inscription de Pompeii, où le lapicide a écrit par erreur *Platilio* pour *Plautio*, et la tessère de Philetus, montrent que Vinicius fut remplacé par Plautius Ælianus au 1er avril au plus tard, tandis que Corvinus continua probablement jusqu'à la fin du premier semestre. Les consuls ordinaires de l'année 74 sont Vespasianus Aug. V, Titus Cæsar III; la tessère de Maximus prouve que dès les premiers jours de janvier Vespasien avait abdiqué en faveur de Plautius Ælianus, qui conserva le consulat jusqu'au 1er mai; à cette époque d'autres consuls, Petilius Cerialis II et Eprius Marcellus II, entrèrent en fonctions (Renier, *Diplômes*, 26).

Ælianus commença sa carrière par le triumvirat monétaire; il fut ensuite questeur de l'empereur Tibère, légat de la légion Ve *Alaudæ*, en Germanie; puis il revint à Rome et exerça la préture urbaine; ensuite il accompagna Claude pendant l'expédition de Bretagne (43-44), et l'année suivante il fut nommé consul suffect, en récompense de ses services. Pendant l'intervalle de dix ans environ qui s'écoula depuis son consulat jusqu'au proconsulat d'Asie, il ne remplit aucune fonction nouvelle; l'inscription de Tralles nous apprend qu'il gouverna l'Asie sous Néron, et ce dut être vers l'année 56. Quant à sa légation de Mésie, elle se place entre l'année 58, où Flavius Sabinus quitta cette province pour prendre la préfecture de Rome (Tac. *Hist.* III, 75), et l'année 69, où elle était gouvernée par M. Aponius Saturninus (*ibid.* I, 79); ce dernier ne put aller en Mésie au plus tôt qu'en 67, car cette province était réservée aux consulaires, et il ne parvint au consulat que pendant le second semestre de 66 (Henzen, *Scavi*, p. 22). Il est possible qu'Ælianus ait été le successeur immédiat de Flavius Sabinus, mais ce n'est pas sûr, et tout ce qu'on peut affirmer, c'est qu'il était légat de Mésie en 62, ainsi que Henzen l'a démontré. En 70 il était à Rome et prit part, en sa qualité de pontife, le 21 juin, à la cérémonie qui inaugura les travaux du nouveau Capitole (Tac. *Hist.* IV, 53). Cette même année ou l'année suivante, il alla en Espagne comme légat impérial, mais n'y resta pas longtemps, car en 73 il était certainement préfet de Rome. En 74 il fut consul suffect pour la deuxième fois, et mourut pendant le règne de Vespasien; car l'inscription de Tibur ne donne pas à l'empereur le titre de *divus*.

Voyez sur la vie d'Ælianus un excellent article de Henzen (*Annali Instit. archeol.* 1859, p. 5, sqq.).

86.

MARIUS CORDUS.

Médaille d'Apamée de Phrygie :

ΝΕΡΩΝ ΚΑΙΣΑΡ ΣΕΒΑΣΤΟΣ ΑΓΡΙΠΠΙΝΑ ΣΕΒΑΣΤΗ. Têtes affrontées de Néron et d'Agrippine.

℞. ΕΠΙ ΜΑΡΙΟΥ ΚΟΡΔΟΥ ΚΟΙΝΟΝ ΦΡΥΓΙΑΣ ΑΠΑΜΕΙΣ. Aigle éployé. — Æ. 6 (De ma collection et Musée britannique).

On ne sait absolument rien de ce Marius Cordus, mais l'analogie des monnaies de Vettius Niger et de Plancius Varus (§ 99) montre qu'il fut aussi proconsul d'Asie. Il y a un P. Marius, consul en 62, qui appartenait sans doute à la même famille.

Agrippine, fille de Germanicus et mère de Néron, mourut en 59; le proconsulat appartient donc aux premières années du règne de Néron.

87.

M. VETTIUS NIGER.

Médaille d'Apamée :

ΝΕΡΩΝ ΣΕΒΑΣΤΟΣ. Tête de Néron.

℞. ΕΠΙ Μ·ΟΥΕΤΤΙΟΥ ΝΙΓΡΟΥ ΚΟΙΝΟΝ ΦΡΥΓΙΑΣ ΑΠΑΜΕΙΣ. Marsyas debout, jouant de la double flûte. — Æ. 4 (Bibliothèque impériale et Musée britannique).

Tessera gladiatoria (*Corpus inscr. lat.*, I, 776; *Borghesi*, IV, p. 401) : Curtius Proculus sp. VIII K. Dec. M. Vettio, M. Ar....

Borghesi a montré que le consul suffect de la tessère doit

être le même personnage que le M. Vettius Niger de la médaille; voyez cependant plus loin (§ 97) mes observations sur le consulat de Vettius Bolanus. On ne sait absolument rien de Vettius Niger.

Je place ce proconsulat, ainsi que le suivant, dans la première moitié du règne de Néron, parce que les proconsuls des cinq dernières années sont connus.

88.

M. ÆFULANUS.

INSCRIPTION de Smyrne (*Corpus inscr. gr.*, 3187) :

> Ἔδ]οξεν τοῖς ἐπὶ τῆς Ἀσίας [Ἕλλησιν· γνώμη
> Τιβερίου Κλαυδίου Ἡρώ[δου τοῦ ἄρχοντος
> καὶ σεβαστοφάντου καὶ [ἱερέως διὰ βίου
> θεᾶς Ῥώμης καὶ θεοῦ [Νέρωνος Καίσαρος,
> Διὸς πατρῴου, αὐτοκ[ράτορος, ἀρχιερέως
> μεγίστου, πατρὸς τῆ[ς πατρίδος, σωτῆρος
> τοῦ σύμπαντος ἀν[θρωπείου γένους. Ἐπ-
> εὶ Μάρκος Αἰφουλανὸς [Μάρκου υἱός?
> ὁ ἀνθύπατος ἀπὸ τῆς [τοῦ Αὐτοκράτορός
> Νέρωνος Καίσαρος προ[νοίας καὶ τῆς περὶ τὴν
> ἐπαρχείαν κηδεμονί[ας, κ. τ. λ.

Ma restitution de ce fragment diffère un peu de celle de Bœckh. Ce savant a cru qu'il s'agissait de Herodes Atticus, le célèbre orateur, contemporain d'Hadrien et d'Antonin; mais l'inscription est évidemment du temps de Néron, et il s'agit de quelque autre personnage appelé Herodes ou Herodianus ou Heron; d'ailleurs l'orateur s'appelait Herodes Atticus, et il n'y aurait guère de place pour le mot Ἀττικοῦ suivi d'un titre. Le commencement du décret doit être restitué d'après un document analogue du temps d'Auguste trouvé à Apamée (*Corpus inscr. gr.*, 3957) : Ἔδοξεν τοῖς ἐπὶ τῆς Ἀσίας Ἕλλησιν· γνώμη τοῦ ἀρ[χ]οντος] Ἀπολλωνίου τοῦ Μηνοφίλου Ἐζεανίτου.

La flatterie des Grecs pour Néron n'avait pas de bornes, et

sur les monnaies des villes asiatiques il est souvent assimilé à Zeus; voyez Mionnet, *Lydie*, n° 185; *Suppl. Lydie*, n° 278.

L'usage de placer le titre αὐτοκράτωρ après le nom de l'empereur se remarque souvent dans les inscriptions honorifiques relatives aux premiers Césars (voyez plus haut, § 85); plus tard on plaçait toujours en tête les titres Αὐτοκράτωρ Καῖσαρ.

Le proconsul M. Æfulanus est complétement inconnu. Æfulanus n'est pas un *cognomen*, mais un *nomen gentilicium*, comme Norbanus, Funisulanus, Calpetanus, etc.; il est dérivé d'une ancienne localité du Latium, appelée Æfula ou Æfulum; voyez Hübner, *Hermes*, I, p. 426.

89.

BAREA SORANUS, cos. suff. 52 = 805.

TACIT. *Annal.* XVI, 21; anno 66 : Trucidatis tot insignibus viris, ad postremum Nero virtutem ipsam exscindere concupivit interfecto Thrasea Pæto et Barea Sorano, olim utrisque infensus.

Ibid. XVI, 23 : At Baream Soranum jam sibi Ostorius Sabinus eques Romanus poposcerat reum ex proconsulatu Asiæ, in qua offensiones principis auxit justitia atque industria, et quia portui Ephesiorum aperiendo curam insumpserat, vimque civitatis Pergamenæ, prohibentis Acratum Cæsaris libertum statuas et picturas evehere, inultam omiserat. Sed crimini dabatur amicitia Plauti et ambitio conciliandæ provinciæ ad spes novas.

Ibid. XVI, 30 : Atque interim Ostorius Sabinus Sorani accusator ingreditur, orditurque de amicitia Rubellii Plauti, quodque proconsulatum Asiæ Soranus pro claritate sibi potius accommodatum quam ex utilitate communi egisset, alendo seditiones civitatium. Vetera hæc : sed recens et quod discrimini patris filiam connectebat, quod pecuniam Magis dilargita esset.

Barea Soranus fut consul suffect en 52 (Tac. *Annal.* XII, 53). Lorsqu'il fut mis en accusation en 66, son proconsulat d'Asie et les griefs qui s'y rattachaient étaient déjà anciens, *vetera hæc;* Néron lui reprochait sa liaison avec Rubellius Plautus, exilé en Asie en 60, et mis à mort dans cette province dans les premiers mois de 62; on avait attribué à Plautus, qui avait de grands biens en Asie, le projet de se révolter contre Néron, et l'empereur soupçonnait peut-être Soranus d'avoir eu connaissance de cette velléité de résistance, qui du reste n'avait pas eu la moindre suite (*ibid.* XIV, 22, 58, 59). Il y a donc tout lieu de croire que Soranus gouvernait l'Asie à l'époque de la mort de Plautus, et qu'il fut le proconsul de l'année 61-62. Nous verrons plus loin que toutes les années suivantes jusqu'à 66 appartiennent forcément à d'autres proconsuls.

Il y a cependant une petite difficulté qu'il faut signaler, c'est que la mission d'Acratus, l'affranchi de Néron, chargé d'enlever les tableaux et les statues de la Grèce et de l'Asie, n'est mentionnée par Tacite qu'à l'année 64 (*ibid.* XV, 45); mais l'historien ne dit pas qu'elle ait commencé à cette époque, il dit seulement qu'en 64 elle était en cours d'exécution, et on sait par Dion Chrysostome (*Rhodiac.* § 149) qu'elle dura fort longtemps.

La mort de Soranus est mentionnée par Dion Cassius (LXII, 26) et par Juvénal (III, 116), et fut vengée plus tard sous le règne de Vespasien (Tac. *Hist.* IV, 10, 40). Sa fille Servilia, qui avait épousé Annius Pollio, périt avec lui. On ne connaît pas son *nomen gentilicium;* le nom de sa fille ferait supposer qu'il s'appelait Servilius; le surnom de Barea ne se rencontre que dans la *gens Marcia*, et fut porté par Q. Marcius Barea, consul suffect en l'an 18.

90.

VOLASENNA.

MÉDAILLE d'Ancyre de Phrygie :

ΝΕΡΩΝ ΚΑΙΣΑΡ ΣΕΒΑΣΤΟΣ ΠΟΠΠΑΙΑ ΣΕΒΑΣΤΗ. Têtes affrontées de Néron et de Poppée.

℞. ΟΥΟΛΑΣΕΝΝΑ ΑΝΘΥΠΑΤΩ ΙΟΥΛΙΕΩΝ ΑΝ-

ΚΥΡΑΝΩΝ ΑΙΤΗΣΑΜΕΝΟΥ ΤΙ·ΒΑΣΣΙΛΛΟΥ ΕΦ. Neptune debout, tenant une ancre et la haste. — Æ. 7 (Bibliothèque impériale).

INSCRIPTION d'Herculanum (Mommsen, *I. N.*, 2416) : Volasenniæ C. f. Tertiæ Balbi decuriones et pleps Herculanenses. — Cf. 2417, 2418, 2383.

Poppée reçut le titre d'Auguste en janvier 63 (Tacit., *Ann.*, XV, 23; Marini, *Arvali*, tab. XVII *b* et les notes), et mourut en 65 (*ibid.*, XVI, 6). Nous verrons aux articles suivants que pour les années 63 à 65 la série des proconsuls est complète; il ne reste donc pour Volasenna que l'année proconsulaire 62-63.

Ce personnage est parfaitement inconnu d'ailleurs. Le nom même est à peine mentionné dans quelques inscriptions d'Herculanum; celle que j'ai citée montre qu'une Volasennia était l'épouse de ce Nonius Balbus, proconsul de Crète et de Cyrénaïque, dont on voit la belle statue équestre au musée de Naples.

On sait maintenant que les noms propres en *ina*, *enna*, *erna*, ne sont pas des surnoms, mais des *nomina gentilicia*, d'origine étrusque, et passés sans changement dans la langue latine. Voyez à ce sujet Hübner, *Quæstiones onomatologicæ latinæ*, p. 15; L. Renier, *Mém. Acad. Inscript.*, t. XXVI, 1re partie, p. 281.

91.

L. SALVIUS L. F. M. N. OTHO TITIANUS, cos. 52 = 805, cos. II suff. 69 = 822.

ACTA Fratrum Arvalium, anno 69 (Henzen, *Bullet. Instit. archeol.* 1869, p. 94) : Imp. M. Othone Cæsare Aug., L. Salvio Othone Titiano II cos. III K. Febr.

TACIT. *Agricola*, 6 : Agricolæ sors quæsturæ provinciam Asiam, proconsulem Salvium Titianum dedit. Quorum neutro corruptus est, quamquam et provincia dives ac parata peccantibus, et proconsul in omnem aviditatem pronus quantalibet facilitate redempturus esset mutuam dissimulationem mali.

Auctus est ibi filia, in subsidium simul et solatium : nam filium ante sublatum brevi amisit.

TACIT. *Hist.* I, 75 : Vitellius litteras ad Titianum fratrem Othonis composuit, exitium ipsi filioque ejus minitans, ni incolumes sibi mater ac liberi servarentur. Et stetit domus utraque, sub Othone incertum an metu : Vitellius victor clementiæ gloriam tulit. — Cf. II, 60.

Salvius Titianus était le frère aîné de l'empereur Othon (Sueton., *Otho*, 1). Il faisait partie du collége des Frères Arvales, et assistait fréquemment à leurs réunions ; il est signalé dans leurs Actes comme présent à Rome en 57 (*Bulletino Instit. archeol.*, 1869, p. 83), en 58 (Henzen, *Scavi*, p. 16 ; *Annal. Instit. archeol.*, 1867, p. 247), en 59 (*Marini*, tab. XVII, XIV ; *Annali*, 1867, p. 247 ; *Bulletino*, 1869, p. 86), en 60 (*Marini*, tab. XV, XVI), en janvier 63 (*Marini*, tab. XVII *b* et les notes), en 66 (*Scavi*, p. 25), et en 69 (*Bulletino*, 1869, p. 92). Il fut *magister* du collége pendant l'année 58. Les Actes des autres années du règne de Néron n'ont pas été retrouvés.

D'autre part, Agricola, qui servait comme tribun militaire en Bretagne sous Suetonius Paulinus, revint à Rome après la révolte et la défaite de Boadicée, et probablement en même temps que son général en chef, c'est-à-dire vers l'automne de l'année 61 (Tacit., *Annal.* XIV, 29-39 ; *Agricol.* 5-6). Il se maria bientôt et eut un fils qu'il perdit peu de temps après sa naissance ; ensuite il accompagna Titianus en Asie, où il eut une fille qui devint plus tard la femme de l'historien Tacite. Il résulte de ces rapprochements que Titianus ne put aller en Asie avant l'automne de 62, au plus tôt ; mais, comme il était certainement à Rome en janvier 63, il ne peut être le proconsul de l'année 62-63. C'est donc au printemps de 63 qu'Agricola partit pour l'Asie avec Titianus, et ce dernier gouverna la province pendant l'année proconsulaire 63-64.

Après la mort de Galba et de Vinius Rufinus, les consuls ordinaires de l'année 69, tous les deux massacrés le 15 janvier, l'empereur Othon et son frère Titianus prirent le consulat et le conservèrent jusqu'au 1er mars. Titianus était *promagister* des Frères Arvales pour cette année, et en remplit les fonctions aussi bien pendant les derniers jours du règne de Galba que pendant le commencement de celui d'Othon. Les Actes le signalent comme présent à Rome, pour la dernière fois, le 9 mars. Le 14, Othon partait pour la guerre contre Vitellius, laissant à son frère le soin de garder la capitale; mais, peu de temps après, il le fit venir sur le théâtre des opérations militaires, et Titianus assista à la bataille de Bedriacum, qui décida de l'empire (Tacit., *Hist.* I, 90; II, 23, 33, 39, 60). Il ne fut pas inquiété par les vainqueurs et rentra dans la vie privée; à partir de ce moment, il n'est plus question de lui. Il laissa un fils appelé Salvius Cocceianus (Tacit., *Hist.*, II, 48; Plut., *Otho*, 16; Marini, *Arvali*, p. 99), qui fut mis à mort par Domitien (Suet., *Domit.* 10).

92.

L. ANTISTIUS L. F. C. N. VETUS, cos. 55 = 808.

INSCRIPTION trouvée près de Constantine (Hübner, *Monatsberichte Acad. Berlin*, 1861, p. 984) : Nerone Claudio Cæsare Aug. Germanico, L. Antistio Vetere cos. K. Augustis.

TACIT. *Annal.* XIII, 53, anno 58 : Quietæ ad id tempus res in Germania fuerant. Paulinus Pompeius et L. Vetus ea tempestate exercitui præerant.

Ibid. XVI, 10; anno 65 exeunte : Haud minus prompte L. Vetus socrusque ejus Sextia et Pollutia filia necem subiere, invisi principi tamquam vivendo exprobrarent interfectum esse Rubellium Plautum generum L. Veteris. Sed initium detegendæ sævitiæ præbuit interversis patroni rebus ad accusandum transgrediens Fortunatus libertus, adscito Claudio Demiano, quem ob flagitia vinctum a Vetere Asiæ proconsule exsolvit Nero in præmium accusationis. Quod ubi cognitum reo, seque et libertum pari sorte componi, Formianos in agros digreditur.

L. Antistius Vetus avait probablement été nommé légat de la Germanie supérieure en sortant du consulat, et il eut pour successeur, en 58, T. Curtilius Mancia (Tacit., *Annal.* XIII, 56). Le récit de Tacite montre qu'il fut accusé par Fortunatus et Demianus peu de temps après son proconsulat d'Asie; il fut donc le successeur de Salvius Titianus, et gouverna la province pendant l'année proconsulaire 64-65. Sans attendre son jugement, il se donna la mort avec sa femme et sa fille.

Sur Rubellius Plautus, voyez Tacite, *Annal.* XV, 22, 58.

93.

M'. ACILIUS C. F. AVIOLA, cos. 54 = 807.

MÉDAILLES d'Éphèse :

1. ΝΕΡΩΝ ΠΟΠΠΑΙΑ. Têtes accolées de Néron et de Poppée.
 ℟. ΑΟΥΙΟΛΑ ΑΝΘΥΠΑΤΩ ΑΙΧΜΟΚΛΗΣ ΕΦΕ. Cerf debout. — Æ. 5 (Bibliothèque impériale et Musée britannique).
2. ΝΕΡΩΝ ΠΟΠΠΑΙΑ ΕΦΕ. Mêmes têtes affrontées.
 ℟. ΑΟΥΙΟΛΑ ΑΝΘΥΠΑΤΩ ΑΙΧΜΟΚΛΗΣ ΡΩΜΗ. Tête de Rome tourelée. — Æ. 6 (Mêmes collections).
3. ΝΕΡΩΝ ΚΑΙΣΑΡ. Tête laurée de Néron.
 ℟. ΑΟΥΙΟΛΑ ΑΝΘΥΠΑΤΩ ΑΙΧΜΟΧΛΗΣ ΕΦ· ΝΕΩΚΟΡΩΝ. Temple. — Æ. 7 (Bibliothèque impériale).
4. ΜΕϹϹΑΛΙΝΑ ϹΕΒ. Tête de Messaline.
 ℟. ΕΦΕϹΙΩΝ ΡΩΜΗ. La déesse Rome debout, tenant la statue de Diane d'Éphèse. — Æ. 5 (Cabinet de M. Rollin, à Paris).
5. ΜΕϹϹΑΛΙΝΑ. Même tête.
 ℟. ΑΟΥΙΟΛΑ [ΑΝΘΥΠΑΤΩ ΡΩ]ΜΗ ΑΙΧΜΟΚΛΗΣ ΕΦΕ. Même type. — Æ. 5 (Wise, *Catalog. num. Bodleian.* p. 71).

INSCRIPTION de Rome (Borghesi, II, p. 137) : M'. Acilio C. f. [Aviolæ cos]. quæstori divi Cl[audi, tr. pl. pr. leg.] provinciæ Astyr[iæ et Gallæciæ], sodali.....

FRONTIN, *de Aquæd.* 102 : [Templo] Flaviano curatori aquarum successit, Vespasiano V Tito III consulibus, Acilius Aviola; post quem, Imperatore Nerva III et Verginio Rufo III consulibus, ad nos cura translata est.

Borghesi (II, p. 135, sqq.) a montré que le proconsul des médailles d'Éphèse est bien le consul de 54, appelé Manius Acilius par Tacite (*Annal.* XII, 64), et Acilius Aviola par Suétone (*Claud.* 45) et par Sénèque (*Ludus*, 1). Il lui attribue probablement avec raison l'inscription mutilée que j'ai rapportée plus haut, et qui donne quelques indications sur les commencements de sa carrière.

Poppée mourut en 65 et Néron épousa Messaline peu de temps après, de sorte que le proconsulat d'Aviola appartient nécessairement à l'année 65-66. Je n'ai pas vu la deuxième médaille à l'effigie de Messaline, mais il n'y a pas lieu de douter de son authenticité; l'autre pièce prouve qu'on frappa à Éphèse des monnaies à son effigie et au même type, mais sans le nom du proconsul.

Aviola fut nommé *curator aquarum* en 74 et conserva cette charge jusqu'en 97.

94.

FONTEIUS AGRIPPA.

FRONTIN. *de Aquæd.* 102 : P. Mario curatori aquarum successit, Luccio Telesino et Suetonio Paulino consulibus, Fonteius Agrippa; Agrippæ, Silio et Galerio Trachalo consulibus, Vibius (Ms. Albius) Crispus.

INSCRIPTION d'Éphèse, découverte par M. Wood, et maintenant au Musée britannique : D. Publicius Fructus, lictor Fontei Agrippæ pro cos., vixit annis XXX.

TACIT. *Hist.* III, 46; anno 69 vergente : Fonteius Agrippa ex Asia (pro consule eam provinciam annuo imperio tenuerat) Mœsiæ præpositus est, additis copiis e Vitelliano exercitu.

JOSEPH. *Bell. Jud.* VII, 4, 3 : En 70, après l'arrivée de Vespasien à Rome, οἱ Σαρματαὶ ἄδηλοι μὲν τὸν Ἴστρον ἐπεραιώθησαν εἰς τὴν Μυσίαν — καὶ τὸν πρεσβευτὴν τὸν ὑπατικὸν Φοντήιον Ἀγρίππαν καρτερῶς μαχόμενον κτείνουσι.

Fonteius Agrippa dut être consul suffect vers le début du règne de Néron; mais aucun monument n'en a fait connaître jusqu'à présent la date précise. Il succéda à P. Marius comme *curator aquarum* en 66, et céda cette charge en 68 à Vibius Crispus, pour aller prendre le proconsulat d'Asie. Il gouverna donc la province pendant l'année proconsulaire 68-69, c'est-à-dire pendant le règne de Galba et pendant la guerre civile. A l'expiration de son proconsulat, il fut nommé par Vespasien légat de Mésie, et fut tué l'année suivante dans un combat contre les Sarmates.

Un autre Fonteius Agrippa, probablement le père de celui-ci, est mentionné par Tacite en l'an 16 et en 19 (*Annal.* II, 30, 86).

95.

M. SUILLIUS P. F. NERULLINUS, cos. 50 = 803.

FASTI ANTIATES (*Corpus inscr. lat.* I, p. 327), anno 50 : C. Antistius Vetus (*sic*), M. Suillio Nerullino cos.

TACIT. *Annal.* XIII, 43; anno 811 : (Damnato et in exsilium pulso P. Suillio Rufo), filium ejus Nerullinum aggressis accusatoribus per invidiam patris et crimine repetundarum, intercessit Nero, tamquam satis expleta ultione.

MÉDAILLE de Smyrne (Morell, *Fam. Suillia*; Mionnet, *Suppl. Ionie*, n° 1661) :

ΑΥΤΟΚ·ΚΑΙΣ·ΣΕΒ·ΟΥΕΣΠΑΣΙΑΝΟΣ. Tête laurée de Vespasien.

℞. ΕΠ·Μ·ΣΥΙΛΛΙΟΥ ΝΕΡΟΥΛΙΝΟΥ ΑΝΘΥΠΑΤΟΥ ΣΜΥΡ. Femme assise. Æ. 9.

Nous avons parlé plus haut (§ 83) de P. Suillius Rufus, proconsul d'Asie sous Claude; son fils, Nerullinus, qui fut consul en 50, n'est mentionné que par Tacite, et son proconsulat d'Asie dépend uniquement de la médaille décrite par Morell. Je n'ai rencontré cette pièce dans aucune des collections que j'ai examinées; mais, sauf l'orthographe ΣΜΥΡ au lieu de ΖΜΥΡ, erreur qu'on peut attribuer à Morell, elle ne soulève aucune objection, et il n'y a pas de raison pour douter de son authenticité.

Il est probable que Nerullinus, en disgrâce pendant le règne de Néron, fut écarté du tirage des provinces consulaires, et que son droit d'y prendre part ne fut reconnu que sous Vespasien. Dans ce cas, il aurait succédé à Fonteius Agrippa et aurait gouverné l'Asie pendant l'année proconsulaire 69-70.

96.

T. CLODIUS M. F. EPRIUS MARCELLUS, cos. suff. 61 = 814? cos. II suff. kal. Mai. 74 = 827.

INSCRIPTION de Capoue (Mommsen, *I. N.* 3601 ; *Orelli*, 5425) : T. Clodio M. f. Fal. Eprio Marcello cos. II, auguri, curioni maximo, sodali augustali, pr. per., procos. Asiæ III, provincia Cypros.

TACIT. *Annal.* XII, 4 ; anno 48 exeunte : Silanus adactus est ejurare magistratum, et reliquus præturæ dies in Eprium Marcellum collatus est.

INSCRIPTION de Tlos en Lycie (*Corpus inscr. gr.* 4238 *b*) : Τλωέων ὁ δῆμος Ἔπριον Μάρκελλον.

TACIT. *Annal.* XIII, 33 ; anno 57 : Pro Eprio Marcello, a quo Lycii res repetebant, eo usque ambitus prævaluit ut quidam accusatorum ejus exsilio multarentur, tamquam insonti periculum fecissent.

MÉDAILLE de Laodicée de Phrygie :

ΔΗΜΟϹ ΛΑΟΔΙΚЄΩΝ. Tête laurée et barbue du peuple.

℞. ΟΜΟΝΟΙΑ ЄΠΙ ΜΑΡΚЄΛΛΟΥ ΑΝΘΥ. En cinq lignes dans une couronne de laurier. — Æ. 7 (Bibliothèque impériale). Cette pièce a été parfaitement décrite par Mionnet (*Phrygie*, n° 698), et je ne comprends pas pourquoi il l'a décrite autrement dans son Supplément (*Phrygie*, n° 427).

MÉDAILLE de Sardes :

ЄΠΙ ΤΙ·ΚΛΑ·ΦΙΛΙΝΟΥ ϹΤΡΑ. Buste de Pallas.

℟. ЄΠΙ ΜΑΡΚЄΛΛΟΥ ΤΟ Β·CΑΡΔΙΑΝΩΝ. Temple tétrastyle. — Æ. 4 (De ma collection). Conf. Mionnet, *Suppl. Lydie*, n° 449.

MÉDAILLES de Cymé en Æolie :

1. ΑΥΤΟΚΡΑΤΟΡΑ ΚΑΙCΑΡΑ ΟΥЄCΠΑCΙΑΝΟΝ. Tête laurée de Vespasien.

℟. ΑΝΘΥ·ЄΠΡΙΩ ΜΑΡΚЄΛΛΩ ΤΟ Γ·ΚΥ. Figure debout tenant un trident.—Æ. 4 (De ma collection et Bibliothèque impériale).

2. ΘЄΟΝ CΥΝΚΛΗΤΟΝ. Tête jeune nue du sénat.

℟. ΑΝΘΥ·ЄΠΡΙΩ ΜΑΡΚЄΛΛΩ Γ·ΚΥ. Même type. — Æ. 4 (Bibliothèque impériale et Musée britannique).

MÉDAILLE de Synaus en Phrygie :

ΘЄΑΝ [ΡΩΜΗΝ] ЄΠΙ ΜΑΡΚЄΛΛΟΥ ΤΟ Γ. Tête de femme diadémée et tourelée.]

℟. CΥΝΑ[ЄΙ]ΤΩΝ ΑΠΟΛΟΦΑΝΟΥ ΑΡΧ. Apollon nu debout. — Æ. 4 (Collection de la banque d'Angleterre).

DIPLÔME militaire (*Orelli*, 5418; Renier, *Diplômes*, 26) : Imp. Cæsar Vespasianus Augustus, pontifex maximus, tribunic. potestat. V, imp. XIII, p. p., cos. V, designat. VI, censor, equitibus et peditibus qui sunt in Germania sub Cn. Pinario Cornelio Clemente. — A. d. XII K. Junias, Q. Petillio Ceriale Cæsio Rufo II, T. Clodio Eprio Marcello II cos.

DIO, LXVI, 16; anno 79 : Κἀν τούτῳ ἐπιβουλεύθη ὁ Οὐεσπασιανὸς ὑπὸ Ἀλιηνοῦ καὶ Μαρκέλλου, καίπερ φίλους τε αὐτοὺς ἐν τοῖς μάλιστα νομίζων καὶ πάσῃ ἐς αὐτοὺς ἀφθονωτάτῃ τιμῇ χρώμενος· — Μάρκελλος δὲ κριθεὶς ἐν τῷ συνεδρίῳ καὶ καταδικασθεὶς ἀπέτεμε τὸν λαιμὸν αὐτὸς ἑαυτῷ ξυρῷ.

La vie d'Eprius Marcellus, orateur célèbre du temps de Néron et de Vespasien, a été l'objet d'une dissertation d'Avellino et d'un article de Borghesi (III, p. 285, sqq.); ces deux auteurs ont réuni et discuté tous les documents relatifs à Marcellus, qu'on connaissait en 1831 ; j'en ai ajouté plusieurs, découverts depuis.

D'origine obscure et natif de Capoue, Marcellus se consacra

au barreau et y acquit de bonne heure la célébrité et la fortune. Sa nomination à la préture pour le dernier jour de l'année 48 lui ouvrit le chemin des grandes fonctions publiques; car ce seul jour de préture suffisait pour lui donner le droit de concourir au tirage des provinces prétoriennes du sénat, et le rendait apte à être légat d'une province prétorienne de l'empereur. Il obtint effectivement quelques années plus tard la province de Lycie et Pamphylie; de retour de sa légation en 57, et accusé de concussion par les Lyciens, il fut acquitté. C'est vers cette époque qu'il dut concourir pour les provinces prétoriennes du sénat, et il est assez possible qu'il obtint le gouvernement de Cypre; ceci expliquerait pourquoi les Cypriotes lui élevèrent une statue plus tard, lors de son second consulat. Quelques années après, mais certainement avant 65, Columelle lui dédiait son traité *de Arboribus*, qu'on regarde comme faisant partie d'une première édition de son livre *de Re rustica;* le traité en douze livres, qui a été conservé, fut écrit avant 65, date de la mort de Sénèque; car ce philosophe y est mentionné comme vivant (III, 3). En 66, Marcellus partagea avec Cossutianus Capito la honte d'avoir accusé Thrasea Pætus et de l'avoir fait condamner par le sénat; il reçut à cette occasion de Néron une récompense de cinq millions de sesterces (Tac., *Annal.* XVI, 22-33). Après la mort de Néron, Helvidius Priscus, gendre de Thrasea, chercha à se venger de Marcellus, et l'attaqua devant le sénat comme étant l'auteur de la mort de Thrasea. Ces attaques se renouvelèrent plusieurs fois pendant les années 68 et 69, et surtout au mois de janvier 70; mais les exhortations de Domitien et de Mucianus empêchèrent les choses d'aller plus loin (Tac., *Hist.* IV, 43-44).

C'est sans doute pour mettre fin à ces querelles, qui passionnaient le sénat, que Vespasien fit donner à Marcellus le proconsulat d'Asie, et le lui fit proroger pendant deux autres années pour le tenir éloigné de Rome. En effet, Marcellus était à Rome au commencement de 74, puisqu'il fut consul pour la deuxième fois aux kalendes de mai de cette année. Il y était aussi en 75, selon toute probabilité, puisqu'il figure dans le dialogue *de Oratoribus*, que Tacite écrivit cette année, et en 79, ayant trempé dans une conjuration contre Vespasien et ayant été découvert, il se suicida; il serait donc difficile de placer son proconsulat de trois années après 75, sans compter que la plupart des dernières années de Vespasien appartiennent nécessairement à d'autres proconsuls, beaucoup plus jeunes consulaires que Marcellus.

Borghesi était d'avis qu'il n'obtint la province d'Asie qu'en 71, et qu'il n'acheva pas les trois années; sa principale raison est que la mort d'Helvidius Priscus eut lieu en 71, et que cette mort doit être attribuée à la vengeance de Marcellus; mais ceci n'est qu'une conjecture; la date de la condamnation d'Helvidius n'est pas connue d'une façon certaine, et peut se placer aussi bien à la fin qu'au commencement de 71; et d'ailleurs, un homme de son caractère devait facilement se créer de nombreux ennemis à la cour de Vespasien. En fait, Marcellus est mentionné pour la dernière fois en janvier 70. Je ne vois donc aucun motif sérieux pour lui refuser ses trois années complètes de proconsulat, et je crois qu'il gouverna l'Asie depuis l'été de 70 jusqu'à celui de 73. Voyez la lettre de Borghesi (*Bullet. Instit. archeol.*, 1846, p. 172).

Le premier consulat de Marcellus, qui fut, comme le second, un consulat suffect, n'est mentionné nulle part; il ne peut être antérieur à 57, et on connait les consuls suffects de cette année et des trois suivantes; c'est donc probablement à l'année 61 qu'il faut le placer; car, si on descendait plus bas, l'intervalle entre le consulat et le proconsulat serait trop faible.

Marcellus est mentionné plusieurs fois par Tacite dans le dialogue *de Oratoribus;* l'historien parle de l'amitié que Vespasien avait pour lui (cap. 8).

97.

VETTIUS BOLANUS, cos. suff. 67 = 820?

TACIT. *Hist.* II, 65; anno 69, post pugnam Bedriacensem : Trebellius Maximus profugerat Britannia ob iracundiam militum : missus est (a Vitellio) in locum ejus Vettius Bolanus e præsentibus.

TACIT. *Agric.* 8; anno 71 ineunte : Præerat tunc Britanniæ Vettius Bolanus, placidius quam feroci provincia dignum est. —

Brevi deinde Britannia consularem Petilium Cerialem accepit. Cf. cap. 16; Joseph. *Bell. Jud.* VII, 4, 2.

Médailles de Smyrne :

1. ΑΥΤΟΚΡΑΤΩΡ ΟΥΕϹΠΑϹΙΑΝΟϹ. Tête laurée de Vespasien.

℟. ЄΠΙ ΒΩΛΑΝΟΥ ΖΜΥΡΝΑΙΩΝ ΑΚΡΑΙΟϹ. Zeus Acræus assis. — Æ. 7 (Bibliothèque impériale et Musée britannique).

2. ΤΙΤΟϹ ΑΥΤΟΚΡΑΤΩΡ ΔΟΜΙΤΙΑΝΟϹ ΚΑΙϹΑΡ. Têtes laurées et affrontées de Titus et de Domitien.

℟. ΖΜΥΡΝΑΙΩΝ ЄΡΜΟϹ ЄΠΙ ΒΩΛΑΝΟΥ. L'Hermus couché. — Æ. 6 (Mêmes collections).

3. Mêmes légendes; mais les têtes de Titus et de Domitien sont accolées au lieu d'être affrontées. — Æ. 6 (Mêmes collections).

Statius, *Silvæ*, V, 2, 30-58 (ad Crispinum, Bolani filium) :

Sed enim tibi magna parabat
Ad titulos exempla pater : quippe ille juventam
Protinus ingrediens, pharetratum invasit Araxem
Belliger, indocilemque fero servire Neroni
Armeniam. Rigidi summam Mavortis agebat
Corbulo : sed comitem belli sociumque laborum
Ille quoque egregiis multum miratus in armis
Bolanum; atque illi curarum asperrima suetus
Credere, partirique metus : —
Ille secundus apex bellorum et proxima cassis. —
Aliis Decii reducesque Camilli
Monstrentur : tu disce patrem; quantusque nigrantem
Fluctibus occiduis fessoque Hyperione Thulen
Intrarit mandata gerens; quantusque potentis
Mille urbes Asiæ sortito rexerit anno,
Imperium mulcente toga.

Vettius Bolanus commandait une légion en Syrie sous Corbulon, en 62 (Tac. *Ann.* XV, 3); il était donc alors de rang prétorien seulement. En 69, il fut nommé par Vitellius légat de la Bretagne, province qui était toujours confiée à des consulaires; d'où il résulte que son consulat, qui fut un consulat suffect, doit se placer vers la fin du règne de Néron ou sous celui de Galba, c'est-à-dire en 67 ou 68. Il quitta la Bretagne vers le commencement de 71. Sa carrière est racontée dans les vers de Stace, qui rappelle ses campagnes sous Corbulon, sa légation de Bretagne et son proconsulat d'Asie.

J'ai décrit plus haut les seules monnaies authentiques qui aient été frappées à Smyrne sous le proconsulat de Bolanus. Mionnet en donne deux autres qu'il importe de signaler, afin qu'elles n'induisent pas en erreur les savants qui n'ont pas étudié eux-mêmes la numismatique de l'Asie Mineure. L'une (Suppl. *Ionie*, n° 1674), décrite d'après Vaillant, porte d'un côté la tête de Domitien, et de l'autre la légende ΕΠΙ ΒΩΛΑΝΟΥ CΜΥΡΝΑΙΩΝ ΜΑΡΩΝΟC et le type du fleuve couché; elle est probablement mal décrite, et je ne l'ai rencontrée nulle part; mais il est possible qu'il existe des pièces frappées sous le proconsulat de Bolanus avec la tête de Domitien *César*.

L'autre (Suppl. *Ionie*, n° 1666) est empruntée à Sestini, qui l'a publiée d'abord d'après un exemplaire de la collection Ainslie (*Lettere*, t. IV, p. 114), et ensuite d'après un exemplaire fruste de la collection Arigoni (*Museum Arigon. castigatum*, p. 72); en voici la description :

ꝶ. ΙΟΥΛΙΑ ΣΕΒΑΣΤΗ. Tête de Julie, fille de Titus.
ΕΠΙ ΒΑΛΑΝ·ΣΜΥΡ. Cybèle assise.

Les médailles recueillies par Ainslie avaient été acquises par lord Northwick et incorporées à sa collection, que j'ai pu examiner avant sa dispersion; cette pièce n'y existait pas. La collection Arigoni, après avoir passé par plusieurs mains, fut acquise par le roi Charles-Albert, et fait partie actuellement du cabinet royal de Turin, où je l'ai examinée à loisir; la pièce n'y existe pas non plus. Dans les deux cas, il s'agit sans aucun doute de quelque pièce fruste, que Sestini a décrite avec sa légèreté habituelle, pour ne pas me servir d'une expression plus sévère. J'insiste sur ce point, parce que j'ai étudié moi-même la plupart des collections décrites par Sestini, et que j'ai été souvent confondu de l'audace de ses descriptions; les quelques erreurs commises par Borghesi dans le domaine de la numismatique grecque ont presque toutes été causées par la confiance qu'il avait dans les ouvrages de Sestini.

Dans le cas qui nous occupe, Borghesi a conclu de la médaille de Julia que Bolanus était proconsul d'Asie à l'époque de la mort de Vespasien, parce que Julia ne reçut le titre d'Auguste qu'après l'avénement de son père à l'empire. Il fait observer que, d'après une constitution de Tibère (*Dio*, LVII, 14), les proconsuls devaient partir de Rome le 1er juin, et qu'ils mettaient environ deux mois pour arriver en Asie; or, Vespasien étant mort le 24 juin 79, et le nouveau proconsul n'entrant en fonctions que vers le 1er août, la ville de Smyrne aurait eu le temps de faire frapper avant son départ des monnaies à l'effigie de Julia. Tout ce raisonnement est un peu forcé, et d'ailleurs il pèche par la base; car, sous le règne de Claude, l'époque du départ des proconsuls avait été avancée et était restée fixée au 15 avril (*Dio*, LX, 17). Ce n'est donc pas au 1er août, mais vers la fin de mai que les proconsuls entraient en fonctions sous Vespasien, car en général un mois devait suffire pour le voyage de Rome à Éphèse.

Ayant placé le proconsulat de Bolanus à la fin du règne de Vespasien, Borghesi (IV, p. 402) était conduit naturellement à le considérer comme moins ancien consulaire que Silius Italicus, consul ordinaire de l'année 68, et à lui donner une place parmi les consuls suffects de cette année, entre la mort de Néron, qui eut lieu le 9 juin, et les trois derniers mois de l'année, qui appartiennent à C. Bellicus Natalis et P. Cornelius Scipio Asiaticus (*Orelli*, 737, 738; Renier, *Diplômes*, nos 19, 20). Il est certain que Bolanus dut être consul vers 67 ou 68; mais, du moment que son consulat n'est pas nécessairement postérieur à celui de Silius Italicus, il peut très-bien avoir été consul suffect en 67, année dont on ne connaît que les consuls ordinaires. Dans ce cas, la tessère de gladiateur, qui porte la date *VIII K. Dec. M. Vettio, M. Ar....*, pourrait avoir été gravée sous son consulat; Borghesi (IV, p. 402), par les motifs que je viens d'indiquer, l'attribuait à M. Vettius Niger, proconsul d'Asie sous Néron (voyez plus haut, § 87), à l'exclusion de Vettius Bolanus; mais il est clair maintenant que Bolanus reprend ses droits, et qu'il peut revendiquer la tessère aussi bien que Vettius Niger.

J'ajouterai que le prénom de Bolanus n'est indiqué nulle part; il s'appelait peut-être Marcus, comme le consul de 111, M. Vettius Bolanus, qui était probablement son fils. C'est à l'un des deux qu'appartient l'inscription suivante, publiée par Marini (*Arvali*, p. 543; *Borghesi*, VI, p. 151) : *Bonæ Deæ sacrum M. Vettius Bolanus restitui jussit.*

En résumé, il me semble que Bolanus fut le prédécesseur et non le successeur de Silius Italicus, et que son consulat doit se placer en 67 plutôt qu'en 68.

98.

TI. CATIUS C. SILIUS ITALICUS, cos. 68 = 821.

Album collegii augurum (*Gruter*, p. 300, 1) : Rutilius G[all]icus cooptatus, [G]alerio Trach[al]o, Ti. Catio Silio Italico cos., p. R. c. an(no) DCCCXXI.

Médailles de Smyrne :

1. ΑΥΤΟΚΡΑΤΩΡ ΚΑΙΣΑΡ ΟΥΕϹΠΑϹΙΑΝΟϹ ϹΕΒΑϹΤΟϹ. Tête laurée de Vespasien.

℟. ΑΝΘΥ·ΙΤΑΛΙΚΩ ЄΠΙ ΙΟΥΛΙΑϹϹΤΡΑ·ΑΓΡΩΝ ЄΥϹЄΒΗϹ ΖΜΥΡ. Cybèle assise. — Æ. 9 (Bibliothèque nationale et Musée britannique).

2. ΤΙΤΟϹ ΑΥΤΟΚΡΑΤΩΡ ΚΑΙϹΑΡ. Tête laurée de Titus.

℟. ΙΤΑΛΙΚΩ ΑΝΘΥ·ЄΠΙ ΙΟΥΛΙΑϹ ΑΓ[ΡΩΝ] ΖΜΥΡ. Hercule Bibax. — Æ. 7 (Bibliothèque nationale).

3. ΤΙΤΟϹ ΑΥΤΟΚΡΑΤΩΡ ΔΟΜΙΤΙΑΝΟϹ ΚΑΙϹΑΡ. Têtes affrontées de Titus et Domitien.

℟. ЄΠΙ ΙΤΑΛΙΚΟΥ ΖΜΥΡΝΑΙ·ϹΤΡΑ·ΑΓΡΩΝΟϹ. Fleuve couché. — Æ 6 (Bibliothèque nationale et Musée britannique). La pièce attribuée à Domitien et Domitia par Mionnet (*Suppl. Ionie*, n° 1679), d'après Sanclemente, était certainement un exemplaire fruste de cette médaille.

Médaille de Dorylæum en Phrygie :

ΤΙΤΟΣ ΚΑΙΣΑΡ. Tête laurée de Titus.

℟. ΙΤΑΛΙΚΩ ΑΝΘΥΠΑΤΩ ΔΟΡΥΛΑΕΩΝ. — Æ. 4 (De ma collection, Bibliothèque nationale et Musée britannique).

MÉDAILLE de Blaundus en Lydie :

ΟΥΕϹΠΑϹΙΑΝΟϹ ΚΑΙϹΑΡ ϹΕΒΑϹΤΟϹ. Tête laurée de Vespasien.

℟. ΒΛΑΟΥΝΔΕΩΝ ΜΑΚΕΔΟΝΩΝ ΕΠΙ ΙΤΑΛΙΚΟΥ ΤΙ·ΚΛΑΥΔΙΟϹ ΦΟΙΝΙΞ. Apollon debout. — Æ. 6 (De ma collection et Musée britannique).

PLIN., *Epist.*, III, 7 : Modo nuntiatus est Silius Italicus in Neapolitano suo inedia finisse vitam. — Usque ad supremum diem beatus et felix, nisi quod minorem ex liberis duobus amisit, sed majorem velioremque florentem atque etiam consularem reliquit. Læserat famam suam sub Nerone, credebatur sponte accusasse ; sed in Vitellii amicitia sapienter se et comiter gesserat, ex proconsulatu Asiæ gloriam reportaverat, maculam veteris industriæ laudabili otio abluerat. — Annum quintum et septuagesimum excessit, utque novissimus a Nerone factus est consul, ita postremus ex omnibus quos Nero consules fecerat decessit.

Les noms complets de Silius Italicus ne se trouvent que dans le fragment de la liste des augures cité plus haut. Conformément à un usage qui s'introduisit pendant le premier siècle de l'empire, il ajoutait à ses noms et prénoms paternels non-seulement un nom, mais aussi un prénom, empruntés sans doute à sa famille maternelle ; nous verrons plus loin d'autres exemples de cette coutume, qui devint assez générale dans les grandes familles romaines. Il est probable que son nom paternel était Ti. Catius, et que celui de C. Silius lui venait de sa mère, issue de la famille des C. Silii, dont l'un fut consul en l'an 13 et l'autre consul désigné pour l'an 48 ; ce dernier périt avec Messaline au commencement de cette année, et en lui s'éteignit peut-être la branche masculine de la famille.

Silius Italicus est mentionné par Tacite comme étant présent à l'entrevue qui eut lieu à Rome en 69 entre Vitellius et Sabinus, le frère de Vespasien (*Hist.*, III, 65). Quant à son proconsulat d'Asie, on ne peut en préciser la date. Il est postérieur à l'année 71, époque à laquelle Titus commence à prendre sur les monnaies le titre d'*imperator* (*Eckhel*, VI, p. 361), et à l'année 73, qui fut la dernière du proconsulat d'Eprius Marcellus. Selon les règles en usage à cette époque, il dut arriver au tirage des provinces consulaires vers 77. Il mourut en 101.

Silius Italicus est l'auteur des *Puniques;* il est mentionné plusieurs fois dans les épigrammes de Martial (VII, 63; VIII, 66; IX, 87; XI, 48); il possédait le tombeau de Virgile et la villa de Cicéron.

99.

M. PLANCIUS VARUS.

Tacit., *Hist.*, II, 63; anno 69 : Dolabella audita morte Othonis urbem introierat. Id ei Plancius Varus prætura functus, ex intimis Dolabellæ amicis, apud Flavium Sabinum præfectum urbis objecit, tamquam rupta custodia ducem se victis partibus ostentasset; nec ullis tantorum criminum probationibus, in pœnitentiam versus seram veniam post scelus quærebat.

Médailles de Nicomédie :

ΑΥΤ·ΚΑΙΣΑΡΙ ΣΕΒΑΣΤΩ ΟΥΕΣΠΑΣΙΑΝΩ ΝΕΙΚΟΜΗΔΕΙ[Σ]. Tête laurée de Vespasien.

℟. ΜΑΡΚΟΣ ΠΛΑΝΚΙΟΣ ΟΥΑΡΟΣ ΑΝΘΥΠΑΤΟΣ. En quatre lignes dans une couronne de chêne. — Æ. 9 (Bibliothèque nationale).

Médaille d'Apamée de Phrygie :

ΑΥΤΟΚΡΑΤΩΡ ΚΑΙΣΑΡ ΣΕΒΑΣΤΟΣ ΟΥΕΣΠΑΣΙΑΝΟΣ. Tête laurée de Vespasien.

℟. ΕΠΙ ΠΛΑΝΚΙΟΥ ΟΥΑΡΟΥ ΚΟΙΝΟΝ ΦΡΥΓΙΑΣ ΑΠΑΜΕΙΣ. Gerbe d'épis. — Æ. 7 (De ma collection, Musée britannique et Musée de Florence).

Plancius Varus, qui en 69 n'avait pas dépassé la préture, dut obtenir la province prétorienne de Bithynie dans les premières années du règne de Vespasien; outre la médaille de Nicomédie, citée plus haut, il existe d'autres monnaies semblables frappées sous son administration dans les autres villes de la province (voyez à la Bithynie). Il faut qu'il ait été promu au consulat dès le début du règne de Vespasien, pour qu'il ait pu concourir de son vivant au tirage des provinces consulaires. Son proconsulat d'Asie doit être le dernier de ce règne, et il dut précéder immédiatement celui d'Ulpius Trajanus.

100.

M. ULPIUS TRAIANUS, cos. suff. 70 = 823, vel 71 = 824.

MÉDAILLE d'Antioche de Syrie :

T. CAE[S]A[R IMP. PON]T. Tête laurée de Titus.

℞. ΕΠΙ ΤΡΑΙΑΝΟΥ ΑΝΤΙΟΧΕΩΝ ΕΤ ΕΚΡ. En cinq lignes, dans le champ. — Æ. 8 (Musée britannique). — Sur l'exemplaire de la collection Pembroke, vendue en 1848, il y avait [T. CAESA]R. IMP. PONT. (*Catalogue*, n° 1256); les deux exemplaires se complètent mutuellement.

INSCRIPTION de Laodicée de Phrygie (*Corpus inscr. gr.*, 3935) : [Αὐτοκράτορι] Τίτῳ Καίσαρι Σεβαστῷ Οὐεσπασιανῷ, ὑπάτῳ τὸ ζ', Αὐτοκράτορος θεοῦ Οὐεσπασιανοῦ υἱῷ, καὶ τῷ δήμῳ Νεικόστρατος ἀνέθηκε· καθιερώσαντος Μάρκου Οὐλπίου Τραϊανοῦ τοῦ ἀνθυπάτου.

INSCRIPTION de Smyrne (*Corpus inscr. gr.*, 3146) : Ἐπὶ Οὐλπίου Τραϊανοῦ τοῦ ἀνθυπάτου, ἐν ταῖς στρατηγίαις ταῖς Μάρκων Ἰουνίων υἱοῦ καὶ πατρός....

PLIN., *Panegyr.*, 9 : Credentne posteri patricio et consulari et triumphali patre genitum, cum fortissimum amplissimum amantissimum sui exercitum regeret, imperatorem non ab exercitu factum? — Cf. cap. 16.

Ibid., 14 : Non incunabula hæc tibi, Cæsar, et rudimenta, cum puer admodum Parthica lauro gloriam patris augeres nomenque Germanici jam tum mererere, cum ferociam superbiamque barbarorum ex proximo auditus magno terrore cohiberes, Rhenumque et Euphratem admirationis tuæ societate conjungeres?

Eckhel (VI, p. 434) a réuni et discuté tous les passages des auteurs ainsi que les monuments relatifs à M. Ulpius Trajanus, le père de l'empereur Trajan.

Trajanus était légat de la légion Xe Fretensis, sous le commandement en chef de Vespasien, pendant la première période de la guerre de Judée, et y servit avec distinction; il était à la prise de Japha, en Galilée, en juin 67 (Joseph., *Bell. Jud.*, III, 7, 31); à la prise de Tarichea, en septembre de la même année (III, 10, 10), et, au mois de juin de l'année suivante, il vint avec sa légion rejoindre Vespasien au camp de Jéricho (IV, 8, 1); il n'est plus mentionné dans le récit de Josèphe. La dixième légion resta à Jéricho jusqu'à l'investissement de Jérusalem par Titus, et se fit battre par les Juifs dans les commencements du siége, d'où on peut conclure qu'elle avait perdu son légat, qui était un des meilleurs lieutenants de Vespasien; effectivement, au moment de l'assaut final, elle était commandée par Larcius Lepidus, qui avait été nommé après la proclamation de Vespasien comme empereur, c'est-à-dire après le 1er juillet 69 (Renier, *Mém. Acad. Inscript.*, t. XXVI, 1re partie, p. 275). Il est donc très-probable que Trajanus fut un des officiers qui accompagnèrent Vespasien lorsqu'il se rendit en Égypte, et de là à Rome. Il dut être nommé consul suffect peu de temps après, en récompense de ses services, probablement en 70 ou 71. Dans tous les cas, il était légat consulaire de Syrie pendant l'année césarienne d'Antioche 125, qui commence en septembre 76.

Pendant son gouvernement de Syrie, les hostilités éclatèrent entre les Romains et les Parthes, et elles furent suffisamment sérieuses pour amener un combat dans lequel son fils se distingua, et qui lui valut à lui-même les insignes du triomphe. La date de son proconsulat d'Asie est déterminée par l'inscription de Laodicée, qui fut gravée après la mort de Vespasien et pendant le septième consulat de Titus, c'est-à-dire pendant le second semestre de 79; il gouverna donc l'Asie pendant l'année proconsulaire 79-80. On ignore l'époque de sa mort; tout ce qu'on peut affirmer, c'est qu'elle avait déjà eu lieu quand Pline prononça son panégyrique de Trajan, c'est-à-dire en l'an 100. Son portrait figure au revers de quelques monnaies de Trajan.

101.

ARRIUS ANTONINUS cos. suff. kal. Jul. 69 = 822, cos. II suff. anno incerto.

TACIT., *Hist.*, I, 77 : anno 69 ineunte : Otho consul cum Titiano fratre in Kalendas Martias ipse; proximos menses Verginio Rufo destinat, — cui jungitur Pompeius Vopiscus. — Cæteri consulatus ex destinatione Neronis aut Galbæ mansere, Cælio ac Flavio Sabinis in Julias, Arrio Antonino et Mario Celso in Septembres; quorum honori ne Vitellius quidem victor intercessit.

PLIN., *Epist.*, IV, 3 : C. Plinius Arrio Antonino suo S. — Quod semel atque iterum consul fuisti similis antiquis, quod proconsul Asiæ, qualis ante te, qualis post te vix unus aut alter, quod sanctitate, quod auctoritate, ætate quoque princeps civitatis, est quidem venerabile et pulchrum; ego tamen te vel magis in remissionibus miror. — Cf. IV, 18; V, 15.

CAPITOL., *Vita Pii*, 1 : Antonini avus maternus Arrius Antoninus, bis consul, homo sanctus, et qui Nervam miseratus esset quod imperare cœpisset.

Ibid., 3 : Proconsulatum Asiæ sic egit, ut solus avum vinceret.

AUR. VICTOR, *Epitomé*, 12 : Nerva, cum in curiam a senatu gratanter exceptus esset, solus ex omnibus Arrius Antoninus, vir acer eique amicissimus, conditionem imperantium prudenter exprimens, amplexus eum, gratulari se ait senatui et populo provinciisque, ipsi autem nequaquam.

INSCRIPTION de Constantine (Renier, *I. A.*, 1815) : Antoniæ L. fil. Saturninæ, conjugi C. Arri Pacati, materteræ Arriorum Antonini, Maximi, Pacati, clarissimorum virorum, L. Antonius Cassianus lib. patronæ merenti.

Le premier consulat d'Arrius Antoninus appartient à l'année 69; quant au second, les fastographes le placent en 97 ou 98, parce que dans les fastes de Prosper et de Cassiodore on trouve entre les consuls de 97 et ceux de 98 deux consuls, Sabinus et Antoninus, qui ne sont pas mentionnés dans les autres listes; mais il est probable que ce passage est le résultat d'une interpolation; voyez Mommsen, *Hermes*, III, p. 46. La date du deuxième consulat d'Antoninus est donc incertaine. Il était à Rome à l'époque de la mort de Domitien, et il vivait encore dans un âge avancé vers l'an 105. S'il parvint au proconsulat d'Asie après l'intervalle ordinaire, il dut gouverner la province sous Titus ou au commencement du règne de Domitien.

Il est assez probable que c'est lui qui est mentionné dans l'inscription de Constantine. En effet, Antonia Saturnina, tante d'Arrius Antoninus, paraît être la fille de L. Antonius Saturninus, le légat de Dalmatie qui se révolta contre Domitien; si cette conjecture de Borghesi est fondée, Saturnina fut certainement contemporaine d'Arrius Antoninus; voyez, sur ce point, ainsi que sur la famille Arria à l'époque impériale, les observations de Borghesi (VIII, p. 369).

Il y eut sous l'empereur Commode un autre proconsul d'Asie du même nom; voyez § 157.

102.

L. MESTRIUS FLORUS.

MÉDAILLES de Smyrne :

1. ΔΟΜΙΤΙΑΝΩ ΚΑΙϹΑΡΙ ϹΕΒΑϹΤΩ ΖΜΥΡΝΑΙΟΙ ..ΗΝ... Buste de femme voilée et tenant des épis et une corne d'abondance.

℟. ЄΠΙ ΛΟΥΚΙΟΥ ΜЄϹΤΡΙΟΥ ΦΛΩΡΟΥ ΑΝΘΥΠΑΤΟΥ. Temple octostyle. — Æ. 8 (Pinder, *Beiträge*, 1851, p. 237).

2. ΔΟΜΙΤΙΑΝΩ ΚΑΙϹΑΡΙ ϹЄΒΑϹΤΩ ΖΜΥΡΝΑΙΟΙ ΤΗΝ ..... Même buste de femme.

℟. ЄΠΙ Λ·ΜЄϹΤΡΙΟΥ [ΦΛΩ]ΡΟΥ ΑΝΘΥΠΑ[ΤΟΥ]. Amazone assise. — Æ. 8 (Collection de M. le général Fox, à Londres).

3. ΔΟΜΙΤΙΑΝΟϹ ΚΑΙϹΑΡ ϹЄΒΑϹΤΟϹ ΓЄΡΜ.. ... Tête laurée de Domitien.

℟. ЄΠΙ Λ · ΜЄϹΤΡΙΟΥ ΦΛΩΡΟΥ ΑΝΘΥΠΑΤΟΥ

ΖΜΥΡ. Femme assise portant sur la main droite un petit temple hexastyle. — Æ. 9 (Bibliothèque nationale et Musée britannique).

4. ΙΟΥΛΙΑ CΕΒΑCΤΗ. Tête de Julie, fille de Titus.

℟. ΕΠΙ ΦΛΩΡΟΥ ΑΝΘΥ · ΖΜΥΡΝΑΙΩΝ. Cybèle assise. — Æ. 5 (Mêmes collections).

Plut., *Otho*, 14 : Ἐμοὶ δὲ ὕστερον ὁδεύοντι διὰ τοῦ πεδίου (Βητριακοῦ) Μέστριος Φλῶρος, ἀνὴρ ὑπατικὸς τῶν τότε μὴ κατὰ γνώμην ἀλλ' ἀνάγκῃ μετὰ τοῦ Ὄθωνος γενομένων, διηγεῖτο μετὰ τὴν μάχην ἐπελθὼν ἰδεῖν νεκρῶν σωρὸν κ. τ. λ.

Suéton., *Vespas.*, 22 : Mestrium Florum consularem, admonitus ab eo plaustra potius quam plostra dicenda, die postero Flaurum salutavit.

Mestrius Florus était avec Othon à l'époque de la bataille de Bedriacum, et le récit de Plutarque ferait supposer qu'il demeurait dans le voisinage. Il était du parti de Vitellius et déjà consulaire à l'époque de la guerre civile, c'est-à-dire en 69 ; du moins, c'est là le sens naturel des expressions de Plutarque, bien qu'on puisse les entendre autrement et lire : ἀνὴρ ὑπατικός, τῶν τότε κ. τ. λ. Je crois qu'il fut consul suffect vers la fin du règne de Néron, et que sa qualité de partisan de Vitellius fit retarder son arrivée au proconsulat jusqu'au commencement du règne de Domitien. Il avait un fils appelé Lucius et un gendre appelé C. Cæsernius (Plut., *Symposiaca*, V, 7 ; VII, 4 ; VII, 6).

Domitien prit le titre de Germanicus à la fin de 83 ou au commencement de 84 (*Eckhel*, VI, p. 398) ; les médailles de Smyrne montrent que Florus fut proconsul au moment où l'empereur prit ce titre, et qu'il gouverna l'Asie pendant l'année proconsulaire 83-84. Julie, fille de Titus, vécut jusqu'en 88 ou 89 (Henzen, *Scavi*, p. 51).

103.

SEX. IULIUS FRONTINUS cos. suff. 73 = 826, cos. II suff. 98 = 851, cos. III 100 = 853.

Médaille de Smyrne :

1. ANΘΥ · ΦΡΟΝΤΕΙΝΩ ΖΜΥΡ. Buste de femme tourelée.

R/. ΕΠΙ ΜΥΡΤΟΥ ΣΤΡΑ · ΡΗΓΕΙΝΟΣ. Amazone debout. — Æ. 5 (Bibliothèque nationale et Musée britannique).

2. ANΘΥ·ΦΡΟΝΤΕΙΝΩ. Tête d'Hercule.

R/. ΕΠΙ ΜΥΡΤΟΥ ΡΗΓΕΙΝΟΣ ΖΜΥΡ. Fleuve couché. — Æ. 4 (Mêmes collections).

Tacit., *Hist.*, IV, 39; anno 70 ineunte : Kalendis Januariis in senatu, quem Julius Frontinus prætor urbanus vocaverat, legatis exercitibusque ac regibus laudes gratesque decretæ. — Mox ejurante Frontino Cæsar Domitianus præturam cepit,

Tacit., *Agric.*, 17 : Sed ubi cum cetero orbe Vespasianus et Britanniam recuperavit, magni duces, egregii exercitus, minuta hostium spes; et terrorem statim intulit Petilius Cerialis, Brigantum civitatem adgressus. — Et Cerialis quidem alterius successoris curam famamque obruisset, [sed] sustinuit molem Julius Frontinus, vir magnus, quantum licebat, validamque et pugnacem Silurum gentem armis subegit. — Hunc Britanniæ statum, has bellorum vices media jam æstate transgressus Agricola invenit.

Ibid., 9 : Agricola consul filiam mihi despondit ac post consulatum collocavit, et statim Britanniæ præpositus est.

Frontin., *de Aquæd.*, 102 : Imperatore Nerva III et Verginio Rufo III consulibus, ad nos cura aquarum translata est.

Diplôme militaire (*Bullet. Instit. Archéol.*, 1871, p. 145) : A. d. X K. Mart. Imp. Cæsare Traiano Aug. Ger. II, Sex. Iulio Frontino II cos.

Inscription de Rome (*Henzen*, 6545), anno 100 : Imp. Cæsare Nerva Traiano Aug. Ger. III, Sex. Iulio Frontino III cos., magistri anni CVII.

Inscription de Constantine (Renier, *I. A.*, 1816) : Sosiæ Falconillæ, Q. Pompei Sosi Prisci cos. fil., Q. Pompei Falconis cos. nep., Q. Sosi Senecionis cos. II pron., Sex. Iuli Frontini cos. III abn(epti), etc.

La médaille de Smyrne décrite en tête de cet article n'ayant pas été frappée à l'effigie de l'empereur régnant, on ne peut en déterminer la date que par analogie; mais la composition des légendes, qui offrent une étroite ressemblance avec celles des monnaies émises sous le proconsulat de Silius Italicus (voyez § 98), montre qu'elle est de la même époque et qu'elle appartient au règne de l'un des Flaviens; en effet, ces pièces sont les seules sur lesquelles on lit à la fois le nom du proconsul, celui du stratége de la ville et celui d'une prêtresse éponyme. Je ferai remarquer aussi que l'orthographe ΖΜΥΡΝΑΙΩΝ fut abandonnée sur les monnaies de Smyrne à la fin du règne de Trajan; plus tard le mot est toujours écrit СΜΥΡΝΑΙΩΝ. Il ne peut donc être question ici d'Æmilius Frontinus, proconsul d'Asie vers le règne de Commode, ainsi que nous le verrons plus loin (§ 155); or le seul consulaire du nom de Frontinus, qui ait vécu du temps des Flaviens, est Sex. Julius Frontinus, l'auteur des Stratagèmes et du traité *de Aquæductibus urbis Romæ*.

Il est mentionné pour la première fois en 70; il était préteur urbain pour cette année, et en cette qualité il convoqua le sénat le 1er janvier, les consuls étant absents de Rome; quelques jours après il se démit de sa charge pour faire place au César Domitien. On le trouve ensuite exerçant les fonctions de légat impérial en Bretagne, où il succéda à Petilius Cerialis; comme cette province n'était jamais confiée qu'à des consulaires, Frontin devait avoir passé par le consulat avant d'y être envoyé; tâchons d'établir la date de ce premier consulat, qui n'est pas mentionné dans les fastes, et qui fut un consulat suffect.

Petilius Cerialis était de retour à Rome au commencement de l'année 74; car il fut consul suffect pour la deuxième fois cette année, pendant les mois de mai et de juin (Renier, *Diplômes*, 26). Frontin, qui lui succéda, dut arriver en Bretagne au plus tard au commencement de 74 et probablement dès l'automne de 73, de sorte que son consulat doit se placer dans le courant de cette année; il peut même avoir été consul en

72, puisqu'il n'exerça la préture que pendant quelques jours au commencement de 70, et que d'après la constitution d'Auguste on pouvait être consul deux ans après avoir été préteur. Borghesi (VI, p. 477) place son consulat en 74, immédiatement après celui de Petilius Cerialis, à cause d'un fragment des fastes des *Feriæ Latinæ* (Marini, *Arvali*, p. 129), où à l'année 74 on lit les lettres ..ON.....COS; et comme les *Feriæ Latinæ* avaient lieu vers le milieu de l'année, généralement en juin ou juillet, Frontin aurait été consul suffect pour les mois de juillet et août. Pour concilier cette date avec la légation consulaire de Frontin, Borghesi suppose que ce dernier ne fut pas le successeur immédiat de Cerialis, et qu'il y eut entre les deux un autre légat, qui s'acquitta mal de ses fonctions et dont Tacite aura voulu taire le nom. Mais dans le passage de l'Agricola que j'ai transcrit plus haut, la correction *sed*, proposée par Orelli, donne un sens beaucoup plus naturel, et il résulte de l'expression *magni duces* et de tout le récit de Tacite qu'il a voulu donner une liste complète des légats de Bretagne qui précédèrent Agricola (voyez les notes d'Orelli). Il me semble donc que l'explication suggérée par Borghesi doit être écartée, et qu'il faut considérer Frontin comme le successeur de Cerialis; il aurait donc été consul suffect en 72 ou 73, et les lettres ON des fastes doivent appartenir à quelque autre nom.

Tous les fastographes sont d'accord pour placer le consulat d'Agricola à l'automne de 77; il arriva donc en Bretagne au milieu de l'été de 78, pour remplacer Frontin. Ce dernier retourna alors à Rome; mais, d'après les règles en usage à cette époque, il ne pouvait arriver au tirage des provinces consulaires du sénat que dix ou douze ans après son consulat; nous n'avons pas d'autre indication pour fixer la date de son proconsulat, et il faut le placer en 83 ou l'une des années suivantes.

Son second consulat, qui fut aussi un consulat suffect, est mentionné par Martial (X, 48) et par Pline (*Paneg.*, 61), et le diplôme nouvellement découvert le fixe définitivement à l'année 98. Il avait été désigné par Nerva pour être consul suffect, et à la mort de ce prince, qui eut lieu à la fin de janvier, il le remplaça sur la chaise curule; il eut Trajan pour collègue dans son second comme dans son troisième consulat. En 97 il avait été nommé *curator aquarum*; c'était une charge importante, toujours confiée à des consulaires, souvent à des personnages considérables; Frontin la conserva probablement jusqu'à sa mort, qui eut lieu peu de temps après son troisième consulat, ainsi que nous l'apprend une lettre de Pline, qui le remplaça comme membre du collége des augures (IV, 8; cf. V, 1; IX, 19).

104.

SEX. VETTULENUS CIVICA CERIALIS cos. suff. circa 74 = 827.

Joseph., *Bell. jud.*, VI, 4, 3 : Avant l'assaut du temple de Jérusalem, Τίτος συνῆγε τοὺς ἡγεμόνας· καὶ συνελθόντων τῶν κορυφαιοτάτων, Τιβερίου τε Ἀλεξάνδρου τοῦ πάντων τῶν στρατευμάτων ἐπάρχοντος, καὶ Σέξτου Κερεαλίου τὸ πέμπτον ἄγοντος τάγμα, κ. τ. λ.

Ibid., VII, 6, 1 : Εἰς δὲ τὴν Ἰουδαίαν πρεσβευτὴς Λουκίλιος Βάσσος ἐκπεμφθεὶς καὶ τὴν στρατιὰν παρὰ Κερεαλίου Οὐετιλιανοῦ παραλαβών.

Inscription trouvée dans les ruines de Chersonesos, près de Sébastopol (Stephani, *Mélanges Gréco-Romains*, II, p. 238) : .... Κεριᾶλιν, αὐτοκράτορος Οὐ[εσ]πασιανοῦ Καίσαρος Σεβαστοῦ πρεσβευτὴν καὶ ἀντιστράτηγον, ὁ δᾶμος.

Tacit., *Agric.*, 42 : Aderat annus, quo proconsulatum Asiæ et Africæ sortiretur Agricola, et occiso Civica nuper, etc.

Sueton., *Domit.*, 10 : Civicam Cerealem in ipso Asiæ proconsulatu interemit.

Inscription de Venafrum (Mommsen, *I. N.*, 4636) : Lusia M. f. Paullina Sex. Vettuleni Cerialis, sibi et M. Vergilio M. f. Ter. Gallo Lusio patri, prim. pil. leg. XI, præf. cohor. Ubiorum peditum et equitum, donato hastis puris duabus et coronis aureis ab divo Aug. et Ti. Cæsare Aug., præf. fabr. III, trib. mil. cohort. primæ, idiologo ad Ægyptum, II vir. iterum, pontif(ici); A. Lusio [M]. f. Ter. Gallo fratri; trib. mil. leg. XXII [Deiotarianæ, item trib. mil. leg. III] Cyrenaicæ, præf. equit(um)......

La carrière de Cerialis a été étudiée par M. Léon Renier (*Mém. Acad. Inscript.*, t. XXVI, 1re partie, p. 302, sqq.); ce savant a montré qu'il fut successivement préfet, tribun et légat de la Ve légion Macédonique pendant la guerre de Judée et le siége de Jérusalem; dans les passages où Josèphe le mentionne, il est appelé Σέξτος Κερεάλιος. Après le départ de Titus, il resta chargé du commandement des troupes en Judée, et les transmit à Lucilius Bassus lorsque ce dernier fut nommé légat de la province; dans le passage où ce fait est rapporté, il est appelé Κερεάλιος Οὐετιλιανός, mais M. Renier a démontré que son véritable nom était Vettulenus, et que c'est probablement sa femme Lusia Paullina, qui a fait graver l'inscription de Venafrum.

Pour prouver l'identité du légat légionnaire Sex. Vettulenus Cerialis avec le proconsul Civica Cerialis, M. Renier fait remarquer que le nom de Civica est porté par un autre Sex. Vettulenus, qui fut consul en 136, et qui s'appelait Sex. Vettulenus Civica Pompeianus (*Orelli-Henzen*, 5, 6086). Comme le proconsul avait été condamné sur une accusation de lèse-majesté, et que par conséquent sa mémoire avait été abolie, Paullina n'aurait fait que le nommer dans l'inscription sans énumérer ses titres; il est singulier néanmoins qu'elle ait omis le nom de Civica, et on peut se demander si son mari n'était pas le père du proconsul, plutôt que le proconsul lui-même.

L'époque du proconsulat de Cerialis dépend de la chronologie de la vie d'Agricola. Ce dernier fut consul suffect en septembre 77, et entra en fonctions comme légat de Bretagne au milieu de l'été de l'année suivante; il y resta certainement six ans et peut-être une partie d'une septième année (*Agric.*, 25, 29, 40); le moment de son retour à Rome n'est pas indiqué d'une façon précise; mais il dut avoir lieu dans le courant de l'année 85. Selon les règles en usage à cette époque il devait arriver au tirage des provinces consulaires vers 89 ou 90, et il mourut en 93. C'est donc vers 88 qu'il faut placer le proconsulat de Cerialis, et il est probable qu'il avait reçu le consulat vers 73 ou 74 après son retour de Judée et en récompense de ses services pendant la guerre.

L'inscription de Sébastopol nous apprend un fait nouveau, c'est que Cerialis fut légat de Mésie. La première ligne de ce texte est perdue, sauf le bas des trois premières lettres — ∟ —, qui correspondent exactement au prénom ΣΕΞΤΟΝ; autrement on aurait pu penser à Q. Petilius Cerialis, légat de Bretagne de 71 à 73 et consul suffect pour la deuxième fois en 74. Sextus Cerialis fut probablement le successeur de Rubrius Gallus, qui fut envoyé en Mésie à la fin de 70 ou au commencement de 71 (Joseph., *Bell. Jud.*, VII, 4, 3), et qui dut y rester au moins trois ans.

105.

C. MINICIUS C. F. ITALUS.

INSCRIPTION d'Aquilée (*Orelli*, 3651; *Corpus inscr. lat.*, IV, 875):

> C. Minicio C. fil. Vel. Italo, IIII viro i. d., præf. coh. V Gallor. equit., præf. coh. I Breucor. equit. c. R., præf. coh. II Varc. eq., trib. milit. leg. VI vict., præf. eq. alæ I Sing. c. R., donis donato a divo Vespasiano corona aurea hasta pura, proc. provinc. Hellespont., proc. provinciæ Asiæ quam mandatu principis vice defuncti procos. rexit, procurat. provinciarum Lugudunienis et Aquitaniæ, item Lactoræ, præfecto annonæ, præfecto Ægypti, flamini divi Claudi. De-cr(eto) dec(urionum), Ti. Iulio [Candido II, A. Iul]io Quadrato II cos. (anno 858 = 105).

Minicius Italus avait suivi la carrière des fonctions équestres, et par conséquent n'était pas sénateur; il ne pouvait donc gouverner l'Asie comme proconsul; mais, le proconsul étant mort dans l'exercice de sa charge, il fut chargé par l'empereur du gouvernement intérimaire de la province jusqu'à l'arrivée du nouveau titulaire. Nous verrons plus loin, sous le règne de Sévère Alexandre, un autre exemple du même fait; dans les temps antérieurs, l'intérim des provinces sénatoriales était généralement confié aux légats et au questeur. Italus paraît avoir gouverné l'Asie sous Domitien, et il est assez probable que le proconsul qu'il remplaça était Civica Cerialis, mis à mort par ordre de ce prince.

L'inscription d'Aquilée est le seul document qui fasse mention d'une province d'Hellespont sous le haut empire. Il ne faudrait pas en conclure que la province d'Asie ait été démembrée sous Vespasien ; il ne s'agit ici que d'une province procuratorienne, c'est-à-dire d'une circonscription financière, et l'on sait par de nombreux exemples que les divisions financières étaient souvent complétement différentes des divisions administratives ; on rencontre même dans les inscriptions des exemples de fractions de différentes provinces réunies sous un même procurateur. En ce qui touche l'Asie, je serais disposé à croire qu'elle comprenait au moins trois divisions financières, l'Asie proprement dite, l'Hellespont et la Phrygie, et que les îles en formaient une quatrième. On trouvera plus loin (§ 111, 135) la preuve que la ville de Cyzique, et par conséquent l'Hellespont, continuaient à faire partie intégrante de la province d'Asie sous les règnes de Trajan et d'Hadrien.

106.

P. CALVISIUS RUSO.

Médailles d'Éphèse :

1. ΔΟΜΙΤΙΑΝΟϹ ΚΑΙϹΑΡ ϹΕΒΑϹΤΟϹ ΓΕΡΜΑΝΙΚΟϹ. Tête laurée de Domitien.

℞. ΕΠΙ ΑΝΘΥΠΑΤΟΥ ΡΟΥϹΩΝΟϹ ΟΜΟΝΟΙΑ ΕΦΕ·ΖΜΥΡ. Diane d'Éphèse de face avec ses attributs ; de chaque côté, une Némésis debout. — Æ. 9 (De ma collection).

2. Même légende et même tête.

℞. Même légende. Deux amazones debout. — Æ. 9 (Musée britannique).

Inscription de Rome (*Gruter*, 64, 9) : Imperio domini Silvani. C. Cossutius C. lib. Epaphroditus aram Silvano marmoravit, item simulacrum Herculis restituit ; item ædiculam et aram ejusdem corrupta ref(ecit). Dedicavit K. Martis, P. Calvisio Rusone, L. Cæsennio Pæto cos.

Bien que cette inscription ait été publiée par Gruter *ex Ursini schedis*, et que par conséquent elle ait été regardée comme suspecte par plusieurs auteurs, elle est néanmoins parfaitement authentique; car elle se trouve dans le manuscrit de Pighius à Berlin et dans celui de Winghe à Bruxelles. J'en ai donné le texte d'après ces deux manuscrits, texte qui m'a été communiqué par M. Mommsen avec les renseignements qu'on vient de lire.

ACTA fratrum Arvalium, anno 87 (Henzen, *Scavi*, p. 43) : Pu[eri patrimi et matrimi] qui ad sacrificium deæ diæ præsto [erant] .... ilius Marcianus, Rusonis P. Calvisius ...., Umbrini M. Petronius Cremutius.

On sait que les enfants qui assistaient aux sacrifices des frères Arvales devaient être fils de sénateur, et que leurs parents devaient être vivants; telle était l'ancienne coutume, qui est rappelée plusieurs fois dans les actes de ce collége sacerdotal. Il est évident que le jeune P. Calvisius était le fils de notre proconsul, et que par conséquent ce dernier vivait en l'an 87; le jeune M. Petronius était fils de M. Petronius Umbrinus, consul suffect en 81 (Henzen, *Scavi*, p. 37), et, comme les deux enfants devaient être à peu près du même âge, on obtient ainsi une date approximative pour le consulat de Ruso; il dut être consul suffect sous le règne de Vespasien.

Il y a un Ruso qui paraît avoir été légat de Cappadoce, et qui est peut-être le même personnage que le proconsul d'Asie; voyez à la Cappadoce.

107.

L. CÆSENNIUS PÆTUS.

MÉDAILLES d'Éphèse :

1. ΔΟΜΙΤΙΑΝΟC ΚΑΙCΑΡ CΕΒΑCΤΟC ΓΕΡΜΑΝΙΚΟC. Tête laurée de Domitien.

℞. ΕΠΙ ΑΝΘΥ · ΚΑΙCΕΝΝΙΟΥ ΠΑΙΤΟΥ ΟΜΟΝΟΙΑ ΕΦΕ · ΖΜΥΡ. Deux amazones debout. — Æ. 8 (Bibliothèque nationale).

2. ΔΟΜΙΤΙΑ CΕΒΑCΤΗ. Tête de Domitia.

℞, ΑΝΘΥ · ΚΑΙϹΕΝ · ΠΑΙΤΟΥ ΟΜΟΝΟΙΑ ΕΦΕ· ΖΜΥΡ. Diane d'Éphèse.— Æ. 5 (Bibliothèque nationale).

Inscription de Mylasa en Carie (*Le Bas et Waddington*, 358): Ἐπὶ ἀνθυπάτου Καισεννίου Παίτου, κ. τ. λ.

L. Cæsennius Pætus fut consul suffect en même temps que P. Calvisius Ruso, sous le règne de Vespasien, et dut lui succéder dans le proconsulat d'Asie (voyez § 106). Il ne faut pas le confondre, comme je l'ai fait dans mes notes sur l'inscription de Mylasa, avec un autre personnage du même nom, probablement son père, qui fut légat de Cappadoce et d'Arménie sous Néron, et légat de Syrie sous Vespasien. Voyez aux légats de Syrie.

Borghesi (I, p. 177) mentionne un autre Cæsennius Pætus, qui aurait été proconsul d'Asie sous le règne d'Antonin; mais le savant italien a été induit en erreur, ainsi que cela lui est arrivé plusieurs fois, par les descriptions inexactes ou imaginaires que Sestini a si souvent données des médailles qui lui passaient sous les yeux. Il y a effectivement un Pætus qui a signé quelques monnaies frappées à Éphèse sous le règne d'Antonin, mais c'était un magistrat local, un secrétaire du sénat d'Éphèse, et non un proconsul; voici la légende d'une de ses monnaies, dont il existe plusieurs types:

Τ·ΑΙΛΙΟϹ ΚΑΙϹΑΡ ΑΝΤΩΝΕΙΝΟϹ. Tête laurée d'Antonin.

℞. ΕΠΙ ΠΑΙΤΟΥ ΓΡΑΜΜΑΤΕΟϹ ΑΡΤΕΜΙϹ ΕΦΕϹΙΩΝ. Diane d'Éphèse. — Æ. 8 (Bibliothèque nationale, etc.).

Je signalerai également ici une autre monnaie d'Éphèse, publiée par Pedrusi (*Mus. Farnes.*, t. IX, tab. IX, 13; Parma, 1724):

ΔΟΜΙΤΙΑ ϹΕΒΑϹΤΗ. Tête de Domitien.

℞. ΕΦΕϹΙΩΝ ΑΝΘΥ·Μ·ΥΙΒ·ΠΑΝϹΑ. Diane d'Éphèse. — Æ. 6.

Cette pièce n'existe plus au musée de Naples, et je ne l'ai jamais rencontrée ailleurs; mais je suis disposé à croire que c'était un exemplaire de la monnaie du proconsul Pætus, décrite plus haut, dont la légende aura été mal lue ou refaite; ou bien peut-être s'agirait-il de M. Neratius Pansa, légat de Cappadoce sous Titus, qui peut avoir été proconsul d'Asie sous Domitien (voyez à la Cappadoce). La famille des Vibii Pansæ paraît s'être éteinte à la fin de la république, et on n'en trouve plus trace dans les fastes consulaires de l'empire.

106.

RUFUS.

Médaille d'Éphèse :

ΔΟΜΙΤΙΑΝΟϹ ΚΑΙϹΑΡ ϹЄΒΑϹΤΟϹ ΓЄΡΜΑΝ. Tête laurée de Domitien.

℟. ....ΡΟΥΦΟΥ.....ΙΟΥ; dans le champ, ЄΦЄ-ϹΙΩΝ. Diane d'Éphèse. — Æ. 8 (Pièce fruste de la collection Arigoni, maintenant au Musée royal de Turin; elle a été mal décrite par Arigoni et plus mal par Sestini, *Lettere*, VIII, p. 74).

Cette médaille a beaucoup d'analogie avec les pièces de Pætus et de Ruso et doit avoir été frappée vers la même époque. Je n'en ai jamais rencontré d'autre exemplaire. Rufus doit être un proconsul et non un magistrat local; en effet, sur les monnaies impériales d'Éphèse, le nom du γραμματεύς, qui figure sur les médailles des premiers empereurs, ne se rencontre plus après le règne de Néron. Il n'y a à cette règle qu'une seule exception, celle de Pætus sous Antonin, dont j'ai déjà parlé à l'article précédent. L'archonte Hestiæus qui, sous le même règne, a signé plusieurs monnaies d'alliance entre Éphèse et Cyzique, était le magistrat de Cyzique et non d'Éphèse.

Il est difficile de choisir entre les nombreux sénateurs du nom de Rufus, qui vécurent sous les Flaviens. Parmi eux on peut citer en première ligne : 1° T. Atilius Rufus, qui mourut vers 85 pendant qu'il était légat de Syrie (voyez à la Syrie); 2° M. Mæcius Rufus, proconsul de Bithynie sous Vespasien (voyez à la Bithynie); 3° Q. Petilius Rufus, consul pour la deuxième fois en 83.

109.

Q. IULIUS BALBUS cos. suff. 85 = 838, vel 129 = 882.

INSCRIPTION de Branchides (*Corpus inscr. gr.*, 2870; Cf. *Le Bas et Waddington*, 232) : Ὁ δῆμος] ἐνεχείρησεν, ἐτέλεσεν, καθιέρωσεν, διὰ Κοΐντου Ἰουλίου Βάλβου ἀνθυπάτου, ἐπιμεληθέντος Λουκίου Πασσερίου Ῥωμύλου πρεσβευτοῦ καὶ ἀντιστρατήγου.

Cette inscription, qui dans le *Corpus* est réunie à un autre texte d'époque différente, est le seul monument qui fasse connaître le proconsulat de Julius Balbus. Il y a deux consuls suffects qui portent le nom de Q. Julius Balbus, l'un qui appartient à l'année 85 (Renier, *Diplômes*, 32), et l'autre qui exerça sa charge en 129 (*ibid.*, 9 et 40). S'il s'agit du premier, son proconsulat doit tomber sous le règne de Nerva ou au commencement de celui de Trajan; s'il s'agit du second, le proconsulat doit se placer dans les premières années du règne d'Antonin.

110.

P. METILIUS SECUNDUS cos. suff. 91 = 844.

MÉDAILLE d'Attæa en Phrygie :

AYT · KAIC · NЄP · TPA · CЄB. Tête laurée de Trajan.

℞. ЄΠΙ ANΘ · CЄKOYN ATTAITΩN. Jupiter debout. — Æ. 4 ½ (Bibliothèque impériale).

ACTA fratrum Arvalium, anno 91 (*Marini*, tab. XXIV) : Q. Valerio Vegeto, P. Met[ilio Secundo cos.] Non. Nov.

Il n'est pas certain que le Secundus de la médaille soit le même personnage que le consul suffect de l'an 91; car, d'un côté, le proconsul appartenait peut-être à une autre famille que la *gens Metilia*, et, de l'autre, le consul s'appelait peut-être Mettius au lieu de Metilius. Il y a en effet plusieurs personnages de la *gens Mettia*, qui vécurent du temps de Domitien. Néanmoins, comme on trouve sous le règne d'Hadrien un P. Metilius P. f. Secundus, qui fut légat de Numidie en 123, membre du collége des Arvales et qui remplit d'autres fonctions importantes, il est assez probable que le proconsul d'Asie était son père. La date du consulat s'accorde bien avec un proconsulat qui se placerait dans le premier tiers du règne de Trajan. Ainsi qu'il arrive souvent sur les pièces de petit module, la médaille d'Attæa ne donne aucun des titres de Trajan, de sorte qu'on ne sait si le proconsulat de Secundus est antérieur ou postérieur à la fin de l'année 102, époque à laquelle commence sur les monuments le titre de *Dacicus.*

Sur Metilius Secundus, légat de Numidie, etc., sous Hadrien, voyez Marini, *Arvali*, p. 771; *Orelli*, 3564; Renier, *Inscr. Algér.*, 3, 1483; Henzen, *Scavi*, p. 66.

Je signalerai ici une erreur de Mionnet (Suppl. *Phrygie*, n° 280), qui pourrait faire croire à l'existence d'un proconsul d'Asie sous Vespasien, appelé Claudius Secundus. La médaille qu'il décrit existe à la Bibliothèque nationale, et au revers, au lieu de ΚΛΑΥΔ·ΣΕΚΟΥΝΔΟΥ·ΑΝΘ· elle porte ΕΠΙ·ΚΛΑΥΔ·ΣΕΚΟΥΝΔΟΥ. Il ne s'agit donc que d'un magistrat local.

111.

FUSCUS.

MÉDAILLES de Smyrne :

ΑΥ·ΝΕΡΟΥΑΝ ΤΡΑΙΑΝΟΝ. Tête laurée de Trajan.

℟. ΖΜ·ΑΣΙ·ΦΟΥϹΚΩ ΑΝΘΥ·ϹΤΡ·ΡΟΥ. Femme debout, tenant des épis et une corne d'abondance. — Æ. 7 (Bibliothèque nationale et Musée britannique).

MÉDAILLES de Thyatire en Lydie :

1. ΑΥΤ·ΚΑΙ·ΝΕΡΒΑ ΤΡΑΙΑΝΟϹ Ϲ·ΓΕΡ. Tête laurée de Trajan.

℞. ANΘY · ΦΟΥϹΚΩ ΘΥΑΤЄΙΡΗΝΩΝ. Figure debout, vêtue de la toge, tenant une patère de la main droite, la gauche pendante. — Æ. 9 (Musée de Munich et Wise, *Catalog. numism. Bodlei*, tab. XCII, 2).

2. ΑΥΤ·ΚΑΙ·ΝЄΡΒΑ [ΤΡΑΙΑΝΟϹ Ϲ·]ΓЄΡ. Même tête.

℞. ANΘY·ΦΟΥϹΚΩ ΘΥΑΤЄΙΡΗΝΩΝ. Éphèbe nu debout, tenant une patère de la main droite, une bipenne et le pallium de la gauche. — Æ. 8 (Musée britannique).

Médailles de Cyzique en Mysie :

1. ΑΥΤ · ΝЄΡ · ΤΡΑΙΑΝΟϹ ΚΑΙ · ϹЄΒ· ΓЄΡ. Tête laurée de Trajan.

℞. ЄΠΙ ΦΟΥϹΚΟΥ ΚΥΖΙ. Cérès, tenant une torche de chaque main, marchant à droite. — Æ. 4 (Musée britannique).

2. ΑΥΤ·ΝЄΡ·ΤΡΑΙΑΝΟϹ ΚΑΙ·Ϲ·ΓЄΡ. Même tête.

℞. ЄΠΙ ΦΟΥϹΚΟΥ ΚΥΖΙ. Éphèbe nu debout, tenant une haste de la main droite, et la gauche sur la hanche. — Æ. 5 (Bibliothèque nationale et ma collection).

Plin. *Epist. ad Trajanum*, anno 111-113 : Nymphidius Lupus, juvenis probus, præfectus cohortis plenissimum testimonium meruit Juli Ferocis et Fusci Salinatoris, clarissimorum virorum.

Aucune de ces médailles ne donne à Trajan le titre de Dacicus, d'où il résulte qu'elles ont toutes été frappées avant la fin de l'année 102. Fuscus fut donc proconsul d'Asie pendant une des premières années du règne de Trajan, et il avait dû être consul suffect sous Domitien. Borghesi (II, p. 211) est d'avis que le sénateur Fuscus Salinator, mentionné par Pline, est le même personnage; ce dernier fut le père de Cn. Pedanius Fuscus Salinator, consul en 118.

Il est possible toutefois que le proconsul Fuscus ait appartenu à une autre famille, et que les lettres ACI soient les initiales du mot Ἀσινίῳ; mais on ne connaît aucun personnage qui ait porté le nom d'Asinius Fuscus. Dans tous les cas, l'explication qu'on donne habituellement de ces lettres n'est pas admissible; on a voulu y voir une alliance entre Smyrne et une ville appelée Asia, qui n'existait certainement pas à cette époque, et qui est probablement entièrement imaginaire. Si les lettres ACI n'appartiennent pas au nom du proconsul, elles doivent être les initiales du mot ἀσιάρχου, et il faudrait lire στρατηγοῦντος Ῥούφου ἀσιάρχου.

112.

C. SALVIUS C. F. LIBERALIS.

Inscription d'Urbisaglia (*Orelli*, 1170; *Borghesi*, III, p. 178) :

> C. Salvio C. f. Vel. Liberali Nonio Basso cos. procos. provinciæ Macedoniæ, legato Augustorum provinc. Britann., legato leg. V Maced., fratri arvali, allecto ab divo Vespasiano et divo Tito inter tribunicios, ab isdem allecto inter prætorios, quinq(uennali) IIII, p(atrono) c(oloniæ). Hic sorte procos. factus provinciæ Asiæ se excusavit.

La carrière de l'orateur Salvius Liberalis, qui est mentionné par Suétone et par Pline, a été l'objet d'un excellent mémoire de Borghesi (III, p. 177, sqq.). Ce savant a cherché à établir qu'il fut probablement exilé par Domitien et rappelé par Nerva qui le nomma consul et légat de la Bretagne; les Augusti mentionnés dans l'inscription sont Nerva et Trajan, qui pendant quelques mois furent associés dans le gouvernement de l'empire. En 100 et 101 il était de retour à Rome et présent au sénat. S'il fut consul en 96 ou 97, il serait parvenu au tirage des provinces consulaires vers 109, et à cette époque il devait être assez âgé pour ne pas se soucier de faire le voyage d'Asie.

Les conclusions auxquelles arrive Borghesi, et que nous venons de résumer, sont assez probables, mais elles sont loin d'être certaines. Ainsi Salvius Liberalis peut très-bien avoir été consul sous Domitien avant sa disgrâce. Les nouveaux fragments des Actes des Arvales, découverts récemment, montrent qu'il était à Rome à la fin de 81, en 86 et 87, qu'il était absent en 89, 90, 91, et qu'il était de nouveau à Rome en 101; il ne figure plus aux réunions de l'année 105, et il était peut-être mort à cette époque; s'il en est ainsi, il était arrivé au tirage des provinces consulaires avant l'an 105, et par conséquent son consulat devrait se placer sous Domitien.

113.

T. AQUILLIUS PROCULUS.

Inscription de Puteoli (Mommsen, *I, N.* 2501; *Henzen*, 6018) :
D. M. Iuliæ Proculinæ uxori pudicissime et obsequentissime, T. Aquillius Proculus consul, pro consul., XV vir, et sibi.

Médaille de Nacolea en Phrygie :
ΑΥ · ΝΕΡ · ΤΡΑΙΑΝΟΣ ΚΑΙΣΑΡ ΣΕ · ΓΕΡ · ΔΑΚΙ. Tête laurée de Trajan.
℟. ΝΑΚΟΛΕΩΝ ΕΠΙ ΑΚ[ΥΛΛΥΟ]Υ ΠΡΟΚΛΟΥ. Femme assise tenant une patère et une haste. — Æ. 9 (Musée de Florence. La légende a été retouchée au burin, surtout les lettres que j'ai placées entre crochets; mais la pièce est authentique. Je n'en ai jamais rencontré d'autre exemplaire).

Inscription d'Éphèse, maintenant au Musée britannique. Cette inscription, qui est très-longue, contient deux fois les noms du proconsul et de son légat; les noms sont mutilés dans les deux passages, mais il est facile de les restituer :

1° .... κράτιστος ἀν]ὴρ καὶ εὐεργέτης Ἀκο[υΐ]λλι-
ος Πρόκλος ὁ ἀνθύπατο]ς καὶ Ἀφράνιος Φλαουΐανὸς ὁ πρεσβευτὴς καὶ ἀντ]ιστράτηγο[ς ....

2° .... Ἀκουΐλλι]ος Πρόκλος ὁ εὐεργέτης
καὶ ἀνθύπατο]ς καὶ Ἀφράνιος Φλαουΐανὸς ὁ κράτιστος πρεσβευτὴς
κα[ὶ ἀντιστρ]άτηγος διὰ ἐπιστολῶν περὶ ταύτης τῆς διατάξε-
ως ἐπεκύρωσαν καὶ ὥρισαν τὸ προγεγραμμένον πρόστειμον.

L'inscription d'Éphèse contient une série de documents relatifs à un legs important fait à la ville d'Éphèse par un certain C. Vibius Salutaris, et elle est datée du 8 des Kalendes de mars, sous les consuls Sex. Attius Suburanus II et M. Asinius Marcellus. Ces consuls sont les consuls ordinaires de l'an 104 = 857, selon toutes les anciennes listes, ou de l'année précédente, selon Borghesi et tous les fastographes modernes; mais Mommsen a démontré (*Hermes*, III, p. 126, sqq.) que l'ordre des anciennes listes est le véritable, et que le changement introduit par les modernes ne repose que sur un calcul erroné des puissances tribuniciennes de Trajan. Il résulte aussi de cette correction dans les fastes consulaires, que la première guerre Dacique de Trajan fut terminée en 102, qu'il prit le titre de *Dacicus* à la fin de cette année, qu'il était de retour à Rome pour le 1er janvier 103, et qu'il fut alors consul pour la cinquième fois.

Aquilius Proculus gouverna donc l'Asie pendant l'année proconsulaire 103-104, et l'inscription est d'accord avec la médaille de Nacolea qui donne à l'empereur le titre de *Dacicus*. Son consulat doit tomber sous le règne de Domitien. L'inscription de Puteoli n'est pas un *cursus honorum*, ce qui explique pourquoi les fonctions remplies par Proculus sont indiquées aussi sommairement; il est singulier néanmoins et contraire aux usages de l'époque d'omettre le nom de la province qu'il avait gouvernée comme proconsul.

Proculus n'est pas mentionné ailleurs; quant à son légat P. Afranius Flavianus, il fut légat de la Pannonie Inférieure en 114 (Renier, *Diplômes*, 35).

114.

C. ANTIUS A. IULIUS A. F. QUADRATUS, cos. suff. 93 = 846; cos. II, 105 = 858.

DIPLÔME militaire (Renier, *Dipl.*, 29) : Imp. Cæs. Domitianus Aug. Germ. pont. max. trib. pot. XII, imp. XXII, cos. XVI, censor perpetuus, p. p.—militibus qui sunt in Delmatia sub Q. Pomponio Rufo,—III Id. Iulias, M. Lollio Paullino Valerio Asiatico Saturnino, C. Antio Iulio Quadrato cos. (846 = 93).

ACTA fratrum Arvalium, anno 105 (Henzen, *Scavi*, p. 62) : Ti. Iulio Candido Mario Celso II, C. Antio A. Iulio Quadrato II cos. III Non. Ianuarias. — Cf. Orelli, 3651.

MÉDAILLE de Pergame :

ΑΥ·ΚΑ·ΝΕΡ·[ΤΡΑΙ]ΑΝΟϹ·ΓΕΡ·Δ. Tête laurée de Trajan.

R/. ЄΠ·ΑΝ·ΑΥ·ΚΟΥΑΔΡΑΤΟΥ ΚΑΙΚΟϹ. Le Caïcus couché tenant une corne d'abondance ; dans le champ, un grand roseau. — Æ. 5 (Musée britannique).

MÉDAILLE d'Attæa en Phrygie :

ΑΥΤ·ΝЄΡΒΑϹ ΤΡΑΙΑΝΟϹ. Tête laurée de Trajan.

R/. ЄΠ·ΑΝΘ·ΚΟΔΡΑΤ·ΑΤΤΑЄΙΤΩΝ. Jupiter debout. — Æ. 4 ½ (De ma collection).

INSCRIPTION de Tlos en Lycie (*Corpus inscr. gr.*, 4238, *d* ; je la donne ici d'après une copie de Fellows, faite en 1844, et beaucoup plus complète) : Γάϊον Ἄντιον Αὖλον, Αὔλου υἱόν, Οὐ[ο]λτινίᾳ, Ἰούλιον Κουαδρᾶτον, πρεσβευτὴν ἀντιστράτηγον Πόντου καὶ Βειθυνίας, πρεσβευτὴν στρατηγὸν (sic) Ἀσίας δίς, πρεσβ[ευ]τὴν το[ῦ] Σεβαστοῦ ἐπαρχείας [Καπ]παδο[κικῆς ......

INSCRIPTION d'Elæa en Æolie (*Corpus inscr. gr.*, 3532 ; plus complète, *Borghesi*, II, p. 15) : Ἡ βουλὴ καὶ ὁ δῆμος ἐτείμησεν Αὖλον Ἰούλιον Κουαδρᾶτον, ὕπατον, ἀνθύπατον Κρήτης καὶ Κυρήνης, πρεσβευτὴν τοῦ Σεβαστοῦ ἐπαρχείας Καππαδοκικῆς, πρεσβευτὴν τοῦ Σεβαστοῦ καὶ ἀντιστράτηγον Λυκίας καὶ Παμφυλίας, πρεσβευτὴν Ἀσίας β', πρεσβευτὴν Πόντου καὶ Βιθυνίας, φράτρεμ ἀρουᾶλεμ, σεπτεμούϊρα ἐπουλώνουμ, εὐεργέτην καὶ κτίστην τῆς πόλεως.

INSCRIPTION de Pergame (Bailie, *Fascic. Inscript.*, I, p. 86 ; *Le Bas et Waddington*, 1722 ; je donne ici le texte restitué) : Αὖλον Ἰούλιον Κουαδρᾶτον, [δίς ?] ὕπατον, πρεσβευτὴν καὶ ἀντιστράτηγον Αὐτοκράτορος Νερούα Τραϊανοῦ Καίσαρος Σεβαστοῦ Γερμανικοῦ Δακικοῦ Συρίας Φοινίκης Κομμαγηνῆς, σεπτεμούϊρα ἐπουλώνουμ, φράτρεμ ἀρουᾶλεμ, Ἀντιοχέων τῶν πρὸς τῷ Χρυσορόᾳ τῶν πρότερον Γερασηνῶν ἡ βουλὴ καὶ ὁ δῆμος.

INSCRIPTION de Pergame (*Corpus inscr. gr.*, 3548 ; Cf. *Le Bas et Waddington*, 1722 *a*) : Γάϊον Ἄντιον Αὖλον, Αὔλου υἱόν, Κουαδρᾶτον, δὶς ὕπατον, ἀνθύπατον Ἀσίας, σεπτεμούϊρουμ ἐπουλώνων, φράτρεμ ἀρουᾶλεμ, πρεσβευτὴν καὶ ἀντιστράτηγον [Πόντου καὶ] Βιθυνίας, πρεσβευτὴν Ἀσίας [δίς], πρεσβευτὴν Σεβαστοῦ ἐπαρχίας Καππαδοκίας, ἀνθύπατον Κρήτης Κυ[ρήνης], πρεσβευτὴν Σεβαστο[ῦ καὶ ἀντι]στράτηγον Λυκίας καὶ Παμφυλίας, πρεσβευτὴν καὶ ἀντιστράτηγον Αὐτοκράτορος Νερούα Τραϊανοῦ Καίσαρος Σεβαστοῦ Γερμανικοῦ Δακικοῦ ἐπαρχίας Συρίας, ἡ βουλὴ καὶ ὁ δῆμος τῶν πρώτων νεωκόρων Περγαμηνῶν τὸν εὐεργέτην.

INSCRIPTION de Pergame (*Corpus inscr. gr.*, 3549) : .... Κουαδρᾶτον δὶς ὕπατον ἡ πατρίς.

ARISTID., *Apellæ natalit.*, p. 116, éd. Dindorf : Ὁ δὲ Κοδρᾶτος ὑπὸ τοῦ θεοῦ κληθεὶς ὡς ἀναληψόμενος τὴν πόλιν (Πέργαμον) ὑπὸ χρόνου κεκμηκυῖαν αὐτὸ τοῦτο ὅπερ ἐστὶν ἐποίησεν, ὥστ' εἶναι λοιπὸν τὰ μὲν ἄλλα γένη τῆς πόλεως φάσκειν, τουδὶ δὲ τοῦ γένους τὴν πόλιν· καίτοι τοῦτό γε οὐκ ἐμὸς ὁ λόγος, ἀλλ' ἡ πόλις αὐτὴ συνομολογεῖ καὶ κέκραγεν ἐν τοῖς βουλευτηρίοις, ἐν τοῖς θεάτροις, ἐν ταῖς ἐκκλησίαις, ἐν ᾧ μέρει καὶ ψήφοις, ἐπεὶ καὶ πᾶν ὑπ' ἐκείνου κεκόσμηται.

Quadratus était originaire de Pergame, ainsi que le montrent la troisième inscription trouvée dans cette ville et le passage d'Aristide. Il eut un fils nommé Apellas, qui remplit aussi des fonctions importantes et gouverna des provinces (*Aristid.*, p. 117, 119); Fronto, le fils de ce dernier, était aussi un homme considérable (*ibid.*, p. 118), et fut le père d'un autre Apellas, dont le rhéteur Aristide a célébré le quatorzième anniversaire dans un discours, auquel nous avons emprunté ces détails. Les différentes inscriptions, où sont énumérées les fonctions remplies par Quadratus, n'en mentionnent aucune antérieure à celle de légat du proconsul de Bithynie; il est donc probable qu'il n'était pas fils de sénateur, et qu'il n'entra pas dans la carrière administrative par la voie habituelle du vigintivirat; il fut sans doute un de ces provinciaux que Vespasien fit entrer d'emblée au sénat, en leur conférant le rang de tribun et de préteur; la carrière de Salvius Liberalis (voyez plus haut, § 112) fournit un exemple semblable. C'est en l'an 74 que Vespasien et Titus exercèrent la censure et reconstituèrent le sénat en y faisant entrer beaucoup d'Italiens et de provinciaux, choisis parmi les plus illustres citoyens des villes importantes (Suetón., *Vespas.*, 9); il est donc probable que la carrière de Quadratus ne commença pas avant cette année.

Quadratus débuta dans l'administration par les fonctions de légat du proconsul de Bithynie; il fut ensuite légat du proconsul d'Asie deux fois, c'est-à-dire sous deux proconsuls différents. Il passa ensuite à la légation de Cappadoce, qu'il obtint avant le consulat. Dans l'inscription de Tlos, qui fut probablement gravée lorsque Quadratus quitta la province de Lycie, les fonctions qu'il remplit sont rangées dans leur ordre chronologique, et il en résulte clairement que la légation de Cappadoce précéda celle de Lycie et précéda le consulat; l'inscription est malheureusement incomplète, mais puisque le consulat n'est pas mentionné en tête des différentes fonctions, comme on le faisait habituellement, ou bien l'inscription fut gravée avant le consulat, ou bien le consulat n'était mentionné qu'à la fin à sa place chronologique; dans les deux cas, il est évident que Quadratus fut légat de Cappadoce avant d'être consul. Ce point est important, parce qu'il montre que sous Domitien il y eut quelque changement dans l'organisation de cette province, et c'est probablement pour cela qu'elle est appelée dans la plupart des inscriptions de Quadratus ἐπαρχία Καππαδοκική et non Καππαδοκία; nous reviendrons sur ce fait plus loin, lorsque nous traiterons des gouverneurs de cette province. Les deux inscriptions de Pergame (*Corpus inscr. gr.*, 3528; *Le Bas et Waddington*, 1722 *a*) confirment l'ordre chronologique de l'inscription de Tlos; dans celle d'Elæa, au contraire, les fonctions sont rangées d'après leur importance et non d'après leur ordre chronologique.

Après la légation de Cappadoce, Quadratus dut retourner à Rome pour prendre part au tirage des provinces prétoriennes du sénat, et il obtint celle de Crète et de Cyrène. De là il passa en Lycie, qu'il gouverna comme légat prétorien, et il alla ensuite à Rome pour exercer la charge de consul suffect; ce premier consulat n'est connu que par le diplôme militaire cité plus haut, et se place au mois de juillet 93.

Toutes les fonctions de Quadratus mentionnées jusqu'à présent appartiennent au règne de Domitien. Entre son consulat et la mort de Nerva, il ne paraît avoir exercé aucune fonction; mais Trajan ne tarda pas à lui confier l'importante province de Syrie; il la gouvernait lorsque ce prince avait déjà reçu le titre de Dacicus, c'est-à-dire à la fin de 102, et la quitta sans doute dans le courant de 104, pour revenir à Rome où il occupa pour la seconde fois la chaise curule, cette fois comme consul ordinaire, le 1er janvier 105. Il eut pour successeur en Syrie le fameux général Cornelius Palma, le conquérant de l'Arabie, qui obtint comme lui les honneurs d'un deuxième consulat en quittant sa province. C'est alors sans doute que les habitants de Gérasa lui firent élever une statue à Pergame, sa patrie.

Le proconsulat d'Asie dut suivre de près le second consulat de Quadratus; on peut le placer vers l'an 106, treize ans après son premier consulat; c'est à peu près à cette époque qu'il dut parvenir au tirage des provinces consulaires, et dans tous les cas sa légation de Syrie l'eût empêché d'y prendre part plus tôt.

Quadratus était membre de deux grands colléges sacerdotaux, celui des *septemviri epulonum*, et celui des *fratres arvales*. Dans les Actes de ces derniers on rencontre souvent le nom de A. Julius Quadratus; il est mentionné comme assistant aux réunions en 78, en 86, 87 et 89; dans les Actes des années 80, 81, 90, 91, 101, il ne figure pas; mais dans ceux de 105, l'année même de son deuxième consulat, on retrouve C. Antius A. Julius Quadratus. S'agit-il dans les deux cas du même personnage? Henzen (*Scavi*, p. 45) est d'avis que le second est fils adoptif du premier; mais la question est douteuse. En effet, dans les inscriptions de Quadratus les noms de C. Antius sont tantôt omis, tantôt maintenus, et il est évident qu'il était généralement connu sous le nom de A. Julius Quadratus (*Orelli*, 3651; *Muratori*, 316, 4). Dans les Actes des Arvales on inscrivait habituellement, il est vrai, les noms des membres du collége tout au long; mais il y a des exceptions, celle de Salvius Liberalis, par exemple, auquel on ne donne pas toujours ses autres noms de Nonius Bassus. On remarquera aussi que les absences de Quadratus peuvent concorder assez bien avec les fonctions qu'il remplit et qui le retinrent souvent loin de Rome.

115.

FABIUS POSTUMINUS.

MÉDAILLE de Thyatire en Lydie :

AY · [KAI · NEP · TPAIA]NON ΓEP · ΔAKIKON.
Tête laurée de Trajan.

℞. ANΘYΠOCIω . . . . NΩ ΘYATEIPHNΩN. Apollon nu, debout, tenant un serpent de la main droite, et la gauche appuyée sur un cippe. — Æ. 8 (Musée britannique).

Inscription d'Æzani, fragment (*Le Bas et Waddington*, 841) :

ΟΣΤΟΥΜΕΙΙ

ΣΙ ΒΟΥΛΗΙΔΗΜΩΙ ΧΑΙΡΕΙΝ

ΝΠΡΩΤΗΝΑΡΧΗΝΜΟΥΤΗΣΑΝΘΥΠΑΤΕΙΑΣΑΚΟ

Φάβιος Π]οστουμεῖ[νος

Αἰζανειτῶν ἄρχου]σι βουλῇ δήμῳ χαίρειν·

.... κατὰ τὴ]ν πρώτην ἀρχήν μου τῆς ἀνθυπατείας ἀκο[λούθως ....

Plin., *Epist.*, IX, 13 : Procès de Publicius Certus, anno 97.—Jam censendi tempus; dicit Domitius Apollinaris, consul designatus, dicit Fabricius Veiento, Fabius Postuminus, Vettius Proculus, collega Certi de quo agebatur, post hos Ammius Flaccus.

Dans ce passage, le manuscrit Mediceus donne seul la leçon *Fabius Maximinus*, que Keil a adoptée dans son excellente édition de Pline; mais le manuscrit de Dresde et les deux plus anciennes éditions donnent *Fabius Postumius*, et l'édition aldine porte *Fabius Posthuminus*, qui doit être la vraie leçon. En effet, le nom du proconsul dans le fragment d'Æzani et sur la médaille ne peut guère être que ΠΟΣΤΟΥΜΕΙΝΟΣ.

Lorsque j'ai publié mes notes sur cette inscription, je ne connaissais pas la leçon *Postuminus* du passage de Pline, et je n'avais pu en restituer le texte d'une façon satisfaisante; il me semble que maintenant la difficulté est résolue. J'ajouterai que Fabius Maximinus est un personnage parfaitement inconnu, et dont on ne trouve le nom nulle part ailleurs que dans le manuscrit de Médicis. On trouvera plus loin (§ 125) un autre exemple de l'altération d'un nom propre dans ce manuscrit.

On sait que dans le sénat il était d'usage que les consuls désignés opinassent les premiers, ensuite les consulaires, et après eux les prétoriens; Fabricius Veiento était un ancien consulaire (Victor, *Epitome*, 12), mais Vettius Proculus n'était que prétorien, de sorte que Postuminus, qui est nommé entre les deux, peut avoir été l'un ou l'autre. Son proconsulat d'Asie doit être antérieur à celui de Vettius Proculus, puisqu'il était plus ancien fonctionnaire que lui.

C'est peut-être au même Postuminus que se rapporte le

fragment d'un *cursus honorum*, trouvé à Palestrina et publié par Borghesi (VII, p. 325; *Bullet. Inst. archéol.*, 1841, p. 54) le nom du personnage honoré commence par les lettres POST; il avait été proconsul d'Asie ou d'Afrique et préfet de Rome.

116.

PUBLICIUS vel PUBLILIUS TULLUS.

MÉDAILLE de Sardes :

ΑΥ · ΚΑΙ · ΝΕΡ · ΤΡΑΙΑΝΟϹ ϹΕΒ · ΓΕΡ · ΔΑΚΙ-ΚΟϹ. Tête laurée de Trajan.

R/. ЄΠ...ΥΒΑΙ · ΤΟΥΛΛΟΥ ΑΝΘΥΠΑΤΟΥ ϹΑΡ-ΔΙΑΝΩΝ. Deux captifs au pied d'un trophée. — Æ. 7 (Bibliothèque nationale).

Borghesi (I, p. 457) a attribué cette médaille à Bæbius Tullus, qui fut probablement consul ordinaire en 109, et qui fut certainement proconsul d'Asie, ainsi que nous le verrons plus loin (§ 131). Mais un examen attentif de la pièce m'a convaincu qu'il s'agit ici d'un autre Tullus; en effet entre le Π et le B il y a place pour quatre lettres, ce qui donne un *nomen gentilicium* de six lettres; avant le B j'ai cru distinguer un Y, et on peut lire BAI tout aussi bien que BAI. Il n'y a donc guère que les noms ΠΟΥΒΑΙ[ΛΙΟΥ] ou ΠΟΥΒΑΙ[ΚΙΟΥ] qui remplissent exactement la lacune, et, bien qu'on ne connaisse aucun personnage qui ait porté le nom de Publicius ou Publilius Tullus, les familles Publicia et Publilia sont toutes les deux représentées dans les fastes consulaires du second siècle. Je n'ai point encore rencontré d'autre exemplaire de cette médaille.

Le proconsulat de Tullus tombe entre les années 102 et 114, puisque Trajan a le titre de Dacicus, mais non celui d'Optimus.

117.

HADRIANUS.

Médailles de Thyatire en Lydie :

1. ΑΥ·Ν[ЄΡ·Τ]ΡΑΙΑΝΟΝ [Γ]ЄΡ·ΔΑΚΙΚΟΝ. Tête laurée de Trajan.

℟. [ЄΠΙ ΑΝΘΥΠ]ΑΤΟΥ ΑΔΡ[Ι·Θ]ΥΑΤЄΙ[Ρ]Η-ΝΩΝ. Apollon nu et debout, appuyé sur un cippe et donnant à manger à un serpent. — Æ. 8 ½ (Musée de Munich; je donne cette médaille d'après la description et l'empreinte que M. Henri Brunn a bien voulu m'envoyer; elle est décrite inexactement dans Mionnet, *Lydie*, n° 899).

2. ΑΥ·ΝЄΡ·ΤΡΑΙΑΝΟΝ ΓЄΡ·ΔΑΚΙΚΟΝ. Même tête.

℟. .... ΑΝΘΥΠΑΤΟΥ ΑΔΡΙΑΝΟΥ ΘΥΑΤЄΙ-ΡΗΝΩΝ. Apollon nu, debout, appuyé sur une colonne et tenant de la main droite un serpent auquel il donne à manger. — Æ. 5 (Mionnet, *Suppl. Lydie*, n° 602, d'après Sestini).

Médaille d'une ville incertaine :

ΑΥ·ΝЄΡ·ΤΡΑ......... Tête laurée de Trajan.

℟. ЄΠΙ ΑΝΘΙ.......ΙΑΝΟΥ. Bacchus debout, tenant un thyrse et un canthare; à ses pieds, une panthère. — Æ. 6 (Musée de Munich. Je dois une description exacte de cette pièce à l'obligeance de M. Henri Brunn, le savant conservateur des antiques de Munich; c'est la pièce citée par Sestini dans ses Classes générales, 2e éd., p. 113, et sur laquelle il a cru lire ЄΠΙ ΑΝΘΥ·Α·ΠΟΛΛΙΑ-ΝΟΥ).

La première de ces médailles, qui faisait partie de la collection Cousinéry, est conservée au Musée de Munich; quant à la seconde, j'ignore où elle se trouve, et je ne sais jusqu'à quel point on peut se fier à la description de Sestini.

On a admis généralement que le proconsul Hadrianus est le

personnage qui devint plus tard empereur; mais cette opinion soulève de graves objections. L'empereur Hadrien, P. Ælius Hadrianus, fut consul suffect en juin 108; cette date est maintenant certaine, grâce à un diplôme militaire découvert il y a peu de temps et aux fastes des *Feriæ Latinæ* (voyez § 128). Comme la première médaille de Thyatire, qui est de grand module, ne donne à Trajan ni le titre d'Optimus, ni celui de Parthicus, on peut conclure qu'elle a été frappée avant 114; or, sous le règne de Trajan, il fallait au moins une douzaine d'années pour arriver au tirage des provinces consulaires, et le consul de 108 n'aurait pu y prendre part avant l'an 120 au plus tôt, c'est-à-dire lorsqu'il était déjà empereur. En fait, Licinius Granianus et Minicius Fundanus, tous les deux plus anciens consulaires qu'Hadrien, n'arrivèrent au proconsulat d'Asie que sous son règne. Spartien, qui, dans sa vie d'Hadrien, énumère toutes les fonctions qu'il remplit avant d'arriver à l'empire, ne fait aucune allusion à un proconsulat d'Asie. Sur la carrière d'Hadrien avant son avénement au trône, voyez aux légats de Syrie.

Il s'agit donc ici d'un autre Hadrianus; ce ne peut être le père d'Hadrien qui mourut sous Domitien, mais il est possible que ce soit son oncle, un autre Hadrianus, mentionné par Spartien (*Hadrian.*, 2), ou bien quelque autre membre de sa famille. Le *cognomen* Hadrianus était usité aussi dans la *gens* Fabia.

118.

VETTIUS PROCULUS cos. suff. 97 = 850 vel 98 = 851.

MÉDAILLE d'Hyrcanis en Lydie :

AY.KAIC·NЄP·T[P]AIAN .... ΔAKI. Tête laurée de Trajan.

℟. ANΘ·BET·ΠPOK[AΩ] YPKANΩ(N). Diane chasseresse debout. — Æ. 6 (De ma collection).

INSCRIPTION de Rome (*Gruter*, p. 1071, 4) : Pro salute itu et reditu Butræ n. Silvano et diis omnibus h(ujus) l(oci). Nicephorus lib. aram ex voto pos(uit). Votum susceptum III Non. Decemb. Vettio Proclo, Julio Lupo cos.

PLIN., *Epist.*, IX, 13 : Procès de Publicius Certus, præfectus ærarii. — Jam censendi tempus; dicit Domitius Apollinaris, consul designatus, dicit Fabricius Veiento, Fabius Postuminus, Vettius Proculus, collega Publici Certi de quo agebatur, uxoris meæ quam amiseram, vitricus, post hos Ammius Flaccus. — Obtinui tamen quod intenderam; nam collega Certi consulatum, successorem Certus accepit.

Publicius Certus avait accusé Helvidius Priscus sous Domitien et l'avait fait condamner à mort; après la mort de Domitien, Pline, pour venger la mort d'Helvidius, accuse à son tour Certus, qui occupait alors le poste de préfet du trésor; il ne put le faire condamner, mais l'empereur Nerva le destitua de ses fonctions et il mourut peu de temps après. La charge de préfet du trésor conduisait généralement au consulat; aussi Vettius Proculus, l'autre préfet du trésor, et le collègue de Certus, obtint-il bientôt cet honneur. Borghesi (*Bullet. Instit. archeol.*, 1842, p. 32) place le consulat de Proculus à la fin de l'année 97, l'année même du procès, mais Mommsen (*Hermes*, III, p. 38) est d'avis qu'il faut le retarder jusqu'à l'année suivante.

L'inscription de Rome montre qu'il eut pour collègue Julius Lupus, et qu'il fut consul pendant les derniers mois de l'année. Son proconsulat d'Asie n'est connu que par la médaille d'Hyrcanis; il est antérieur à l'année 116, dans laquelle Trajan reçut le titre de Parthicus; l'état de la monnaie ne permet pas de voir si la légende comprenait le titre Optimus, qui commence en 114; mais il m'a semblé qu'il n'y avait pas place pour ce titre, ce qui placerait le proconsulat de Proculus vers l'an 112.

119.

M. APPULEIUS L. F. TI. CÆPIO HISPO cos. suff. 98 = 851 vel 99 = 852.

INSCRIPTION de Ravenne (*Orelli*, 3670) : M. Apuleio Proculo L. f. Claud. Ti. Cæpioni Hisponi cos. pont. procos. provinc. Asiæ et Hispaniæ Bæticæ, præfect. ærari militaris.

DIGEST., XL, 5, 26 : Senatus consultum, quod factum est temporibus divi Trajani, Rubrio Gallo et Cæpione (MSS. Cælio) Hispone consulibus.

PLIN., *Epist.*, IV, 9 : Procès de Julius Bassus. — Censuit Bæbius Macer, consul designatus, lege repetundarum Bassum teneri, Cæpio Hispo, salva dignitate judices dandos.

Le procès de Julius Bassus, proconsul de Bithynie, qui forme le sujet d'une des lettres de Pline, fut plaidé devant le sénat en 103 ou 104, ainsi que Mommsen l'a démontré (*Hermes*, III, p. 45). Après les plaidoiries, Bæbius Macer opina le premier en sa qualité de consul désigné; Cæpio Hispo opina ensuite, comme consulaire, ainsi que nous allons le démontrer.

Pour déterminer les dates du consulat et du proconsulat de Hispo, il faut en même temps examiner la carrière de son contemporain L. Dasumius, qui fut également consul suffect et proconsul d'Asie. Voici les éléments de la question : 1° Pendant les deux dernières années de Trajan, 116 et 117, le proconsulat d'Asie fut confié à Julius Ferox et à Cornutus Tertullus, consuls suffects en 99 et 100; de plus, l'une des deux années 114 et 115 appartient au proconsul Scapula. Ces deux points seront établis dans les paragraphes suivants (121 à 123). 2° Vettius Proculus, consul en 97 ou 98, fut proconsul d'Asie avant 114, ainsi que nous venons de le voir (§ 118). 3° L. Dasumius gouverna l'Asie sous le règne de Trajan, ainsi qu'il résulte de l'inscription de Milet, citée plus loin (§ 120), et la dernière année de ce règne qui soit libre est l'une des deux années 114 et 115. 4° Le consulat de Hispo, qui appartient certainement au règne de Trajan, est antérieur à celui de Dasumius, puisque le *senatusconsultum Dasumianum* est postérieur au *senatusconsultum*

Rubrianum. Ce dernier point est clairement établi, de l'avis de tous les commentateurs, par deux passages du Digeste (XL, 5, 36; 5, 51).

Ainsi, pour se conformer à l'ordre d'ancienneté, qui était toujours suivi à cette époque, il faut placer le proconsulat de Hispo vers 113 et celui de Dasumius en 114 ou 115; le consulat de Hispo peut appartenir à l'année 98 ou 99 et celui de Dasumius dut le suivre de près.

J'ajouterai que les différentes lois sur les *fideicommissariæ libertates* (*Digest.*, XL, 5), destinées à combler successivement les lacunes qui se faisaient sentir dans la législation, paraissent avoir été votées à des intervalles assez rapprochés. Aussi bien, après ce que nous venons de dire de la date du consulat de Dasumius, il n'est pas nécessaire de reporter le *senatusconsultum Articuleianum*, qui compléta les dispositions du *Dasumianum*, à l'année 123, ainsi que le propose M. Mommsen (*Hermes*, III, p. 45); il peut tout aussi bien se placer en 104, selon l'opinion presque unanime des commentateurs du Digeste.

120.

L. DASUMIUS cos. suff. 99 = 852.

INSCRIPTION de Milet (*Corpus Inscr. Gr.*, 2876) :

Αὐτοκράτορα Καίσαρα, θεοῦ] Νερούα υἱόν, [Νερούαν
Τραϊανὸν Ἄριστον Σεβαστὸν Γ]ερμανικὸν [Δακικὸν
ἡ βουλὴ καὶ ὁ δῆμος, κατὰ τὰ γ]ραφέντα ψηφίσματα
μηνὶ. . . . . . ἐπὶ ἀνθυπάτου Λ]ουκίου Δασουμμίου,
ἐπιμεληθέντος τῆς τειμῆς Τ. Φλα]βίου Σαλβίου,
. . . . ἀρχιερέως ? καὶ ἀρχιπρυτάν]εως τὸ β',
. . . . ωντος. . . .

La restitution de ce fragment est nécessairement incertaine dans les détails, mais il suffit pour prouver que L. Dasumius fut proconsul d'Asie sous Trajan. En effet, on savait depuis longtemps qu'il y avait eu, vers le début du règne de Trajan, un consul suffect Dasumius, qui avait donné son nom au *senatusconsultum Dasumianum de fideicommissariis libertatibus* (*Digest.*,

XL, 5, 36; 5, 51); et la rareté du nom permet d'affirmer avec certitude que c'est bien le même personnage qui gouverna l'Asie vers la fin du même règne. Nous avons déjà parlé à l'article précédent de la date de son consulat et de son proconsulat.

On a retrouvé près de Rome des fragments considérables du testament de Dasumius; il est daté du consulat d'Ælius Hadrianus et Trebatius Priscus, c'est-à-dire de l'année 108, et il est suivi d'un codicille, dans lequel le testateur fait un legs à l'empereur Trajan. Borghesi (VI, p. 429) a montré que Dasumius ne laissa pas d'enfants, et que son nom passa par adoption à L. Dasumius Tullius Tuscus, personnage qui remplit des fonctions importantes sous les règnes d'Antonin et de Marc-Aurèle.

Le testament de Dasumius a été publié et commenté par Ambrosch (*Annal. Instit. Archeol.*, 1831, p. 387) et par Rudorff (*Zeitschrift für geschichtliche Rechtswissenschaft*, t. XII, 1845, p. 301); ce dernier travail a été traduit par M. Édouard Laboulaye dans la *Revue de Législation et de Jurisprudence*, année 1845.

121.

SCAPULA ?

Médaille de Cotiæum en Phrygie :

AY·NEP.TPAIANOC APICT·K·CE·ΓEP·ΔAK. Tête laurée de Trajan.

℞. ЄΠΙ KA·OYAPOY APX·KOTIAЄΩN . . .KAΠΛA·ANΘ. Hercule debout, tenant sa massue de la main droite, et portant sur son bras gauche Télèphe et la dépouille de lion. — Æ. 8 ½ (Musée britannique).

Le nom du proconsul est endommagé sur cette pièce, qui est d'ailleurs assez belle; dans la lacune il n'y a place que pour deux ou trois lettres. Je crois qu'il faut lire . . CKAΠΛA, *Scapula*; mais j'ai noté qu'on pouvait aussi lire KA·ΠΛA, et alors il s'agirait d'un nom comme Ti. Cl[audius] Pla[rianus]; mais il est assez rare de trouver sur les médailles de cette époque les trois noms d'un proconsul; on le désignait généralement par son *nomen gentilicium* et son *cognomen*, et souvent par son *cognomen* seulement.

Au surplus, qu'il se soit appelé Scapula ou non, ce proconsul est entièrement inconnu. Son gouvernement doit se placer entre l'année 114, dans laquelle Trajan reçut le titre d'Optimus, et l'année 116, où commence celui de Parthicus. Son consulat, comme son proconsulat, dut précéder de peu celui de Julius Ferox.

122.

TI. IULIUS FEROX, cos. suff. kal. Oct. vel Nov. 99 = 852.

MÉDAILLES d'Hierocæsarea de Lydie :

1. ΑΥ.ΚΑΙ · ΝΕΡ · ΤΡΑΙΑΝΟ · CΕΒ · ΑΡΙC · ΓΕΡ. ΔΑΚ·ΠΑΡ. Tête laurée de Trajan.

℟. ΙΕΡΟΚΑΙCΑΡΕ[ΩΝ Α]ΝΘΥ·ΦΕΡΟΚΙ. Diane chasseresse dans un bige de cerfs. — Æ. 7 ½ (Bibliothèque nationale).

2. ΙΕΡΟΚΑΙCΑΡΕΙΑ. Tête tourelée de femme, à droite.

℟. ΑΝΘΥΠΑΤΩ ΦΕΡΟΚΙ. Diane chasseresse debout. Æ. 5 ½ (Bibliothèque nationale).

3. Même légende et même tête.

℟. Même légende. Persée debout. — Æ. 5 ½ (Bibliothèque nationale et Musée britannique).

PLIN. *Epist.* II, 11 : Procès de Marius Priscus, plaidé à la fin de l'année 99 et en janvier 100 : Consul designatus Julius Ferox, vir rectus et sanctus, Mario quidem judices interim censuit dandos, evocandos autem quibus diceretur innocentium pœnas vendidisse.

INSCRIPTION de Rome (*Corpus inscr. lat.*, I, p. 180; *Gruter*, p. 198, 3 et 4) : Ex auctoritate Imp. Cæs. Nervæ Traiani Aug. Germanici, pont. max., trib. potest. V, cos. IIII, p. p., Ti. Iulius Ferox, curator alvei et riparum Tiberis et cloacarum urbis, terminavit ripam, r(ecta) r(egione) proximo cippo p(edes) CCCLXXXVIS.

PLIN., *Epist. ad Trajanum*, 87 : Nymphidius Lupus, præfectus cohortis, plenissimum testimonium meruit Juli Ferocis et Fusci Salinatoris, clarissimorum virorum.

La date précise du consulat de Julius Ferox dépend des incidents du procès de Marius Priscus; cette affaire commença vers la fin de l'année 99 et fut jugée en janvier 100, et elle est racontée tout au long par Pline dans une lettre écrite immédiatement après.

Julius Ferox est mentionné comme étant consul désigné pendant la première phase du procès, et les fastographes l'ont toujours considéré comme un des consuls suffects de l'année 100; telle était aussi l'opinion de Borghesi. Mais Mommsen (*Hermes*, III, p. 92) suppose qu'il s'écoula plusieurs mois entre l'avis émis par Ferox, et les séances du mois de janvier, sans doute pour donner aux complices de Priscus, qu'on avait cités, le temps d'arriver d'Afrique; et il en conclut que Ferox était consul désigné pour les deux ou trois derniers mois de 99. De plus, il démontre qu'à cette époque les consuls suffects étaient désignés le 9 janvier de chaque année, sinon pour l'année entière, du moins pour les trois derniers trimestres. La carrière de Cæcilius Faustinus, que nous examinerons à la fin de cet article, et qui est parallèle à celle de Ferox, vient confirmer la conclusion du savant épigraphiste de Berlin.

Ferox fut curateur du Tibre et des égouts de Rome en 101; sur cette charge, qui était toujours confiée à un consulaire, voyez *Borghesi*, V, p. 62, et *Corpus inscr. lat.*, I, p. 180. Il gouverna ensuite quelque province où il y avait des troupes, ainsi qu'il résulte de la lettre de Pline à Trajan, écrite en 111 ou 112. Il fut enfin proconsul d'Asie pendant l'année proconsulaire 116-117; car, ainsi que Borghesi l'a démontré (*Bullet. Instit. archeol.*, 1859, p. 121), le titre de Parthicus ne fut décerné à Trajan qu'au mois de mai ou de juin 116 et il mourut au commencement d'août 117.

Ferox est le seul proconsul d'Asie du règne de Trajan, pour lequel on puisse déterminer avec certitude l'intervalle entre le consulat et le proconsulat; mais la série des proconsuls d'Afrique fournit un exemple exactement semblable, que nous allons citer, à cause de la rareté des données chronologiques précises à cette époque.

Un diplôme militaire trouvé, il y a quelques années, à Philippopolis (Renier, *Diplômes*, 44) fixe le consulat de A. Cæcilius Faustinus au mois d'août 99; il ne précéda donc que de quelques mois celui de Julius Ferox. Or ce même Faustinus, après avoir gouverné la Mésie Inférieure en 105 (Renier, *Diplômes*, 45), fut proconsul d'Afrique pour l'année 116-117, ainsi que le prouve l'inscription suivante, copiée par M. Guérin sur la frise d'un arc de triomphe à *Maktar*, l'ancien oppidum Mactaritanum (*Voyage dans la Régence de Tunis*, I, p. 408) :

Imp. Cæsari divi Nervæ f. Nervæ Traiano Optimo Aug.
Germanico Parthico p. m. trib. potest. XX, imp. XII, cos. VI,
[A. Cæcilius Fa]ustin[us pro]cos. dedic. d. d. p. p.

Borghesi (*loc. cit.*) a montré que Trajan reçut le titre de Parthicus en même temps que la douzième salutation impériale, et que la treizième salutation lui fut décernée à l'occasion de la prise de Ctésiphon, au mois d'août 116. Il en résulte que Faustinus était proconsul d'Afrique pendant l'été de 116, et qu'il gouverna cette province pendant l'année proconsulaire 116-117; il arriva donc au tirage des provinces consulaires en même temps que Ferox, moins ancien consulaire de quelques mois. Dans les deux cas, l'intervalle entre le consulat et le proconsulat est de seize ans.

123.

C. IULIUS P. F. CORNUTUS TERTULLUS, cos. suff. kal. Jul. vel Sept. 100 = 853.

Inscription de Rome (Marini, *Arvali*, p. 729; *Orelli*, 3659; restituée par Borghesi, IV, p. 117) : C. Iulio P. f. Hor. Cornuto Tertullo cos., proconsuli provinci[æ Asiæ], proconsuli provinciæ Narbo[nensis], legato pro prætore divi Traiani [Parthici] provinciæ Ponti et Bith[yniæ], ejusdem legato pro pr[ætore] provinciæ Aquitaniæ censu[um] accipiendorum, curato[ri viæ] Æmiliæ, præfecto ærari Satur[ni], legato pro prætore Cretæ et Cyrenarum, adlecto inter prætorios a divis

Ves[pasiano] et Tito censoribus, ædili ce[riali], quæstori urbano, ex testamento C. Iulius P. f. Anicius Varus Cornutus [fratri].

Plin., *Epist.*, V, 14 : Secesseram in municipium, cum mihi nuntiatum est Cornutum Tertullum accepisse Æmiliæ viæ curam. — Magis me delectat mandatum mihi officium (cura alvei Tiberis), postquam par Cornuto datum video. — Una diligimus, una dileximus omnes fere quos ætas nostra in utroque sexu æmulandos tulit; quæ societas amicitiarum artissima nos familiaritate conjunxit. Accessit vinculum necessitudinis publicæ. Idem enim mihi collega in præfectura ærarii fuit, fuit et in consulatu. Tum ego qui vir et quantus esset altissime inspexi, cum sequerer ut magistrum, ut parentem venerer; quod non tam ætatis maturitate quam vitæ merebatur. — Cf. Plin., *Panegyr.*, 90-93.

Cornutus Tertullus est souvent mentionné dans les lettres de Pline, dont il était le contemporain et l'ami, et dont la carrière administrative ressembla beaucoup à la sienne. Il reçut le rang de prétorien lors de la censure de Vespasien et de Titus en 74, et fut ensuite légat du proconsul de Crète et de Cyrénaïque; pendant tout le règne de Domitien il ne remplit aucune fonction, si ce n'est le proconsulat de la Narbonaise, ainsi que nous le verrons plus loin. Nerva le nomma préfet du trésor, Trajan lui conféra le consulat à l'automne de l'année 100, et un peu plus tard il le nomma curateur de la voie Émilienne; dans ces trois charges il eut Pline pour collègue. Après une mission en Aquitaine, il fut nommé légat consulaire du Pont et de la Bithynie, où il succéda à son ami Pline; ceci n'est établi par aucun témoignage direct, mais comme la province était certainement gouvernée par des proconsuls jusqu'à l'arrivée de Pline, comme Pline ne fait aucune allusion à Tertullus dans ses lettres à Trajan, et comme Tertullus obtint au tirage des provinces sénatoriales la province prétorienne de la Narbonaise, on peut considérer le fait comme certain, et placer sa nomination en 112 ou 113. En effet Pline arriva en Bithynie en septembre 110 ou 111 et y resta au moins dix-huit mois, de sorte que son successeur ne put arriver au plus tôt qu'au printemps de 112 et peut très-bien n'être arrivé qu'au printemps de l'année suivante; nous examinerons ce point en détail au chapitre de la Bithynie. Quoi qu'il en soit, si on attribue à la légation de Tertullus la durée ordinaire de trois ans, il dut quitter la province au printemps de 115 ou de 116 et retourner à Rome pour prendre part au tirage des provinces consulaires.

Ici se présente une petite difficulté. Tertullus était moins ancien consulaire que Julius Ferox; mais il n'y avait entre eux qu'une année d'intervalle au plus. Il est donc à peu près certain qu'il fut le successeur de Ferox en Asie, c'est-à-dire qu'il gouverna cette province pendant l'année proconsulaire 117-118. Cela étant, il est difficile d'admettre qu'entre sa légation de Bithynie et son proconsulat d'Asie, il soit allé remplir les fonctions de proconsul de la Narbonaise, comme le ferait supposer l'ordre des fonctions dans l'inscription. Dans les *cursus honorum* de cette époque il était d'usage de placer toujours en tête le consulat et proconsulat d'Asie ou d'Afrique, et d'énumérer ensuite les autres charges dans l'ordre chronologique direct ou inverse; mais, dans le cas qui nous occupe, il est évident que le rédacteur de l'inscription a placé ensemble les deux proconsulats, c'est-à-dire les deux fonctions qu'on tirait au sort, et ensuite la série des autres fonctions à la nomination de l'empereur. Au surplus, Tertullus, qui avait le rang de préteur déjà en 74, ne put attendre jusqu'à 115 pour tirer au sort les provinces prétoriennes du sénat, et il est probable qu'il gouverna la Narbonaise sous Domitien.

L. Roscius Ælianus, consul pendant les deux ou trois derniers mois de l'année 100 (*Orelli*, 782), et proconsul d'Afrique (*Orelli*, 4952), dut obtenir cette province en même temps que Tertullus obtint l'Asie, c'est-à-dire en 117.

124.

METTIUS MODESTUS.

Inscription de Caunus en Lycie, d'après une copie de Fellows :

ΕΤΤΙΟΝΜΟΔΕΣΤΟΝ
ΟΝΑΥΤΟΚΡΑΤΟΡΟΣ
ΒΑΣΤΟΥΓΕΡΜΑΝΙ

Καυνίων ἡ βουλὴ καὶ ὁ δῆμος Μ]έττιον Μόδεστον
πρεσβευτὴν καὶ ἀντιστράτηγ]ον Αὐτοκράτορος
Καίσαρος Νερούα Τραϊανοῦ Σε]βαστοῦ Γερμανικοῦ Δακικοῦ......

Inscription de Patara en Lycie (*Corpus inscr. gr.*, 4279) : Μέτ-τι]ον Ῥοῦφον, [τὸν] πατέρα Μεττίου Μοδέστου ἡγεμόνος, Λυκίων τὸ κοινόν. — Cf. 4280.

Plin., *Epist.*, I, 5, scripta anno 97 : (Imperante Domitiano) aderam Arrionillæ, Timonis uxori ; Regulus contra. Nitebamur nos in parte causæ sententia Metti Modesti, optimi viri ; is tunc in exilio erat, a Domitiano relegatus.

Mettius Modestus est mentionné dans une inscription d'Éphèse, que nous donnerons plus loin (§ 125), comme un des prédécesseurs de Cornelius Priscus, proconsul de l'année 120-121 ; et dans une inscription d'Æzani (§ 130) il figure encore comme un des prédécesseurs d'Avidius Quietus, proconsul sous Hadrien, et probablement postérieur à Cornelius Priscus. Dans les deux textes, l'empereur Hadrien fait allusion à des décisions prises par Modestus relativement à des affaires encore pendantes, et la nature de ces affaires semble indiquer que les décisions de Modestus étaient assez récentes. Je crois donc que Modestus fut proconsul d'Asie, soit dans les dernières années de Trajan, avant Julius Ferox, soit dans les premières d'Hadrien, entre Tertullus et Priscus. Le passage de Pline montre qu'il était arrivé au moins à la préture sous Domitien, et qu'il vécut dans l'exil pendant les dernières années du règne de ce prince ; sa carrière paraît avoir été analogue à celle de Cornutus Tertullus, qui reçut le rang de préteur dès l'année 74 et qui ne devint proconsul d'Asie qu'en 117.

Pour la restitution du fragment de Caunus, on peut hésiter entre Domitien et Trajan, qui tous les deux portèrent le titre de Germanicus ; mais les noms de Trajan remplissent mieux la lacune. En effet, la pierre paraît avoir été brisée à gauche et non à droite, et le nombre des lettres qui manquent est indiqué par la seconde ligne, où la restitution πρεσβευτὴν καὶ ἀντιστράτηγον est forcée ; à la troisième ligne les mots Καίσαρος Δομιτιανοῦ sont trop courts, tandis que les mots Καίσαρος Νερούα Τραϊανοῦ donnent exactement le même nombre de lettres qu'à la deuxième ligne. D'ailleurs le mot ἡγεμών, appliqué à un légat de

Lycie, convient mieux au règne de Trajan qu'à celui de Domitien.

125.

CORNELIUS PRISCUS cos. suff. circa 103 = 856.

Inscription d'Éphèse, découverte par M. Wood et maintenant au Musée britannique; elle a été publiée par M. Ch. Curtius (*Hermes*, IV, p. 178); la copie que je donne, et qui contient quelques lettres de plus, est faite d'après un estampage que M. Wood avait pris à Éphèse :

Αὐτοκράτωρ] Καῖσαρ, θεοῦ Τραϊανοῦ Παρθικοῦ υἱός,
θεοῦ Νερούα υἱ]ωνός, Τραϊανὸς Ἀδριανὸς Σεβαστός,
ἀρχιερεὺς] μέγιστος, δημαρχικῆς ἐξουσίας τὸ δ',
ὕπατος] τὸ γ', Ἐφεσίων τῇ γερουσίᾳ χαίρειν.
Μέττιος] Μόδεστος ὁ κράτιστος εὖ ἐποίησεν τὰ δίκ-
αια κατεν]είμας ἐν τῇ κρίσει. Ἐπεὶ δὲ πολλοὺς ἐδηλ[ώσατε
σφ[ετερί]ζεσθαι χρήματα ὑμέτερα, οὐσίας τῶν δεδανισ[μέ-
νω[ν κ]ατέχοντας, οὐ φάσκοντας δὲ κληρονομεῖν, τού[των δὲ
καὶ [αὐ]τοὺς χρεώστας ὄντας, πέπομφα ὑμῶν τὸ ἀν[τίγραφον
τοῦ ψηφίσματος Κορνηλίῳ Πρείσκῳ τῷ κρατίστῳ
ἀνθυπάτῳ, ἵνα, εἴ τι τοιοῦτον εἴη, ἐπιλέξηταί τινα
ὃς κρινεῖ τε τἀμφισβητούμενα καὶ εἰσπράξει πάντα,
ὅσα ἂν ὀφείληται τῇ γερουσίᾳ. Ὁ πρεσβεύων ἦν
Κασκέλλιος [Ἀτ]τικός, ᾧ τὸ ἐφόδιον δοθήτω, εἴ γε μὴ
προῖκα ὑπέσ[χε]το πρεσβεύσειν. Εὐτυχεῖτε. Πρ. ε'. Κ. Ὀκτωβρίω[ν.
Γραμματεύοντος Πο]πλίου Ῥουτειλίου Βάσσου.

Plin., *Epist.*, V, 20 : Procès de Rufus Varenus.— Cornelius Priscus consularis et accusatoribus quæ petebant et reo tribuit vicitque numero.

L'inscription est datée du 27 septembre 120 = 873, d'où il résulte que Cornelius Priscus gouverna l'Asie pendant l'année proconsulaire 120-121.

Le procès de Rufus Varenus fut plaidé devant le sénat en 105 ou 106, et Priscus était déjà consulaire à cette époque; or nous avons vu que Cornutus Tertullus, consul en l'an 100, fut proconsul d'Asie en 117; il y eut donc deux proconsuls entre lui et Priscus, et il est à peu près certain que le consulat de ce dernier doit se placer en 102 ou 103. Il y a une lettre de Pline, écrite en 101, qui lui est adressée (III, 21).

Il est bon de faire remarquer que, dans le passage de Pline que j'ai transcrit plus haut, le manuscrit Mediceus donne la leçon Cornelius Sertorius au lieu de Cornelius Priscus. Nous avons déjà vu plus haut (§ 115) un exemple d'une erreur analogue dans un nom propre; il semblerait en résulter que ce manuscrit, qui remonte au dixième siècle, et qui sous d'autres rapports a une grande autorité, représente un texte déjà altéré ou interpolé à une époque ancienne en ce qui touche les noms propres; voyez sur ce point la préface de l'édition de Keil, p. XXIX-XXX.

Il ne faut pas confondre notre Cornelius Priscus avec le consul de l'an 93, appelé Priscus par tous les fastographes modernes. Les consuls de cette année sont appelés *Collega et Priscus* par Tacite (*Agricola*, 44), *Collega et Priscinus* par le Chronographe de 354 ou Anonymus Norisianus, *Pompeianus et Priscianus* par Idatius, Πομπήϊος καὶ Κρισπῖνος dans le Chronicon Paschale, *Silvanus et Priscus* par Prosper et ceux qui l'ont copié. Une inscription trouvée à Rome, COLL · ET PRISCINO COS., montre que le nom du deuxième consul est certainement Priscinus et non Priscus (*Annal. Instit. archeol.*, 1843, p. 334); on ignore son *nomen gentilicium;* l'autre s'appelait Pompeius Collega.

126.

TI. CLAUDIUS ATTICUS cos. suff. circa 104 = 857.

Inscription de Mégares (*Corpus Inscr. Gr.*, 1077) : Ἡ βουλὴ καὶ ὁ δῆμος Τιβ. Κλαύδιον Ἀττικὸν ὕπατον, ἐπὶ εὐεργεσίαις καὶ εὐνοίᾳ τῇ πρὸς τὴν πόλιν.

Philostratus, *Vit. Soph.*, II, 1, 2 : Ἵππαρχος ὁ Ἡρώδου πάππος ἐδημεύθη τὴν οὐσίαν ἐπὶ τυραννικαῖς αἰτίαις, ἃς Ἀθηναῖοι μὲν οὐκ ἐπῆγον, ὁ δὲ αὐτοκράτωρ οὐκ ἠγνόησεν, Ἀττικὸν δὲ τὸν μὲν ἐκείνου παῖδα, Ἡρώδου δὲ πατέρα οὐ περιεῖδεν ἡ τύχη πένητα ἐκ πλουσίου γενόμενον, ἀλλ' ἐνέδειξεν αὐτῷ θησαυροῦ χρῆμα ἀμύθητον ἐν μιᾷ τῶν οἰκιῶν, ἃς πρὸς τῷ θεάτρῳ ἐκέκτητο. — Νερούας δὲ ἦρχε τότε. — Ἐντεῦθεν μέγας μὲν ὁ Ἀττικός, μείζων δὲ ὁ Ἡρώδης, πρὸς γὰρ τῷ πατρῴῳ πλούτῳ καὶ ὁ μητρῷος αὐτῷ πλοῦτος οὐ παρὰ πολὺ τούτου ἐπερρύη.

Ibidem, II, 1, 1 : Ὁ σοφιστὴς Ἡρώδης ἐτέλει μὲν ἐκ πατέρων ἐς τοὺς δὶς ὑπάτους. — Cf. I, 25, 6.

Suidas : Ἡρώδης, υἱὸς Ἀττικοῦ τοῦ Πλουτάρχου, γένος Αἰακίδης, Ἀθηναῖος, τῶν δήμων Μαραθώνιος. — Ἦρξε τῆς Ἀσίας ὁ αὐτοῦ πατὴρ καὶ τοῖς δὶς ὑπάτοις συγκατελέχθη.

Hegesippus, apud Euseb., H. E., III, 32 : Συμεὼν ὁ Κλωπᾶ μαρτυρεῖ ἐτῶν ὢν ἑκατὸν εἴκοσιν, ἐπὶ Τραϊανοῦ Καίσαρος καὶ ὑπατικοῦ Ἀττικοῦ.

Chronicon Paschale, p. 471, éd. de Bonn : Τραϊανοῦ η', ὑπατεία Κανδίδου καὶ Κουαδράτου. Τραϊανοῦ κατὰ Χριστιανῶν διωγμὸν κινήσαντος, Σίμων ὁ τοῦ Κλωπᾶ, τῆς ἐν Ἱεροσολύμοις ἐκκλησίας ἐπίσκοπος γενόμενος, ἐμαρτύρησεν γενόμενος ἐτῶν ρκ', ἐπὶ Ἀττικοῦ ὑπατικοῦ.

Hégésippe écrivait au milieu du second siècle, à une époque où on ne donnait le titre de ὑπατικός qu'aux légats impériaux qui avaient réellement passé par le consulat, de sorte qu'on ne peut supposer une inexactitude dans le langage de cet historien, et il en résulte qu'à l'époque du martyre de Siméon, Atticus gouvernait la Judée ou Syrie Palestine comme légat consulaire, et qu'il avait été consul peu de temps auparavant ; car la Judée, ainsi que nous le verrons plus loin, était confiée tantôt à des prétoriens, tantôt à de jeunes consulaires. Le martyre de Siméon est placé à l'an 105 dans la Chronique Pascale et dans celle d'Eusèbe, à l'an 107 par saint Jérôme (Schöne, *Euseb. Chron.*, II, p. 162) ; et il ne peut avoir eu lieu après le milieu de cette dernière année, car il est à peu près certain que Pompeius Falco obtint en 107 la légation de Judée. Il est donc probable qu'Atticus gouverna la province de 105 à 107, et qu'il avait été consul en 104.

Borghesi le premier a fait remarquer (V, p. 534) que le légat de Palestine doit être le père du sophiste Hérode Atticus, et effectivement on ne connaît pas d'autre consulaire de ce nom sous le règne de Trajan. Il paraît avoir vécu obscurément à

Athènes jusqu'à la découverte de son fameux trésor, qui eut lieu du temps de Nerva; il obtint alors une grande notoriété, fit un riche mariage, entra dans l'administration romaine et devint deux fois consul suffect; l'époque de son second consulat est inconnue. Il ne dut pas suivre la filière ordinaire des fonctions, mais il fut probablement admis d'emblée au sénat par Trajan et *adlectus inter prætorios*, comme tant d'autres provinciaux de distinction (voyez § 114). Puisque son premier consulat doit être de l'an 104, son proconsulat d'Asie doit se placer vers 121, sous le règne d'Hadrien.

Borghesi est d'avis que c'est à lui que s'applique le vers de Juvénal (XI, 1) : *Atticus eximie si cœnat lautus habetur.* Après son proconsulat et vers la fin de sa carrière, il paraît s'être retiré à Athènes et y avoir accepté la prêtrise des Augustes; dans ce cas les deux inscriptions suivantes feraient mention de lui :

Inscription d'Athènes (*Corpus inscr. gr.*, 336) : Αὐτοκράτορα Ἀδριανὸν Σεβαστὸν Ὀλύμπιον Θάσιος διὰ πρεσβευτοῦ καὶ τεχνειτοῦ Ξενοφάντου τοῦ Χάρμηνος. Ἐπὶ ἱερέως Κλ. Ἀττικοῦ. — Cf. n° 335.

Inscription de Platées (*Annal. Inst. Arch.*, 1848, p. 52) : Τὸ κοινὸν συνέδριον τῶν Ἑλλήνων τῶν εἰς Πλαταιὰς συνιόντων Τι. Κλαύδιον Ἀττικὸν Μαραθώνιον τὸν ἀρχιερέα τῶν Σεβαστῶν — ἀρετῆς ἕνεκεν.

On sait que des personnages considérables de Rome, surtout vers le règne d'Hadrien, ne dédaignèrent pas de remplir des fonctions honorifiques à Athènes. Une inscription de la même époque (*Corpus inscr. gr.*, 337) nous montre Statius Quadratus, sans doute le consul de 142, exerçant la même prêtrise qu'Atticus. Une anecdote racontée par Philostrate (II, 1, 2; 1, 8) montre qu'Atticus vivait encore à la fin du règne d'Hadrien, lorsque son fils Hérode gouvernait les villes libres de l'Asie, et lorsqu'Antonin était proconsul de la province.

Le nom du père d'Atticus est Hipparchus, et non Plutarchus, ainsi que le dit Suidas. Les biens confisqués d'Hipparchus sont mentionnés dans un rescrit d'Hadrien, trouvé à Athènes (*Corpus inscr. gr.*, 335).

127.

VALERIUS ASIATICUS cos. suff. circa 105 = 858, cos. II, 125 = 878.

Inscription de Samos (*Stamatiades*, Σαμιακά, inscr. n° 62; *Monatsberichte Acad. Berlin.*, 1862, p. 76, 78) : [Οὐαλερίῳ .... υἱῷ, ... υἱ]ωνῷ, Αἴκμου ἐκ[γό]νῳ, Βουλτινίῳ, Ταύρ[ῳ] Ἀσιατικῷ, Οὐαλερίο[υ] Ἀσιατικοῦ υἱῷ, ποντίφικος, σαλίου Κολλίνου, ἐπάρχου Ῥώμης, τριῶν ἀνδρῶν χαλκοῦ ἀργύρου χρυσοῦ χαρακτηρίσαντος (sic), ταμία Ῥώμης, στρατηγοῦ, ὑπάτου, ἀνθυπάτου Ἀσίας, Γ. Σαλλούστιος, Γαΐου καὶ τοῦ Σαμίων δήμου υἱός, Στατίῳ, Ἀττικός, φίλου καὶ εὐεργέτου υἱῷ.

Inscription de Gortyne (*Corpus inscr. gr.*, 2587) : [Ἡ πόλις ..... Ἀ]σια[τι]κήν, Β[αλε]ρίου Ἀσιατικοῦ γ[υ]ναῖκα, δὶς ὑπάτου κα[ὶ ἐ]πάρχου τῆς πόλεως τῆς Ῥωμαί[ων], σωφροσύνης ἕνεκα καὶ φιλανδρίας, κ. τ. λ.

Inscription de Beneventum (Mommsen, *I. N.*, 1459) : C. Luccius Sabinus, Beneventi decurio, vivus sibi — fecit. Militavit in cohor(tibus) urb(anis) adjut(or) tribun(i) Orfit(i), secutor, optio valetud(inarii), optio arcari, singularis, benef(iciarius) tribun(i), a quæstionib(us) factus per Annium Verum præf(ectum) urbis, et tesserarius, optio signif(eri), fisci curat(or), optio ab act(is), cornicul(arius) trib(uni), benef(iciarius) V[al]eri Asiati[ci] præ(fecti) urb(is). Missus ab imp. Hadriano Aug., Serviano III et Vibio Varo cos. (anno 134), etc.

Inscription de Tibur (Viola, *Monum. Tiburt.*, p. 10; Marini, *Arvali*, p. 346 : [Poly]bio Valeri Asia[tici] præf. urbis s[ervo mens]ori ædificiorum [Vale]rius Polybius pater.

Inscription d'Hierapytna (*Corpus inscr. gr.*, 2562; plus complète, Naber, *Mnemosyne*, II, p. 37) : Ἐπράχθη ἐν Ἱεραπύτνῃ πρὸ .... Οὐαλερίῳ [Ἀσι]ατικῷ τὸ [β'], Λουκίῳ Ἐπιδίῳ Τιτίῳ Ἀκυλείνῳ ὑπάτοις.

Estampille d'une tuile (Marini, *Arvali*, p. 346) : Val. Asiat. II et Tit. Aquil. cos. ex pr(ædiis) Ulp. Ulpiani.

Inscription de Lambèse (Renier, *I. A.*, 19) : Asiatico II et Aquilino cos.

Les trois dernières inscriptions sont les seuls monuments authentiques qui donnent les noms des consuls ordinaires de l'an

125; dans celle d'Hierapytna leurs noms sont complets, sauf le *prænomen* de Valerius Asiaticus. L'inscription de Gortyne montre que c'est bien le même personnage qui fut préfet de Rome; celle de Beneventum prouve qu'il succéda dans cette charge à Annius Verus, et qu'il la conserva probablement jusqu'en 134; celle de Samos donne toute sa carrière jusqu'à sa préfecture urbaine et montre qu'à l'époque où elle fut gravée il n'avait pas encore obtenu son second consulat.

M. Annius Verus fut consul pour la seconde fois en 121; or l'on sait par de nombreux exemples que généralement les préfets de Rome obtenaient un second consulat, soit en entrant en fonctions, soit pendant leur préfecture; il est donc probable que Valerius Asiaticus succéda à Verus vers 124. D'autre part, comme le dernier emploi rempli par le soldat Luccius Sabinus fut celui de *beneficiarius* d'Asiaticus, et qu'il reçut son congé du service en 134, il est fort probable qu'Asiaticus était encore préfet de Rome à cette époque. Il eut probablement pour successeur L. Catilius Severus (voyez plus loin, § 134). L'inscription de Samos montre qu'il fut proconsul d'Asie avant son deuxième consulat et par conséquent avant sa préfecture urbaine; mais nous verrons plus loin que les années 123-125 appartiennent probablement aux proconsuls Granianus et Fundanus; il faut donc placer le proconsulat d'Asiaticus en 121 ou 122.

La tribu *Voltinia*, à laquelle appartenait Asiaticus, est celle dans laquelle était rangée la ville de Vienne en Dauphiné (Grotefend, *Imperium Romanum tributim descriptum*, p. 121), d'où il résulte qu'il descendait probablement de ce Valerius Asiaticus, également originaire de Vienne, qui fut consul pour la seconde fois en 46 et qui fut mis à mort par Claude l'année suivante (Tac., *Annal.*, XI, 1-4; *Dio*, LX, 27-29, etc.). En 69 on trouve un autre Valerius Asiaticus, légat de la Belgique, qui épousa la même année la fille de l'empereur Vitellius, et qui était consul désigné pour l'an 70 (Tac., *Hist.*, I, 59; IV, 4); il fut sans doute écarté du consulat et peut-être mis à mort en même temps que le fils de Vitellius (*ibid.*, IV, 80). Selon Marini (*Arvali*, p. 345), son *prænomen* était Decimus, et alors il pourrait bien être le père de notre proconsul; en effet, puisqu'il s'était marié en 69, il peut avoir laissé un fils, né en 70, date qui conviendrait parfaitement pour un homme qui fut consul pour la seconde fois en 125, et qui l'avait probablement été pour la première fois une vingtaine d'années auparavant.

128.

Q. LICINIUS SILVANUS GRANIANUS, cos. suff. kal. Mai. vel

106 = 859.

Inscription de Barcelone (*C. I. L.*, II, 4609) : Q. Licinio Q. f. Silvano Graniano Quadronio Proculo, IIIviro ad monetam, trib. mil. leg. VI vic. f. f. ex d(ecreto) d(ecurionum).

Inscription de Sora (Mommsen, *I. N.*, 4496) : Q. Licinio Graniano, L. Minicio Nata[le cos.], Soræ in basilica scrib(undo) adf(uerunt), etc.

Fasti feriarum Latinarum (Marini, *Arvali*, p. 129 ; Borghesi, VIII, p. 56) :

L. Mi]ni[ci]o [Natale]
Q.] Licinio Silvano Graniano cos.
Lat. fuer. pr. I[dus] Iul.
C. Minicio Fundano
C. Vettennio Severo cos.
Lat. fuer. pr. Idus Aug.
P. Ælio Hadriano
M. Trebatio Prisco cos.
Lat. fuer. .. k. Iul.
P. Calvisio Tullo
L. Annio Largo cos.
Lat. fuer. .....

Diplôme militaire (Renier, *Diplômes*, 49) : Imp. Cæs. Nerva Traianus Aug. Germ. Dac. pont. max., tr. pot. XI, imp. VI, cos. V, p. p., militibus qui sunt in Rætia sub Ti. Iulio Aquilino — pr. K. Iul. C. Minicio Fundano, C. Vettennio Severo cos.

Inscription de Rome (*Orelli*, 1588) : Dedicavit K. Augustis, C. Minicio Fundano et C. Vettennio Severo cos.

Justin. Martyr, *Apolog.*, I, 68 ; Euseb., *Hist. eccl.*, IV, 8-9 ; cf. IV, 26 : Exemplum epistolæ Imperatoris Hadriani ad Minucium Fundanum proconsulem Asiæ. Accepi litteras ad me scriptas a decessore tuo Serennio Graniano clarissimo viro.

Je donne ce dernier texte d'après Rufin, le traducteur d'Eusèbe, qui a peut-être reproduit l'original latin. Voyez la note d'Otto sur le passage de Justin Martyr.

Les fastes des *Feriæ Latinæ* montrent que Granianus fut consul suffect l'année avant Minicius Fundanus, et le diplôme militaire, qui est daté de la onzième puissance tribunicienne de Trajan, fixe le consulat de Fundanus à l'année 107; Granianus fut donc consul en 106. L'inscription de Barcelone, dont il était probablement originaire, donne le commencement de sa carrière, à moins qu'elle ne se rapporte à son fils.

Dans les manuscrits d'Eusèbe, de Justin et de Rufin, le nom est toujours écrit Σερήνιος ou Σερέννιος, *Serenius* ou *Serennius*; mais l'inscription de Sora prouve que son véritable nom était Licinius.

La carrière de L. Minicius Natalis, son collègue dans le consulat, est beaucoup mieux connue, grâce à une inscription de Barcelone (*Corpus inscr. lat.*, II, 4509; Borghesi, VIII, p. 50); il fut légat de la Pannonie Inférieure à la fin du règne de Trajan et au commencement de celui d'Hadrien, et plus tard proconsul d'Afrique; mais on ne connaît pas exactement l'année de son proconsulat. Granianus dut parvenir au tirage des provinces consulaires la même année que Natalis; or nous avons vu que Cornelius Priscus, plus ancien consulaire qu'eux, gouverna l'Asie pendant l'année proconsulaire 120-121; les proconsulats de Granianus et de Natalis doivent donc se placer environ deux ans après celui de Priscus, c'est-à-dire en 123 ou 124.

129.

C. MINICIUS FUNDANUS, cos. suff. k. Mai. 107 = 860.

Nous avons réuni dans le paragraphe précédent les documents relatifs au consulat de Fundanus; comme il exerçait cette charge en juin et en août, il est probable qu'il avait été nommé pour les quatre mois qui s'écoulèrent du 1er mai au 1er septembre; car sous le règne d'Hadrien les consulats étaient tantôt de deux, tantôt de quatre mois. Il succéda comme proconsul d'Asie à Granianus, et gouverna la province en 124 ou 125.

Plusieurs lettres de Pline lui sont adressées; dans l'une d'elles, l'auteur parle de la prochaine désignation de Fundanus pour le consulat, et lui recommande comme questeur le jeune Asinius Bassus; dans une autre, il le prie de venir à Rome pour favoriser la candidature de Julius Naso; dans une troisième, adressée à Marcellinus, il raconte la mort de la fille de Fundanus (I, 9; IV, 15; V, 16; VI, 6).

Fundanus était un des amis de Plutarque, qui le mentionne dans son traité *de Tranquillitate animi* (cap. 1), et qui le fait figurer dans le dialogue *de Cohibenda ira*. Les lettres de Pline montrent que c'était un homme instruit et cultivé.

130.

AVIDIUS QUIETUS.

Médaille d'Hyrcanis en Lydie :

ΑΔΡΙΑΝΟϹ ΚΑΙϹΑΡ. Tête laurée d'Hadrien.

R/. ΑΝΘΥ·ΚΥΙΗΤΩ ΥΡΚΑΝΩΝ. Bacchus debout.— Æ. 6 (Pièce du musée de Vienne, citée par Borghesi, I, p. 500).

Inscriptions d'Æzani en Phrygie (*Corpus inscr. gr.*, 3835; *Le Bas et Waddington*, 860, 861) : Ἀουίδιος Κουιῆτος Αἰζανειτῶν ἄρχουσι, βουλῇ, δήμῳ χαίρειν, κ. τ. λ.

Exemplar epistolæ Cæsaris scriptæ ad Quietum. Si in quantas particulas, quos cleros appellant, ager Æzanensi Jovi dicatus a regibus divisus sit, non apparet, optimum est, sicut tu quoque existimas, modum qui in vicinis civitatibus clerorum nec maximus nec minimus est observari. Et si, cum Mettius Modestus constitueret ut vectigal pro is penderetur, constitit qui essent c[leruc]hici agri, æquom est ex hoc tempore vectigal pendi, etc.

Avidius Quietus n'est mentionné que dans ces deux documents, et on ne peut préciser à quel moment du règne d'Hadrien il gouverna l'Asie. Tout ce que l'on sait, c'est que le proconsulat de Mettius Modestus est antérieur à l'année 120, et appartient probablement aux dernières années du règne de Trajan. La dernière phrase de l'inscription latine d'Æzani montre que l'intervalle entre les deux proconsulats ne fut pas très-considérable, puisque l'empereur exige le payement du tribut arriéré depuis l'année de la décision de Mettius Modestus; si l'intervalle avait dépassé une quinzaine d'années, le tribut arriéré aurait probablement dépassé la valeur du fonds.

Quietus est sans doute le fils d'Avidius Quietus, l'ami de Thrasea Pætus et de Pline, qui opina dans le sénat comme consulaire ou comme prétorien en 97, et qui était déjà mort en 106 ou 107 (Plin., *Epist.*, VI, 29; IX, 13).

Borghesi (I, p. 501), avant de connaître l'inscription d'Æzani, avait attribué la monnaie d'Hyrcanis à Lusius Quietus, général célèbre sous Trajan, et consul suffect vers 115; mais Hadrien le fit mettre à mort dès le début de son règne, et par conséquent longtemps avant qu'il pût arriver au tirage des provinces consulaires du sénat (*Dio*, LXIX, 2).

131.

BÆBIUS TULLUS, cos. 109 = 862.

INSCRIPTION de Smyrne (*Corpus inscr. gr.*, 3147) : Τραϊανοῦ ὕδατος ἀποκατασταθέντος ὑπὸ Βαιβίου Τούλλου ἀνθυπάτου.

Selon Borghesi (I, p. 459), Bæbius Tullus est le consul de 109, qui dans les fastes n'est désigné que par le nom de Tullus, et qui eut pour collègue Cornelius Palma, consul pour la seconde fois. Bien que la conclusion du savant italien me paraisse juste, les arguments qu'il apportait à l'appui de sa thèse doivent être écartés ou modifiés par les découvertes postérieures. Ainsi, nous avons vu plus haut (§ 116) que la médaille de Sardes, qu'il attribuait à Bæbius Tullus, appartient à un autre Tullus. D'un autre côté, il est certain maintenant que P. Calvisius Tullus fut consul suffect en 109 et non en 110, ainsi qu'il résulte des documents cités plus haut (§ 128). Il en résulte qu'il y eut en 109 un consul ordinaire appelé probablement Bæbius

Tullus, et un consul suffect appelé certainement P. Calvisius Tullus; car il est sans exemple à cette époque qu'un consul, qui n'appartenait pas à la famille impériale, ait conservé les faisceaux consulaires pendant plus de quatre mois. Au surplus, on n'a encore retrouvé aucun monument qui donne les noms complets des consuls ordinaires de 109, et, tout en admettant avec Borghesi que l'un d'eux était Bæbius Tullus, on ne peut considérer la question comme résolue.

La restauration de l'aqueduc de Smyrne appelé Τραϊανὸν ὕδωρ, *aqua Trajana*, peut avoir eu lieu sous Hadrien, ou même sous un règne postérieur. Si Bæbius Tullus est bien le consul de 109, son proconsulat doit se placer sous le règne d'Hadrien, entre ceux de Minicius Fundanus et de Peducæus Priscinus.

132.

M. PEDUCÆUS PRISCINUS, cos. 110 = 863.

Diplôme militaire (Renier, *Diplômes*, 39) : Imp. Cæs. Nerva Trajanus Aug. Germ. Dac., pont. max., tr. pot. XIIII, imp. VI, cos. V, p. p., militibus qui sunt in Dacia sub D. Terentio Scauriano — XIII K. Mart. Ser. Scipione Salvidieno Orfito, M. Peducæo Priscino cos.

Inscription d'Éphèse (*Corpus inscr. gr.*, 2966; *Le Bas et Waddington*, 147) : [Σαβεῖναν Σεβαστήν, γυναῖκα] Αὐτοκράτορος Καίσαρος, θεοῦ Τραϊανοῦ Παρθικοῦ υἱοῦ, θεοῦ Νερούα υἱωνοῦ, Τραϊανοῦ Ἁδριανοῦ Σεβαστοῦ, ἡ φιλοσέβαστος Ἐφεσίων βουλὴ καὶ ὁ νεωκόρος δῆμος καθιέρωσαν ἐπὶ ἀνθυπάτου Πεδουκαίου Πρεισκείνου, ψηφισαμένου Τιβ. Κλ. Ἰταλικοῦ, τοῦ γραμματέως τοῦ δήμου, ἐργεπιστατήσαντος Τιβ. Κλ. Πεισωνείνου.

Le diplôme militaire donne pour la première fois les noms complets des consuls ordinaires de l'an 110, qui avaient été contestés par Marini (*Arvali*, p. 115). On ne sait rien de Priscinus; son proconsulat doit se placer vers l'an 127.

133.

Q. ROSCIUS SEX. F. POMPEIUS FALCO, cos. suff. circa 112 = 865.

INSCRIPTION de Gabii (*Orelli-Henzen*, 5451) : Q. Roscio Sex. f. Quir. Cœlio Murenæ Silio Deciano Vibullo Pio Iulio Eurycli Herclano Pompeio Falconi cos., XV vir. s. f., pro cos. provinc. Asiæ, leg. pr. pr. Imp. Cæs. Traiani Hadriani Aug. provinc. Brittanniæ, leg. pr. pr. Imp. Cæs. Nervæ Traiani Aug. Germanici Dacici provinc. Mœsiæ Inferior., curatori [vi]æ Traianæ et leg. Aug. pr. pr. provinc. [Iudææ] et leg. X Fret., leg. pr. pr. prov. Lyciæ [et Pamph]yliæ, leg. leg. V Macedonic. [in bello Dacico donis] militaribus donato ....

INSCRIPTION mutilée d'Éphèse en l'honneur d'Hadrien (*Corpus inscr. gr.*, 2963 *c*) : .... ἐπὶ ἀν[θυπάτου] Πομπηίου Φάλκων[ος.

INSCRIPTION de Cirta (Renier, *I. A.*, 1816) : Sosiæ Falconillæ, Q. Pompei Sosi Prisci cos. (anno 169) fil(iæ), Q. Pompei Falconis cos. nep(ti), Q. Sosi Senecionis cos. II (anno 107) pron(epti), Sex. Iuli Frontini cos. III (anno 100) abn(epti).

ULPIANUS, *Digest.*, XXVIII, 3, 6 : Quam distinctionem in militis quoque testamento divus Hadrianus dedit epistula ad Pompeium (mss. Pomponium) Falconem.

EPISTOLA M. Aurelii ad Frontonem (II, 11, ed. Naber) : Amplissimo consuli magistro suo M. Cæsar salutem. Anno abhinc tertio me commemini cum patre meo a vindemia redeunte in agrum Pompei Falconis devertere.

Il existe plusieurs lettres de Pline adressées à Pompeius Falco; la première (I, 23), écrite en 97, nous apprend que Falco était tribun du peuple désigné pour l'année suivante; dans une autre (VII, 22), écrite en 107, Pline lui demande d'accorder le poste de tribun militaire au jeune Cornelius Minicianus; les deux autres lettres (IV, 27; IX, 15) n'apprennent rien sur la vie de notre proconsul.

Borghesi (IV, p. 126) a démontré que Pompeius Falco commandait la légion Ve Macédonique et obtint les décorations militaires pendant l'une des deux guerres Daciques de Trajan, c'est-à-dire soit en 101-102, soit en 105-107; puisqu'il fut tribun du peuple en 98, il ne lui restait que la préture à obtenir pour pouvoir commander une légion; il peut donc très-bien l'avoir commandée en 102 et cette année convient mieux; car, si on reportait ses décorations militaires à la seconde guerre Dacique, on resserrerait par trop la durée des autres fonctions qu'il remplit sous le règne de Trajan. Si on admet l'année 102 pour le commandement de Falco en Dacie, on peut placer sa légation de Lycie, qui dura probablement trois ans, entre les années 103 et 106; il passa ensuite au gouvernement de la Judée, auquel était joint le commandement de la Xe légion Fretensis; c'est alors que Pline lui demande un emploi de tribun militaire pour le jeune Cornelius Minicianus, par une lettre qui fut écrite en 107 (Mommsen, *Hermes*, III, p. 51); car, en Lycie, Falco n'avait pas de troupes sous ses ordres et n'avait pas de tribuns militaires à nommer. A l'expiration de son gouvernement de Judée, c'est-à-dire vers 109, Falco revint à Rome et fut nommé curateur de la voie Trajane, qui ne fut terminée qu'en 109, ainsi que le prouvent les bornes milliaires de cette voie (Mommsen, *I. N.*, 6289); l'administration des routes de l'Italie était toujours confiée à des prétoriens (*Borghesi*, IV, p. 130 sqq.), mais on ne sait pas quelle était la durée de leurs fonctions. Ce n'est qu'après cette carrière déjà longue, que Falco parvint au consulat; on n'en connaît pas l'année, mais ce dut être vers 112. Après son consulat, Trajan lui confia le gouvernement de la Mésie Inférieure, province toujours réservée aux consulaires, et généralement à ceux qui avaient de l'expérience militaire.

L'époque de sa légation de Mésie peut être fixée avec assez de précision; en effet l'on sait par une inscription trouvée dans cette province (*Corpus inscr. lat.*, III, 777) que P. Calpurnius Macer la gouvernait en 112; Falco fut probablement son successeur, et, comme d'autre part dans son *cursus honorum* il est appelé *leg. pr. pr. Imp. Cæs. Nervæ Traiani Aug. Germanici Dacici*, sa légation est certainement antérieure à l'année 116 où commence le titre *Parthicus*, et probablement à 114 où commence celui d'*Optimus*. Hadrien l'envoya en Bretagne, probablement vers le commencement de son règne; car en 124 le poste était occupé par A. Platorius Nepos (Renier, *Diplômes*, 25). Falco parvint enfin au proconsulat d'Asie; s'il fut consul vers l'an 112, il dut arriver au tirage des provinces consulaires vers 128. La lettre de Marc-Aurèle à Fronto, qui fut consul suffect en 143, montre que Falco vivait encore en 140. Sur sa famille, voyez Borghesi, VIII, p. 365.

134.

L. CATILIUS SEVERUS, cos. suff. Traiano imp., cos. II, 120 = 873.

ACTA fratrum Arvalium, anno 120 (Henzen, *Scavi*, p. 70) : L. Catilio Severo II, T. Aurelio Fulvo cos., III Non. Jan. et VII Id. Febr. — Cf. *Orelli*, 2946.

INSCRIPTION de Thyatire (*Corpus inscr. gr.*, 3509) : Ἐγένετο ἐν τῇ λαμπροτάτῃ Θυατειρηνῶν πόλει, ἀνθυπάτῳ Κατιλλίῳ Σεβήρῳ, μηνὸς Αὐδναίου ιγ΄.

SPARTIANUS, *Hadrian.*, 5 : Reliquiis Trajani exceptis et navi Romam dimissis, Hadrianus Antiochiam regressus, præpositoque Syriæ Catilio Severo, per Illyricum Romam venit.

Ibid., 24 : Antonini adoptionem plurimi tunc factam esse doluerunt, speciatim Catilius Severus præfectus urbis, qui sibi præparabat imperium. Qua re prodita, successore accepto, dignitate privatus est.

Ibid., 15 : Catilium Severum graviter insecutus est Hadrianus.

CAPITOLIN., *Marcus Anton.*, 1 : Marco proavus maternus Catilius Severus, bis consul et præfectus urbi; mater Domitia Lucilla, Calvisii Tulli bis consulis filia.

Il existe deux lettres de Pline (I, 22; III, 12) adressées à Catilius Severus, mais elles ne jettent aucun jour sur sa carrière politique. Il y a aussi une lettre écrite en 106 ou 107 (VI, 27), et adressée à un Severus, qui était alors consul désigné; il est possible que ce soit Catilius Severus, mais il est plus probable qu'il s'agit de Vettennius Severus, qui fut précisément consul suffect au mois de juillet 107 (voyez plus haut, § 128). Le premier consulat de Catilius Severus n'est mentionné dans aucun document contemporain, que je sache, et tout ce qu'on peut affirmer, c'est qu'il doit se placer sous le règne de Trajan. Dans tous les cas, Severus devait déjà être consulaire depuis quelques années, lorsqu'Hadrien lui confia, au début de son règne, l'importante province de Syrie; il la gouverna depuis l'automne de 117 jusqu'à celui de 119, et retourna ensuite à Rome pour son second consulat.

Quant à son proconsulat d'Asie, il est probable qu'il précéda ou suivit celui de Pompeius Falco; car les dernières années de Trajan et les premières d'Hadrien sont déjà remplies par d'autres proconsuls. Il succéda probablement à Valerius Asiaticus dans la charge de préfet de Rome (voyez plus haut, § 127), et il espérait remplacer Hadrien, dont il était l'ami, sur le trône impérial; mais ses visées furent découvertes et il fut destitué en 138, peu de temps après l'adoption d'Antonin.

Severus était le bisaïeul maternel de l'empereur Marc-Aurèle; il est probable que sa fille avait épousé Calvisius Tullus, l'aïeul maternel du prince.

135.

T. AURELIUS FULVUS ANTONINUS, cos. 120 = 873.

ACTA fratrum Arvalium, anno 120 (Henzen, *Scavi*, p. 70) : L. Catilio Severo II, T. Aurelio Fulvo cos., III Non. Jan. et VII Id. Febr. — Cf. *Orelli*, 2946.

INSCRIPTION d'Éphèse (*Corpus inscr. gr.*, 2965; *Le Bas et Waddington*, 146) : [Σαβεῖναν Σεβαστήν, γυναῖκα μὲν] Αὐτοκράτ[ορος Καίσαρος, θεοῦ Τρ]αϊανοῦ Παρθικ[οῦ υἱοῦ, θ]εοῦ [Νε]ρούα υἱων[οῦ, Τραϊ]ανοῦ Ἀδριανοῦ Σεβ[αστοῦ], θυγατέρα δὲ Ματιδίας [Σεβ]αστῆς, ἡ φιλοσέβαστος [Ἐφ]εσίων βουλὴ καὶ ὁ νεω[κό]ρος δὶς δῆμος καθιέρωσαν ἐπὶ ἀνθυπάτου Τ. Αὐρηλίου Φούλβου Ἀντωνείνου, ψηφισαμένου Τιβερίου Κλαυδίου, τοῦ Ἐνδιανοῦ, Μάγνου Χαριδήμου, τοῦ γραμματέως τοῦ δήμου, κ. τ. λ.

CAPITOLIN., *Anton. Pius*, 3 : Proconsulatum Asiæ sic egit, ut solus avum (Arrium Antoninum) vinceret. In proconsulatu etiam sic imperii omen accepit. Nam quum sacerdos fœmina Trallis ex more proconsules semper hoc nomine salutaret, non dixit, Ave proconsul, sed Ave imperator. Cyzici etiam de simulacro dei ad statuam ejus corona translata est. — Post proconsulatum, in consiliis Hadriani Romæ frequens vixit, de omnibus quibus Hadrianus consulebat mitiorem sententiam semper ostendens.

MARCIANUS, *Digest.*, XLVIII, 3, 6 : Caput mandatorum exstat, quod divus Pius, quum provinciæ Asiæ præerat, sub edicto proposuit, ut irenarchæ quum apprehenderent latrones, interrogent eos de sociis et receptatoribus.

Antoninus dut arriver au proconsulat vers l'an 135; au commencement de 138, après la mort d'Ælius Cæsar, il fut adopté par Hadrien et lui succéda la même année sous le nom de T. Ælius Hadrianus Antoninus. Le nom de son père était Aurelius Fulvus, et lui-même portait encore ce nom lorsqu'il fut consul; mais dans l'intervalle entre son consulat et son proconsulat il y ajouta celui d'Antoninus qui lui venait de son aïeul maternel Arrius Antoninus. Capitolin lui attribue aussi le nom de Boionius, emprunté à la famille de son aïeule maternelle; mais on ne l'a pas trouvé sur les monuments.

Philostrate (*Vita Sophist.*, I, 25) raconte une anecdote d'Antonin et du célèbre sophiste Polémon, qui se passa à Smyrne pendant son proconsulat, ainsi qu'une rencontre du rhéteur Herodes Atticus dans le mont Ida avec le proconsul (*Ibid.*, II, 1, 8).

136.

L. VENULEIUS APRONIANUS, cos. 123 = 876.

INSCRIPTION de Rome (*Orelli*, 5018) : L. Venuleio Aproniano, Q. Articuleio Pætino cos. — Cf. Marini, *Arvali*, p. 195.

MÉDAILLES de Smyrne :

ΑΥ·ΚΑΙ·ΤΙ·ΑΙΛΙΟϹ ΑΝΤΩΝΕΙΝΟϹ. Tête laurée d'Antonin.

℟. ЄΠΙ ΑΝΘΥΠΑΤΟΥ ΑΠΡΩΝΙΑΝΟΥ ϹΜΥΡ. Cybèle assise. — Æ. 8 (Bibliothèque nationale).

Marini a déterminé le premier (*Arvali*, p. 195) les véritables noms des consuls ordinaires de 123, et l'inscription de Rome, découverte depuis, a ajouté une preuve de plus à sa démonstration. Il y a un autre Apronianus, qui fut consul en 117, et dont nous parlerons tout à l'heure; mais il ne peut être question de lui ici; en effet, puisque Antoninus, consul en 120, parvint au proconsulat deux ou trois ans avant la mort d'Hadrien, il est évident qu'Apronianus, proconsul sous Antonin, était moins ancien consulaire que lui, et il s'agit par conséquent du consul de 123.

Il gouverna l'Asie pendant l'année proconsulaire 138-139. Il semble au premier abord que l'absence du titre d'Auguste sur la médaille de Smyrne indique plutôt l'année précédente; en effet, lorsqu'Antonin fut adopté par Hadrien le 25 février 138, il ne reçut pas le titre d'Auguste, mais seulement celui de César avec la puissance tribunicienne. Mais sur les monnaies de Smyrne, par une bizarrerie que je ne m'explique pas, à partir du règne d'Hadrien, le titre d'Auguste est presque toujours omis; la tête de l'empereur régnant est toujours laurée, tandis que celles des Césars sont nues, et la couronne de laurier remplace le titre d'Auguste sous-entendu; au contraire, sur les monnaies frappées à l'effigie d'une impératrice le titre de Σεβαστή est toujours ajouté, parce qu'aucun symbole ne le remplaçait. Ainsi, malgré l'absence du titre d'Auguste, la monnaie d'Apronianus fut frappée après l'avénement d'Antonin au trône, puisque la tête de l'empereur est laurée.

Eckhel (VII, p. 2) a fort bien établi l'ordre des différentes légendes employées sur les monnaies d'Antonin pendant l'année 138. Depuis son adoption, jusqu'à la mort d'Hadrien, qui eut lieu le 10 juillet, la légende est :

IMP·T·AELIVS CAESAR ANTONINVS TRIB·POT·COS.

Depuis la mort d'Hadrien jusqu'à la fin de l'année, on trouve successivement :

IMP·T·AEL·CAES·ANTONINVS AVG·PONT·MAX·
[TR·POT·COS.
IMP·CAES·AELIVS ANTONINVS AVG·P·M·TR·POT·
[COS·DES·II.
IMP·T·AEL·CAES·HADRI·ANTONINVS AVG·PIVS
[P·M·TR·POT·COS·DES II.

On voit que lors de son adoption et pendant les premiers mois après son avénement, Antonin s'appelait T. Ælius Antoninus, et que c'est seulement vers la fin de l'année 138 qu'il prit définitivement les noms de T. Ælius Hadrianus Antoninus, qu'il conserva pendant tout son règne. La médaille de Smyrne fut donc frappée peu de temps après la mort d'Hadrien et avant la fin de 138, et il en résulte qu'Apronianus est le proconsul de l'année 138-139.

On ne sait rien de lui, bien que sa famille fût illustre et qu'elle ait fourni plusieurs consuls pendant le second siècle de l'empire. Il était probablement fils d'un autre L. Venuleius Apronianus, consul suffect en 92 (*Orelli*, 6446; Marini, *Arvali*, tab. XXIV), et membre du collége des frères Arvales, aux réunions desquels il assistait en 80 (*Marini*, tab. XXIII), en 86 (*Bull. Instit. archeol.*, 1869, p. 104), en 87 et en 90 (Henzen, *Scavi*, p. 43, 53).

A la même époque, on trouve un autre personnage appelé L. Venuleius Montanus Apronianus, qu'il ne faut pas confondre avec le précédent, qui était Arvale comme lui, et qui assistait aux réunions des années 89 (*Bullettino*, 1869, p. 106) et 91 (*Marini*, tab. XXIV); il était probablement le frère du consul de 92, ainsi que le prouve l'inscription suivante, gravée sur un tuyau en plomb, provenant du territoire de Lucques : *Luciorum Venuleior(um) Mont(ani) et Apron(iani)*; il est probable, comme le fait remarquer Cavedoni (*Bullettino*, 1861, p. 153), que ce tuyau provient d'une villa, ou d'un domaine, appartenant aux Venuleii dans les environs de Lucques. Enfin il y a un autre L. Venuleius Apronianus, qui fut consul pour la seconde fois en 168 avec L. Sergius Paullus, également pour la seconde fois (*Orelli*, 1368, 6123); il était probablement le fils du consul de 123.

Nous avons vu plus haut que l'un des consuls de 117 s'appelait aussi Apronianus, mais il n'appartenait probablement pas à la famille Venuleia; et ce sera ici le lieu de dire quelques mots sur les consuls de cette année, dont les véritables noms n'ont pas encore été retrouvés. Une inscription publiée par Orelli (794) porte la date *Nigro et Aproniano cos.*, ce qui est d'accord avec les fastes manuscrits. Le seul monument qui donne leurs noms complets est l'estampille mutilée d'une tuile, aujourd'hui perdue, mais dont une copie a été conservée dans les manuscrits de Pighius à la bibliothèque de Berlin ; en voici le texte, tel qu'il a été publié par Kiessling dans le *Bullettino Instit. ar-*

chéol., 1862, p. 38 : MRI . . . AOV . . . NOROMREB \LOAPRONIANOCOSBRV. En comparant cette estampille avec d'autres de la même époque, on voit qu'elle appartient à une tuile provenant des *figlinæ Bruttianæ*, exploitées entre les années 110 et 122 par un certain M. R. Lupus. Dans une autre inscription du temps d'Hadrien, malheureusement fort mutilée, on trouve le nom du second consul seulement : . . . EBILO APRONIANOCOS (*Muratori*, 323, 3; Marini, *Arvali*, p. 196, 242). En comparant les deux inscriptions on voit que le consul s'appelait M. Rebilus Apronianus, et qu'il reste encore à découvrir son *nomen gentilicium;* Rebilus est un *cognomen* bien connu de la *gens Caninia*. Quant à son collègue, il devait s'appeler Aquilius Niger, et il était peut-être le père de Cn. Cornelius Aquilius Niger, légat de la légion Ire Minervia, proconsul de la Narbonaise et *sodalis Hadrianalis*, qui est connu par une inscription de Bonn (*Orelli*, 2021 = *Brambach*, 63).

137.

TI. IULIUS CANDIDUS CELSUS.

Médailles d'Harpasa en Carie :

1. M·AYPHΛIOC OYHPOC KAICAP. Tête nue et imberbe de Marc-Aurèle.

℞. ЄΠΙ KANΔIΔOY KЄΛCOY APΠACHNΩN. Fleuve couché. — Æ. 6 (Musée britannique). C'est à tort que Mionnet (*Carie*, n° 181) a attribué cette monnaie à Bargasa.

2. ΔHMOC APΠACHNΩN. Tête jeune imberbe.

℞. ЄΠΙ KANΔIΔOY KЄΛCOY. Pallas combattant, tenant un javelot de la main droite, et un bouclier de la gauche. Æ. 6 (Musée britannique).

Bien que le mot ἀνθύπατος ne se trouve pas dans les légendes de ces monnaies, il est très-probable que Candidus Celsus était proconsul d'Asie; car les noms appartiennent à une famille consulaire qui tint un rang considérable pendant le second siècle de l'empire, et il est peu probable qu'ils aient été portés à la même époque par un magistrat local dans une petite et obscure ville de la Carie.

Celsus doit être le fils de Ti. Julius Candidus Marius Celsus, cos. suff. en 86, cos. II, en 105 et légat de la Galatie (voyez à cette province); je n'ai trouvé aucune mention de lui ailleurs.

Il ne faut pas confondre notre Celsus avec Ti. Julius Candidus, proconsul d'Achaïe sous Hadrien (*Corpus inscr. gr.*, 1072) et *frater arvalis*. Ce dernier est nommé dans les actes du collége pour les années 118 et 120, en même temps que Ti. Julius Candidus Cæcilius Simplex, et, s'il avait porté le nom de Celsus, on n'aurait pas manqué de l'ajouter, selon l'usage presque invariable suivi dans la rédaction de ces actes (Henzen, *Scavi nel bosco*, pp. 65, 70). C'est au même Julius Candidus qu'est adressé un rescrit d'Antonin (*Digest.*, XLVIII, 2, 7), duquel on peut induire avec quelque probabilité qu'après avoir été proconsul d'Achaïe sous Hadrien, il gouverna l'Asie ou l'Afrique sous Antonin.

138.

CLAUDIUS IULIANUS.

Inscription d'Éphèse, découverte par M. Wood, et maintenant au Musée britannique (Waddington, *Mémoires Acad. Inscript.*, t. XXVI, 1re partie, p. 210) : Lettre mutilée d'Antonin aux magistrats d'Éphèse, datée de sa huitième puissance tribunicienne ; à la fin : [Τὰ γράμματα ἔπεμψεν .... Ἰο]υλιανὸς ὁ κράτιστος ἀνθ[ύπατος.

Médaille d'Éphèse :

ΟΥΗΡΟϹ ΚΑΙϹΑΡ [Φ]ΑΥϹΤЄΙ[Ν]Α ϹЄ. Têtes affrontées de Marc-Aurèle et de Faustine; celle de Marc-Aurèle est légèrement barbue.

℞. ЄΠΙ [Κ]Λ·ΙΟΥΛΙΑΝΟΥ ЄΦЄϹΙΩΝ. Fleuve couché. — Æ. 5 (Bibliothèque nationale).

Aristid., p. 532, ed. Dindorf : Ἧκον εἰς τὸ ἱερὸν (τοῦ Ἀσκληπίου ἐν Περγάμῳ) οὕτως ὅπως οἷός τ' ἦν· καί μου διατρίβοντος ἔτι αὐτόθι ὁ ἡγεμὼν Ἰουλιανὸς ἐπέρχεται.

L'inscription d'Éphèse montre que Julianus était proconsul d'Asie en 145, et la médaille prouve qu'il gouverna la province pendant l'année proconsulaire 145-146, à l'époque du mariage de Marc-Aurèle et de Faustine.

En effet, ce fut après la naissance de son premier enfant que Marc-Aurèle reçut la puissance tribunicienne (Capitol., *M. Aurel.*, 6); mais puisque sa trente-quatrième puissance tribunicienne courait à l'époque de sa mort, le 17 mars 180, la deuxième avait commencé le 1er janvier 148, et il est probable qu'il la reçut pour la première fois le 1er janvier de l'année précédente, en même temps qu'Antonin entrait dans sa dixième puissance. Dans tous les cas, la première puissance tribunicienne de Marc-Aurèle avait commencé avant le 28 mars 147; car il existe une lettre de lui portant cette date et adressée à une corporation de Smyrne, qui lui avait fait parvenir ses félicitations à l'occasion de la naissance d'un fils, mort presque aussitôt; et dans cette lettre, les titres du jeune César sont : *tribunicia potestate, cos. II* (voyez plus loin, § 139). Par conséquent son mariage avec Faustine eut lieu en 146, et le Julianus de la médaille était proconsul cette année; mais, comme il était en fonctions en 145, il est clair qu'il gouverna la province pendant l'année proconsulaire 145-146.

A propos de cette médaille, nous rappellerons le fait que nous avons déjà signalé plus haut (§ 108), à savoir que sur les monnaies d'Éphèse le magistrat local éponyme est toujours le γραμματεύς ou l'ἀρχιερεύς, jamais le στρατηγός. Après le règne de Néron le seul magistrat local qu'on rencontre sur les monnaies est Παῖτος, qui fut γραμματεύς sous Antonin (Mionnet, *Ionie*, n° 296); les pièces qui portent la légende ἐπὶ ἀρχ. 'Εστιαίου (Mionnet, *Ionie*, n° 293; *Suppl. Mysie*, n° 243) ont été frappées à Cyzique et non à Éphèse. Nous faisons cette remarque, parce que Vaillant a publié une monnaie d'Éphèse, de tous points semblable à la nôtre, sauf qu'il a lu au revers ЄΠΙ CTPA ΙΟΥΛΙΑΝΟΥ (Mionnet, *Suppl. Ionie*, n° 449); c'est certainement une erreur, car la pièce de la Bibliothèque nationale est la même que Vaillant a eue sous les yeux. Je n'en ai jamais rencontré d'autre exemplaire.

Le *nomen gentilicium* de Julianus manque sur le marbre d'Éphèse, brisé en cet endroit; sur la médaille, il est indiqué par deux lettres, dont la seconde est certainement un Λ; mais la première est entièrement effacée; le nom pouvait donc être Claudius, ou Flavius, ou Plotius. Je n'ai pas rencontré de Flavius Julianus sur les monuments du temps d'Hadrien et d'Antonin. Il y a un Plotius Julianus, qui fut légat de la légion Ve Macédonique en 134 (Renier, *Inscr. de Troesmis*, n° 10); mais il ne pouvait pas être parvenu au proconsulat d'Asie en 145. Quant aux Salvii Juliani, qui florissaient sous le règne d'Antonin, ils sont exclus par la légende de la médaille. Notre Julianus appartenait donc probablement à la gens Claudia, et effectivement il y eut plusieurs Claudii Juliani qui remplirent des fonctions importantes sous le haut empire. Tacite (*Hist.*, III, 57, 76, 77) mentionne un personnage de ce nom qui, après avoir commandé la flotte de Misène, et servi sous Vitellius, quitta le parti de ce dernier pour embrasser celui de Vespasien, et fut mis à mort peu de temps après. C'est sans doute un de ses descendants qui fut préfet de l'annone sous Hadrien (*Fragm. juris antejustin.*, § 235); et qui était contemporain et probablement parent de notre proconsul. Ti. Claudius Sacerdos Julianus, consul suffect en l'an 100 (*Orelli*, 782) et *magister* des frères Arvales en 101 (Henzen, *Scavi*, p. 59), et Ti. Claudius Julianus Naucellius, consul suffect vers 158 (Renier, *Diplômes*, 42; *Borghesi*, III, p. 128, 378), appartenaient à la même famille, dont une branche paraît avoir suivi la carrière des fonctions équestres, tandis que l'autre préférait les charges sénatoriales.

Le proconsul Julianus gouvernait l'Asie pendant la seconde année de la longue maladie du rhéteur Aristide, maladie dont il a raconté tout au long les différents incidents dans ses Discours Sacrés; l'inscription d'Éphèse en fixant l'année du proconsulat de Julianus a permis de déterminer exactement la date de la plupart des événements de la vie d'Aristide; voyez le Mémoire cité plus haut.

139.

T. ATILIUS MAXIMUS.

Inscription de Smyrne (*Corpus inscr. gr.*, 3176) : Μάρκος Αὐρήλιος Καῖσαρ, — δημαρχικῆς ἐξουσίας, ὕπατος τὸ β', συνόδῳ τῶν περὶ τὸν Βρεισέα Διόνυσον χαίρειν. Εὔνοια ὑμῶν, ἣν ἐνεδείξασθε συνησθέντες μοι γεννηθέντος υἱοῦ, εἰ καὶ ἑτέρως τοῦτο ἀπέβη, οὐδὲν ἧττον φανερὰ ἐγένετο. Τὸ ψήφισμα ἐπέγραψεν Τ. Ἀτείλιος Μάξιμος ὁ κράτιστος ἀνθύπατος καὶ φίλος ἡμῶν. Ἐρρῶσθαι ὑμᾶς βούλομαι. Πρὸ ς' Καλ. Ἀπρειλ. ἀπὸ Λωρίου.

La première puissance tribunicienne de Marc-Aurèle commence en 147, probablement au 1er janvier, et certainement, ainsi que le prouve cette inscription, avant le 28 mars. Maximus gouverna donc l'Asie pendant l'année proconsulaire 146-147, et fut le successeur de Julianus.

T. Atilius Maximus n'est mentionné, à ma connaissance du moins, que dans l'inscription de Smyrne; mais sa famille est connue et florissait au second siècle de l'empire. T. Atilius Rufus fut légat de Syrie sous Domitien (voyez à la Syrie), et T. Atilius Rufus Titianus, sans doute son fils, fut consul ordinaire en 127 (*Le Bas et Waddington*, 1619).

140.

GLABRIO.

ARISTIDES, p. 530, ed. Dindorf: Καὶ πάλιν ἦσαν ὑποσχέσεις, ὡς Γλαβρίωνος τοῦ πάνυ συγκαταστήσαντος τὸ πᾶν· ὁ δ' ἔτυχεν, οἶμαι, τότε ἐπιδημῶν.

Ibid., p. 531: Φέρε δὴ καθάπερ κλίμακος ἀεὶ τῷ ἀνωτέρῳ προϊόντες ἑτέρου τῶν ὑπὲρ ταῦτα μνημονεύσωμεν. Ὁ σοφιστής, οὗ μικρῷ πρόσθεν ἐμνήσθην, ἦρχεν.

Dans mon *Mémoire sur la Chronologie de la vie d'Aristide* (p. 246), j'ai montré que le Glabrio mentionné dans le passage ci-dessus était probablement un proconsul d'Asie. En effet, Aristide se sert habituellement du mot ἄρχειν en parlant du gouvernement des proconsuls (p. 497, 521, 523, 529); et d'autre part, dans les dix pages qui précèdent, Glabrio est le seul personnage auquel l'expression οὗ μικρῷ πρόσθεν ἐμνήσθην peut s'appliquer. L'intervention de Glabrio, à laquelle Aristide fait allusion, eut lieu sous le proconsulat de Pollio (voyez plus loin,

§ 142), et par conséquent Glabrio dut gouverner l'Asie avant lui.

On ne sait rien de ce personnage; mais il y a un M' Acilius Glabrio, consul en 152, qui appartenait peut-être à la même famille.

141.

L. ANTONIUS ALBUS.

Aristides, p. 497 : Καὶ χρόνῳ ὕστερον οἱ πολλοὶ καὶ πυκνοὶ σεισμοὶ γίγνονται ἐπὶ Ἄλβου ἄρχοντος τῆς Ἀσίας, καὶ τοῦτό μὲν δὴ Μυτιλήνη κατηνέχθη μικροῦ πᾶσα, τοῦτο δὲ ἐν πολλαῖς τῶν ἄλλων πόλεων πολλὰ ἐκινήθη, κῶμαι δὲ ἄρδην ἀπώλοντο, Ἐφέσιοι δὲ καὶ Σμυρναῖοι παρ' ἀλλήλους ἔθεον θορυβούμενοι, ἡ δὲ συνέχεια θαυμαστὴ καὶ τῶν σεισμῶν καὶ τῶν φόβων.

Il faut distinguer trois grands tremblements de terre qui eurent lieu du vivant d'Aristide; le premier, qui détruisit Rhodes, est antérieur à sa maladie; le second, qui causa la ruine de Mytilène, arriva pendant sa maladie; et le troisième, qui renversa Smyrne, eut lieu après son rétablissement et vers la fin du règne de Marc-Aurèle. Dans une lettre adressée par Antonin en 152 au κοινὸν Ἀσίας et conservée par Justin Martyr (*Ad calcem Apologiæ* II) et Eusèbe (*H. E.*, IV, 13), il est fait allusion aux tremblements de terre qui avaient lieu en ce moment : τῶν σεισμῶν τῶν γεγονότων καὶ τῶν γινομένων. Bien que ce document soit apocryphe, et n'ait aucune valeur pour l'histoire du christianisme, néanmoins celui qui l'a inventé a dû trouver dans les annales du temps le récit des phénomènes auxquels il fait allusion, et rien n'empêche d'admettre son témoignage sur un point aussi secondaire. Dans ce cas, Albus aurait été le proconsul de l'année 151-152, et le prédécesseur de Pollio. Ceci est d'accord avec les incidents de la maladie d'Aristide, qui prouvent que le proconsulat d'Albus est antérieur à celui de Quadratus (voyez plus loin, § 144). J'ai traité toute la question en détail dans mon *Mémoire sur Aristide*, p. 242 sqq., auquel je renvoie le lecteur.

Dans les Actes des frères Arvales on trouve un L. Antonius

Albus, qui assistait aux réunions des années 116 ou 117, 118, 120 et 139 (*Marini*, tab. 27, 28; Henzen, *Scavi*, p. 65, 70), et qui doit être notre proconsul, ou peut-être son père; car on ne connaît aucun autre personnage de cette époque qui ait porté le surnom d'Albus.

142.

T. VITRASIUS POLLIO, cos. suff. circa, 138 = 891; cos. II, 176 = 929.

INSCRIPTION de Puteoli (Mommsen, *I. N.*, 2537) : Dedicata VI Idus Aug. T. Vitrasio Pollione II, M. Flavio Apro II cos.

INSCRIPTION de Gréoux, département des Basses-Alpes (*Orelli*, 3421; plus exactement dans *Borghesi*, III, p. 245, note de M. Léon Renier) : [Annia L.] fil. Faustina, T. Vitrasi Pollionis cos. II, præ[f. pr. com]it. imp., pontif., [proc]os. Asiæ, uxor, nymphis Griselicis.

INSCRIPTION de Varna (*Orelli*, 5290) : Imp. Cæsare T. Ælio Hadriano Antoni[no Aug. Pio, pont. max.] p. p. civitas Odessitanorum aquam novo [alveo indu]xit, curante T. Vitrasio Pollione, leg. A[ug. pr. pr.]. — Ἀγαθῇ Τύχῃ. Αὐτοκράτορι Καίσαρι Τίτῳ Αἰλίῳ Ἀδριανῷ Ἀντων[είνῳ Σεβαστῷ] Εὐσεβεῖ, ἀρχιερεῖ μεγίστῳ, πατρὶ πατρίδος, ἡ πόλι[ς Ὀδησσι]τῶν καινῷ ὁλκῷ τὸ ὕδωρ εἰσήγαγεν, προνοουμέ[νου Τίτου Οὐι]τρασίου Πωλλίωνος, πρεσβευτοῦ καὶ ἀντιστρα[τήγου].

INSCRIPTION de la Mésie, communiquée par M. Mommsen : Herculi, pro salute T. Vitrasi Pollionis leg. Aug. pr. pr. L. Messius Primus.7 leg. I Ital.

INSCRIPTION mutilée trouvée à Rome en deux fragments, restituée par Borghesi (VIII, p. 415); voyez aussi Henzen, n° 5477 :

A . . . . [præfecto]
præt. Aug]ustorum, comit[i M. Antonini
et divi Ver]i Augg. expedi[tionis Marcomannicæ Germ]anicæ, item comiti [M. Antonini et Com]modi Augg. expediti[onis Marcomannicæ Sar]maticæ, bis donis m[ilitaribus

donato cor]onis muralibu[s II vallaribus
II aureis II] has[tis puris VIII totidemque

B vexillis, s]odali Antonin[iano, cur. operum
publico]rum, prætori, qu[æst. III viro
monetal]i a. a. a. f. f., marito An[niæ
..... Fausti]næ Imp. Cæsaris M. [Antoni-
ni Aug. et div]æ Faustinæ Piæ pa[truelis,
adfini] Aug.
Huic senatu]s auctoribus Imp[eratoribus
Antonino e]t Commodo Augg. G[ermani-
cis Sarmati]cis statuas duas u[nam ha-
bitu milita]ri in foro divi Trai[ani al-
teram habi]tu civili in prona[o ædis
divi Pii pon]endas cens[uit.

Epistola spuria M. Antonini ad senatum Romanum, ad calcem Apologiæ II Justini Martyris : Φροντίσει ὁ πραίφεκτος Βιτράσιος Πολλίων εἰς τὰς πέριξ ἐπαρχίας πεμφθῆναι.

Aristides, p. 529 : Οἷον δ' αὖ καὶ τὸ πρόσθεν τούτων (τῶν κατὰ Σεδῆρον) ἐνιαυτῷ σχεδὸν γενομένων ἐπὶ Πολλίωνος ἄρχοντος τῆς Ἀσίας.

Borghesi (VIII, *loc. cit.*) a montré que l'inscription mutilée de Rome se rapportait à Vitrasius Pollio, le mari d'Annia Faustina, fille de L. Annius Libo, consul en 128 et oncle de Marc-Aurèle. C'est elle qui fit graver l'inscription de Gréoux, sans doute pendant un séjour qu'elle y fit pour prendre les eaux; car, lorsque le monument fut élevé, son mari était déjà consul pour la seconde fois, et par conséquent il avait dépassé depuis longtemps le moment de sa carrière où il aurait pu avoir un commandement dans les Gaules.

Vitrasius Pollio, après avoir rempli diverses fonctions secondaires, fut consul suffect, légat de la Mésie Inférieure, qui était une province consulaire, et proconsul d'Asie, sous Antonin; il prit ensuite une part active aux longues guerres germaniques qui éclatèrent à deux reprises sous le règne de Marc-Aurèle, et fut consul pour la seconde fois en 176, l'année qui précéda l'association de Commode à l'empire. Il avait succédé comme préfet du prétoire à Macrinius Vindex, tué dans une bataille contre les Marcomans (*Dio*, LXXI, 3); son collègue dans cette charge fut Bassæus Rufus, dont le *cursus honorum* a été conservé (Kellermann, *Vigiles*, 42), et à qui Marc-Aurèle et Commode firent aussi élever des statues. Pollio vivait encore au commencement du règne de Commode ; car son nom se trouve dans une liste de sénateurs qui appartient certainement à cette époque (*Gruter*, p. 302, 2; *Borghesi*, V, 37). T. Fundanius Vitrasius Pollio, qui fut nommé Salien Palatin en 170, était probablement son fils (Marini, *Arvali*, p. 166).

Puisqu'il fut le prédécesseur de Severus, il gouverna l'Asie pendant l'année proconsulaire 152-153, ainsi que nous le verrons à l'article suivant; et par conséquent son premier consulat doit se placer vers l'an 138, à la fin du règne d'Hadrien ou au début de celui d'Antonin.

Vitrasius Pollio, légat de la Lyonnaise sous Hadrien (*Digest.*, XXVII, 1, 15), ne peut être le même personnage; car notre proconsul était devenu *sodalis Antoninianus* avant d'avoir gouverné aucune province. C'est probablement le même légat de la Lyonnaise qui est mentionné dans l'inscription suivante, trouvée à Nîmes : *D. M. Umidii Avili, milit. leg. VII Gemin(æ) Felicis, beneficiarii Junii Omulli consular(is), cura T. Vitrasi Pollion(is) legati Aug.* Voy. Borghesi, VIII, p. 416, et les notes.

143.

TI. [IULIUS] SEVERUS cos. suff. circa, 140 = 893.

INSCRIPTIONS d'Ancyre de Galatie (*Corpus inscr. gr.*, 4033, 4034) :

Τι. Σεουῆρον, βασιλέων καὶ τετραρχῶν ἀπόγονον, μετὰ πάσας τὰς ἐν τῷ ἔθνει φιλοτιμίας κατatαγέντα ὑπὸ θεοῦ Ἀδριανοῦ εἰς τοὺς δημαρχικούς, πρεσβεύσαντα ἐν Ἀσίᾳ ἐξ ἐπιστολῆς καὶ κωδικίλλων θεοῦ Ἀδριανοῦ, ἡγεμόνα λεγιῶνος τετάρτης Σκυθικῆς καὶ διοικήσαντα τὰ ἐν Συρίᾳ πράγματα, ἡνίκα Πουβλίκιος Μάρκελλος διὰ τὴν κίνησιν τὴν Ἰουδαϊκὴν μεταβεβήκει ἀπὸ Συρίας, ἀνθύπατον Ἀχαΐας, πρὸς πέντε ῥάβδους πεμφθέντα εἰς Βειθυνίαν διορθωτὴν καὶ λογιστὴν ὑπὸ θεοῦ Ἀδριανοῦ, ἔπαρχον αἰραρίου τοῦ Κρόνου, ὕπατον, ποντίφικα, ἐπιμελητὴν ἔργων δημοσίων τῶν ἐν Ῥώμῃ, ἡγεμόνα πρεσβευτὴν Αὐτοκράτορος Καίσαρος Τίτου Αἰλίου Ἀδριανοῦ Ἀντωνείνου Σεβαστοῦ Εὐσεβοῦς Γερμανίας τῆς κάτω, Μ. Ἰούλιος Εὐσχήμων τὸν αὐτοῦ εὐεργέτην. — La seconde inscription est pareille à la première, sauf qu'au commencement elle omet la clause βασιλέων — φιλοτιμίας, et qu'à la fin, après le mot κάτω, elle ajoute : ἀνθύπατον Ἀσίας, Τάνταλος Ταντάλου καὶ Σῶκος υἱὸς αὐτοῦ Σαουατρεῖς, τὸν ἑαυτῶν εὐεργέτην καὶ φίλον.

Aristides, p. 505 : Τοιαῦτα μὲν κατὰ τὴν πορείαν τὴν ἐπ' Αἴσηπον καὶ τὴν ἐκεῖθεν αὖθις ἀναστροφήν. Ἦν δὲ ἡγεμὼν τῆς Ἀσίας τότε ἀνὴρ καὶ μάλα τῶν γνωρίμων Σεβῆρος τῶν ἀπὸ τῆς ἄνωθεν Φρυγίας.

Ibid., p. 523 : Ὁ Σεβῆρος ὁ τῆς Ἀσίας ἡγεμὼν ἦρξεν, οἶμαι, ἐνιαυτῷ πρότερον τοῦ ἡμετέρου ἑταίρου· ἦν δὲ ἀνὴρ ὑψηλὸς τοὺς τρόπους, καὶ ὅ τι γνοίη καὶ προέλοιτο οὐκ ἂν ὑφεῖτο οὐδενί. — Cf. p. 525, 527, 528, 529.

Dio, LXIX, 14 : Τὸν δὲ Σεουῆρον ἐς Βιθυνίαν ἔπεμψεν Ἀδριανός, ὅπλων μὲν οὐδέν, ἄρχοντος δὲ καὶ ἐπιστάτου καὶ δικαίου καὶ φρονίμου καὶ ἀξίωμα ἔχοντος δεομένην· ἃ ἅπαντα ἐν ἐκείνῳ ἦν. Καὶ ὁ μὲν διήγαγε καὶ διῴκησε καὶ τὰ ἴδια καὶ τὰ κοινὰ αὐτῶν οὕτως ὥσθ' ἡμᾶς καὶ ἐς δεῦρο ἀεὶ αὐτοῦ μνημονεύειν.

Dans mon *Mémoire sur la Chronologie de la vie d'Aristide* (p. 214-230), j'ai examiné en détail la carrière de Severus et les questions qu'elle soulève; je me bornerai ici à résumer les conclusions auxquelles je suis arrivé.

Aristide (p. 502-505) raconte une excursion qu'il fit aux bords de l'Æsepus, pendant la dixième année de sa maladie, un peu après le solstice d'hiver, et lorsque Severus était proconsul d'Asie. Puisque la deuxième année de la maladie correspond au proconsulat de Julianus (145-146), la dixième année de la maladie et le gouvernement de Severus tombent nécessairement en 153-154 (voyez plus haut, § 138). Les différentes indications chronologiques contenues dans le récit d'Aristide, et notamment la réception des lettres écrites par Avidius Heliodorus, l'ancien préfet d'Égypte, s'accordent parfaitement avec cette date.

Il en est de même du *cursus honorum* de Severus, conservé dans les inscriptions d'Ancyre. On y lit, en effet, que Severus descendait des anciens rois et tétrarques de la Galatie, qu'il commandait une légion en Syrie à l'époque de la révolte des Juifs en 132, qu'il fut ensuite proconsul d'Achaïe et chargé par l'empereur Hadrien d'une mission extraordinaire en Bithynie; la fin de cette mission dut coïncider à peu près avec l'avénement d'Antonin. J'ai montré que la mission de Severus en Bithynie est celle dont parle Dion Cassius (LXIX, 14), et que son abréviateur Xiphilin a confondu notre Severus avec Sex. Julius Severus, le vainqueur des Juifs, qui fut légat de Syrie à la fin du règne d'Hadrien (voyez à la Syrie). Ti. Severus fut ensuite préfet du trésor de Saturne; ces fonctions duraient ordinairement deux ans, et conduisaient directement au consulat, de sorte que Severus dut être consul suffect en 140 ou 141. Il reçut ensuite la *cura operum locorumque publicorum*, charge qu'on confiait généralement à de jeunes consulaires; il alla ensuite comme légat impérial dans la Germanie Inférieure; et s'il n'y resta que le terme ordinaire de trois ans, il dut s'écouler un intervalle de quelques années, pendant lesquelles il n'eut pas de fonctions publiques, jusqu'à ce qu'il pût prendre part au tirage des provinces consulaires du sénat. Il gouverna l'Asie pendant l'année 153-154, c'est-à-dire douze ou treize ans après son consulat, ce qui est d'accord avec les errements de cette époque.

Par une omission assez singulière, le *nomen gentilicium* de Severus n'est pas indiqué dans l'inscription; mais il est assez probable qu'il s'appelait Julius, parce que le prénom Tiberius n'était guère usité que dans les familles Julia et Claudia, et parce que la plupart des rois et tétrarques vassaux de Rome, comme ceux dont descendait Severus, étaient entrés dans la *gens* Julia.

144.

T. STATIUS QUADRATUS, cos. 142 = 895.

INSCRIPTION d'Ostie (*Annal. Instit. archeol.*, 1868, p. 373) : Dedicat. XIII K. Mai. L. Cuspio Rufino, T. Statio Quadrato cos.

INSCRIPTION de Lisbonne (*Corpus inscr. lat.*, II, 189) : ....tius Quadratus leg. Aug. pr. pr.

INSCRIPTION de Magnesia ad Sipylum (*Corpus inscr. gr.*, 3410) : Στατίῳ Κοδράτῳ ἀνθυπάτῳ, Ἀλέξανδρος Διογνήτου ἐπεσκεύασε τὸ μνημεῖον· — ἐὰν δέ τις ἀπαλλοτριώσῃ, ὑπεύθυνος ἔστω εἰς τὸν Καίσαρος φίσκον δηνάρια φ'.

EPISTOLA ecclesiæ Smyrnæ de martyrio sancti Polycarpi (Dressel, *Patres apostolici*, p. 406) : Μαρτυρεῖ δὲ ὁ μακάριος Πολύκαρπος μηνὸς Ξανθικοῦ δευτέρᾳ ἱσταμένου, πρὸ ἑπτὰ καλανδῶν Μαΐων, σαββάτῳ μεγάλῳ, ὥρᾳ ὀγδόῃ. Συνελήφθη δὲ ὑπὸ Ἡρώδου, ἐπὶ ἀρχιερέως Φιλίππου Τραλλιανοῦ, ἀνθυπατεύοντος Στατίου Κοδράτου.

ARISTIDES, p. 523 : Ὁ Σεβῆρος ὁ τῆς Ἀσίας ἡγεμὼν ἦρξεν, οἶμαι, ἐνιαυτῷ πρότερον τοῦ ἡμετέρου ἑταίρου.

Ibid., p. 521 : Ἀφικομένου Κοδράτου τοῦ ῥήτορος ἐπὶ τὴν τῆς Ἀσίας ἀρχήν. — Cf. p. 451.

PHILOSTRATUS, *Vita Sophist.*, II, 6 : Οὐάρῳ πατὴρ μὲν Καλλικλῆς ἐγένετο ἀνὴρ ἐν τοῖς δυνατωτάτοις τῶν Περγαίων, διδάσκαλος δὲ Κοδρατίων ὁ ὕπατος ἀποσχεδιάζων τὰς θετικὰς ὑποθέσεις καὶ τὸν Φαβωρίνου τρόπον σοφιστεύων.

INSCRIPTION d'Athènes (*Corpus Inscr. gr.*, 337) : Θεὸν Ἀδριανὸν τὸν ἴδιον εὐεργέτην Κεραμιητῶν ἡ βουλὴ καὶ ὁ δῆμος, — ἐπὶ ἱερέως Στ. Κοδράτου.

L'inscription d'Ostie est le seul monument existant qui donne les noms complets des consuls de 142 ; l'inscription de Gruter (p. 1082, 18) est de source suspecte, et celle de Muratori (p. 327, 5) a été mal copiée ; le prénom du consul n'était pas Lucius, comme on l'a cru jusqu'à présent, mais Titus. C'est peut-être à lui que se rapporte l'inscription mutilée de Lisbonne, et dans ce cas il aurait été légat de la province de Lusitanie ; mais on pourrait aussi attribuer ce texte à un Veratius Quadratus (Marini, *Arvali*, p. 158) ; quant à A. Julius Quadratus, qui fut proconsul d'Asie sous Trajan, il ne peut être question de lui, toute sa carrière étant parfaitement connue (voyez plus haut, § 114). L'inscription d'Athènes montre que Statius Quadratus avait probablement accepté, comme d'autres Romains de distinction, les fonctions de prêtre des Augustes à Athènes (voyez plus haut, § 126). Un affranchi de sa famille est mentionné dans une inscription grecque de Rome (*Corpus inscr. gr.*, 5996).

Les commentateurs sont d'accord pour identifier le Quadratus d'Aristide avec le consul Quadration de Philostrate, et j'ai montré ailleurs (*Mémoire sur Aristide*, p. 234) que Quadratus est l'ami d'Aristide qui gouverna l'Asie l'année après Severus. En effet, Aristide et lui étaient contemporains et voués aux mêmes études ; le passage où se trouvent les mots τοῦ ἡμετέρου ἑταίρου suit immédiatement le récit des relations de l'auteur avec Quadratus, et il n'y a aucune autre personne mentionnée dans les Discours Sacrés à qui cette désignation puisse s'appliquer. Il gouverna donc l'Asie pendant l'année proconsulaire 154-155, ce qui s'accorde parfaitement avec un consulat en 142.

Dans l'inscription de Magnésie les mots Καίσαρος φίσκος semblent indiquer que lors du proconsulat de Quadratus il n'y avait qu'un seul empereur ; et cet argument a été souvent invoqué pour prouver que le gouvernement de Quadratus et le martyre de Polycarpe ne peuvent être placés sous le règne de Marc-Aurèle et L. Verus. J'étais aussi de cet avis lorsque j'écrivais mon Mémoire sur Aristide, mais M. Mommsen m'a fait observer avec raison que Καίσαρος φίσκος peut parfaitement être considéré comme une expression officielle, signifiant *fisc impérial*, et peut être usité aussi bien sous le règne simultané de deux empereurs, que sous celui d'un seul.

Quant à la date du martyre de Polycarpe, j'ai traité la question en détail dans le Mémoire déjà cité (p. 235 sqq.), auquel je renvoie le lecteur, et je suis arrivé à la conclusion qu'il eut lieu le 23 février 155.

145.

M. CORNELIUS T. F. FRONTO, cos. suff. kal. Jul. 143 = 896.

INSCRIPTION de Calama (Renier, *I. A.*, 2717) : M. Cornelio T. f. Quir. Frontoni, III vir. capital., q. provinc. Sicil., ædil. pl., prætori, municipes Calamensium patrono.

EPISTOLA Frontonis ad Antoninum Pium, 8 : Omnem operam me dedisse, sanctissime imp(erator), et inpenso studio cupisse fungi proconsulari munere, res ipsa testis est. Nam et de jure sortiendi, quoad incertum fuit, disceptavi et postquam jure liberorum prior alius apparuit, eam quæ mihi remansit splendidissimam provinciam pro electa habui. Post illa quæ[cumque] ad instruendam provinciam adtinerent, quo facilius a me tanta negotia per amicorum copias obirentur, sedulo præparavi. Propinquos et amicos meos, quorum fidem et integritatem cognoveram, domo accivi. Alexandriam ad familiares meos scripsi, ut Athenas festinarent, ibique me opperirentur, iisque græcarum epistularum curam doctissimis viris detuli. Ex Cilicia etiam splendidos viros, quod magna mihi in ea provincia amicorum copia est, cum publice privatimque semper negotia Cilicum apud te defenderim, ut venirent hortatus sum. Ex Maurotania quoque virum amantissimum mihique mutuo carum Julium Senem ad me vocavi, cujus non modo fide et diligentia, sed etiam militari industria circa quærendos et continendos latrones adjuvarer. Hæc omnia feci spe fretus, posse me victu tenui et aqua potanda malam valetudinem, qua impedior, si non omnino sedare, [cer]te ad m[ajus] intervallum [ejus] impetus mitigare. Ita evenit, ut solito diutius bene valerem et fortis vigerem : adeo ut etiam duas amicorum causas non minimi laboris apud te tutatus sim. Ingruit deinde tanta vis valetudinis, quæ mihi ostenderet, omnem spem illam [irritam fuisse ....

Epistola M. Aurelii Cæsaris ad Frontonem (V, 36) : Si te in provincia, mi magister, adierit Themistocles quidem, — ei tu velim quod possis bene facias, bene suadeas. Nam jus et æquom omnibus Asianeis erit apud te paratissimum : sed consilium, comitatem, quæque amicis — inpertire fides ac religio proconsulis permittit, peto Themistocli libens inpertias.

J'ai transcrit en entier ce qui reste de la lettre de Fronto à Antonin, parce qu'elle contient d'intéressants détails sur les préparatifs de tout genre qu'un proconsul d'Asie avait à faire, s'il voulait bien remplir son mandat, et parce qu'elle montre que le droit de tirage au sort s'exerçait librement sous le règne d'Antonin. Fronto, qui était originaire de Cirta, aurait préféré aller comme proconsul en Afrique; mais son compétiteur avait plus d'enfants que lui, ce qui lui donnait le droit au premier choix, et il opta pour l'Afrique. Fronto dut se contenter de l'Asie, et il se préparait à partir, lorsqu'il fut forcé d'y renoncer à cause du mauvais état de sa santé.

On ne peut préciser l'année dans laquelle il parvint au tirage des provinces consulaires; mais il est probable que c'était en

155, et qu'il devait succéder à Quadratus, puisqu'il avait été consul un an après lui. Dans tous les cas, c'était du vivant d'Antonin, et ce fait est un argument de plus pour montrer que Quadratus, plus ancien consulaire que Fronto, fut proconsul d'Asie sous Antonin, et non sous Marc-Aurèle.

L'inscription de Calama fait connaître les différentes fonctions remplies par Fronto jusqu'à la préture. La date de son consulat est établie par sa correspondance avec Marc-Aurèle. Tous les passages des auteurs anciens, relatifs à Fronto, ont été réunis par Naber dans son excellente édition (Lipsiæ, 1867), mais il a omis l'inscription de Calama, ainsi qu'une autre inscription de Pesaro (*Orelli*, 1176), où il est question de Fronto, de son gendre, de son petit-fils et de son arrière-petit-fils.

146.

M. POSTUMIUS FESTUS.

Inscription de Rome (*Orelli*, 1194) : T. Fl. Postumio Titiano v. c. cos. procos. prov. Africæ, cur(atori) aquarum et Miniciæ, corr(ectori) Campaniæ, corr. Italiæ Transpadanæ, cognoscenti vice sacra, p(rætori) k(andidato), q(uæstori) k(andidato), pontifici dei Solis, auguri, oratori, pronepoti et sectatori M. Postumi Festi orat(oris), etc.

Inscription de Rome (*Orelli*, 1195) : [M. Postumium Festum] oratore(m) miraq(ue) facund(ia) maximum, procos. Asiæ destinatum, VII virum, flam(inem), venerabilis memoriæ virum, T. Fl. Postumius Varus cos. pronepos, sectator ejus.

Aulus Gellius, XIX, 13 : Stabant forte una in vestibulo Palatii fabulantes Fronto Cornelius et Festus Postumius et Apollinaris Sulpicius, atque ego ibi adsistens cum quibusdam aliis sermones eorum, quos de literarum disciplinis habebant, curiosius captabam.

Fronto, *ad amicos*, II, 10 : III viris et decurionibus (Cirtæ). Suadeo vobis patronos creare et decreta in eam rem mittere ad eos qui nunc fori principem locum occupant, Aufidium Victorinum, quem in numero municipum habe(bi)tis, si di consilia mea juverint ; nam filiam meam despondi ei. — Servilium quoque Silanum optimum et facundissimum virum — patronum habebitis. — Postumium Festum et morum et eloquentiæ nomine recte patronum vobis feceritis, et ipsum nostræ provinvinciæ et civitatis non longinquæ. »

Postumius Varus fut préfet de Rome en 271, d'après la liste du chronographe anonyme, et son inscription funéraire, qui a été conservée (*Orelli-Henzen*, 6017). Postumius Titianus était son frère, et fut consul pour la deuxième fois en 301. En comparant les deux inscriptions citées plus haut, on reconnaît que dans la seconde le nom qui manque est évidemment celui de Postumius Festus. Ce dernier, l'un des principaux orateurs du temps d'Antonin, était l'ami et le contemporain de Cornelius Fronto ; comme lui, lorsqu'il arriva au tirage des provinces consulaires, il s'excusa. On ne peut préciser l'année du consulat de Festus ; mais il est probable qu'il doit se placer vers la même époque que celui de Fronto. Les deux autres personnages mentionnés dans la lettre aux magistrats de Cirta obtinrent tous les deux un second consulat, Victorinus en 183, Silanus en 188.

147.

C. POPILIUS C. F. CARUS PEDO, cos. suff. 148 = 901.

INSCRIPTION de Rome (Marini, *Arvali*, p. 220) : Locus adsignatus a Salvio Iuliano et Popilio Pedone cur. ædium sacrarum locorumque publicorum, dedic. XIII K. Oct. Gallicano et Vetere cos. (150 = 903).

INSCRIPTION de Tibur (*Henzen*, 6501) : C. Popilio C. f. Quir. Caro Pedoni cos., VII viro epulon., sodali Hadrianali, legato Imp. Cæsaris Antonini Aug. Pii pro pr. Germaniæ Super. et exercitus in ea tendentis, curatori oper. publicor., præf. ærari Satur., curatori viar. Aureliæ Veteris et Novæ Corneliæ et Triumphalis, legato legionis X Fretensis a cujus cura se excusavit, prætori, tribuno plebis, q. divi Hadriani Aug., in omnibus honoribus candidato imperator(is), trib. laticlavio leg. III Cyreneicæ, donato donis militaribus a divo Hadriano ob Iudaicam expeditionem, Xviro stlitibus judicandis, patrono municipi, curatori maximi exempli, senatus p. q. Tiburs optimo de re publica merito.

Inscription d'Éphèse découverte par M. Wood et maintenant au Musée britannique; ce fragment est le commencement d'une inscription dont la partie inférieure a déjà été publiée (*Le Bas et Waddington*, 138); sur la même pierre se trouvent aussi les commencements des n°s 137 et 139.

Γ. Πο]πίλλιος Κᾶρος Πέδω[ν
ἀνθύπατος λέγει·
Ἔ]μαθον ἐκ τοῦ πεμφθέντο[ς πρός
με ψηφίσματος ὑπὸ τῆς λαμπροτ[ά-
της Ἐφεσίων βουλῆς τοὺς πρὸ ἐμ[οῦ
κρατίστους ἀνθυπάτους ἱ[ερὰς
νομίσαι τὰς ἡμέρας τῆς [ἑορτῆς
θε]ᾷ Ἀρτέ[μιδι] . . . . . αν
.ω . . . . καὶ τοῦτο διατά-
γματι δεδηλωκέναι, κ. τ. λ.

Inscription d'Éphèse, maintenant au Musée britannique; fragments d'une lettre d'Antonin aux Éphésiens gravée sur la même plaque de marbre à la suite de celles que j'ai publiées dans mon Mémoire sur Aristide (p. 210), et qui sont datées de la huitième et de la treizième puissance tribunicienne de l'empereur; dans l'intitulé de la troisième, l'indication de la puissance tribunicienne manque, et il ne reste que le chiffre du consulat, qui est le quatrième d'Antonin (145 = 898). A la fin de la lettre on lit :

[Τὰ γράμματα ἔπεμψε]ν Ποπίλλ[ιος Πέδων]
[ὁ κράτιστος ἀνθύπα]τος.

Il existe une grande analogie entre le *cursus honorum* de Popilius Pedo et celui de son contemporain Ti. Severus (voyez § 143); l'un et l'autre passèrent successivement par la préfecture du trésor de Saturne, la direction des édifices publics, une légation en Germanie et le proconsulat d'Asie. Severus parvint au consulat en quittant la préfecture du trésor, et il est à peu près certain qu'il en fut de même pour Popilius Pedo; car à cette époque la *cura operum publicorum* était généralement confiée à de jeunes consulaires; ainsi Lollianus Avitus et Statilius Maximus, consuls ordinaires en 144 (*Bullet. Instit. archeol.*, 1867, p. 123), l'exercèrent en 146 (*Orelli*, 2456). Puisque Salvius Julianus, qui l'exerçait en 150, fut consul ordinaire en 148, son collègue Pedo dut être consul suffect la même année que lui. En effet Pedo n'est mentionné qu'au second rang, ce qui implique qu'il était moins ancien consulaire que Julianus; d'un autre côté, on ne peut faire descendre son consulat jusqu'en 149; car il parvint au proconsulat d'Asie du vivant d'Antonin, tandis que Ser. Cornelius Scipio Orfitus, consul ordinaire en 149, n'obtint le proconsulat d'Afrique qu'en 163 (*Borghesi*, III, p. 60); par conséquent Pedo était plus ancien consulaire qu'Orfitus, et son consulat est nécessairement antérieur à 149. Il dut gouverner l'Asie pendant la dernière année du règne d'Antonin, en 160-161.

148.

L. SERGIUS PAULLUS cos. suff. circa 150 = 903, cos. 168 = 921.

MELITO, initium libri de Pascha (Euseb., *H. E.*, IV, 26) : Ἐπὶ Σερουιλλίου Παύλου ἀνθυπάτου τῆς Ἀσίας, ᾧ Σάγαρις καιρῷ ἐμαρτύρησεν, ἐγένετο ζήτησις πολλὴ ἐν Λαοδικείᾳ περὶ τοῦ πάσχα, ἐμπεσόντος κατὰ καιρὸν ἐν ἐκείναις ταῖς ἡμέραις, καὶ ἐγράφη ταῦτα. — Dans le texte de Rufin, le traducteur d'Eusèbe, il y a Sergius au lieu de Servilius.

GALENUS, *de Anatomicis administrationibus*, I, 1 (ed. Kühn, t. II, p. 215-218) : Ἀνατομικὰς ἐγχειρήσεις ἔγραψα μὲν καὶ πρόσθεν, ἡνίκα τὸ πρῶτον ἀνῆλθον ἔναγχος εἰς Ῥώμην, ἄρχειν ἠργμένου τοῦ καὶ νῦν ἡμῖν ἄρχοντος Ἀντωνίνου, γράφειν δ' αὖθις ἄλλας ἔοικα ταύτας διὰ διττὴν αἰτίαν· ἑτέραν μὲν, ὅτι Φλάβιος Βοηθὸς ἀνὴρ ὕπατος, ἐξιὼν ἐκ Ῥώμης εἰς τὴν ἑαυτοῦ πατρίδα Πτολεμαΐδα, παρεκάλεσέ με τὰς ἐγχειρήσεις ἐκείνας αὐτῷ γράφειν. — Ἐπεὶ δ' ἐκεῖνος μὲν ἤδη τέθνηκεν, — ἔδοξεν ἄμεινον εἶναι γράφειν ἕτερα. — Ἐν Ῥώμῃ τῷ Βοηθῷ παμπόλλας ἐποιησάμην ἀνατομάς, παρόντος αὐτῷ ἀεὶ μὲν Εὐδήμου τε τοῦ περιπατητικοῦ καὶ Ἀλεξάνδρου τοῦ Δαμασκηνοῦ, — πολλάκις δὲ καὶ ἄλλων ἀνδρῶν ἐν τέλει, καθάπερ καὶ τοῦδε τοῦ νῦν ἐπάρχου τῆς Ῥωμαίων πόλεως, ἀνδρὸς τὰ πάντα πρωτεύοντος ἔργοις τε καὶ λόγοις τοῖς ἐν φιλοσοφίᾳ, Σεργίου Παύλου ὑπάτου.

Galenus, *de Prænotione*, 2 (ed. Kühn, t. XIV, p. 612) : Récit de la maladie d'Eudemus, κατὰ τὴν προτέραν ἐπιδημίαν μου ἐν Ῥώμῃ. Ἐπισκεψόμενοι τὸν Εὔδημον ἀφίκοντο Σέργιός τε καὶ ὁ Παῦλος, ὃς οὐ μετὰ πολὺν χρόνον ὕπαρχος ἐγένετο τῆς πόλεως, καὶ Φλάβιος ὑπατικὸς μὲν ὢν ἤδη καὶ αὐτός, ἐσπευκὼς δὲ περὶ τὴν Ἀριστοτέλους φιλοσοφίαν, ὥσπερ καὶ ὁ Παῦλος. — Ἦσαν δὲ οἱ ἐπισκοπούμενοι τὸν Εὔδημον σχεδὸν ἅπαντες οἱ κατὰ τὴν Ῥωμαίων πόλιν ἀξιώματί τε καὶ παιδείᾳ προὔχοντες. — Ὁμοίως δὲ καὶ Βάρβαρος, ὁ θεῖος τοῦ βασιλεύοντος Λευκίου κατὰ τὴν Μεσοποταμίαν ὀνομαζομένην ὄντος ὑπάρχου, ἐδεῖτο τοῦ μαθήματος καὶ αὐτός, ὥσπερ ὁ Παῦλος· ὕστερον δὲ καὶ Σεβῆρος ὕπατος μὲν ὤν, ἐσπουδακὼς δὲ καὶ περὶ τὴν Ἀριστοτέλους φιλοσοφίαν.

Inscription de Rome (*Muratori*, p. 314, 3) : [Cultores] domus divinæ Aug. — [ædem cum p]orticu sua pec(unia) reficiunda curaverunt, idemque [ob dedicati]onem ejus panem, vinum, sportulas dederunt, VIII k. octob. ...... Torquato Asprenate, L. Sergio Paullo cos.

Inscription de Constantine (Renier, *I. A.*, 1822; *Henzen*, 6123) : Dedic. L. Venuleio Aproniano II, L. Sergio Paulo II cos. V kal. Mart. qui dies post bis VI kal. fuit. — Cf. Renier, *Mélanges d'épigraphie*, p. 252.

Inscription de Gabii (*Orelli*, 1368) : Dedicata Idibus Mais L. Venuleio Aproniano II, L. Sergio Paulo II cos. — Cf. *Orelli*, 1694.

Inscription de Rome (Marini, *Arvali*, p. 197) : Hic consecrata est Sex. Aeli Terti conjux Sergia Syntyche, Sergi Pauli quondam præf. urb. alumni Chrysippi alumna.

Marini d'abord (*Arvali*, p. 196-98), et après lui Borghesi (VIII, p. 504), ont réuni tous les documents relatifs à Sergius Paullus, et Borghesi a en outre démontré que le proconsul d'Asie mentionné par Eusèbe est bien le même personnage. En effet, il y a souvent dans les manuscrits une confusion entre les noms Σέργιος et Σερούϊος ou Σερούϊλλιος, et d'ailleurs la leçon *Servius* a été conservée dans la version latine de Rufin.

Le premier séjour de Galien à Rome eut lieu au commencement du règne de Marc-Aurèle, et dura trois ou quatre ans ; il quitta la ville au début de la grande peste, et avant que L. Verus fût revenu d'Orient, retourna à Smyrne, et ne revint à Rome qu'après la mort de L. Verus (*de Libris propriis*, 1, Kühn, t. XIX, p. 15, *de Prænotione*, 9; Kühn, t. XIV, p. 649-50). L'époque de la maladie d'Eudemus est déterminée à l'année 162 ou 163 par la présence de Civica Barbarus, qui, l'année suivante, alla en Orient amener à L. Verus sa fiancée Lucille (Capitolin., *M. Aurel.*, 9; *Borghesi*, V, p. 431). Lorsque Galien fit à Rome la connaissance de Sergius Paullus, ce dernier était déjà consulaire, ainsi que Flavius Boëthus, mais il n'était pas encore préfet de la ville; à l'époque où fut composé le livre *de Anatomicis administrationibus*, il était déjà en fonctions, et il résulte clairement du récit de l'auteur et des termes qu'il emploie (τοῦδε τοῦ νῦν ἐπάρχου), que cet ouvrage fut écrit lors de son second séjour à Rome, après la mort de L. Verus. D'un autre côté, le second consulat était au deuxième siècle l'accompagnement presque obligé de la préfecture urbaine, ainsi que le prouvent de nombreux exemples. On peut donc conclure avec Borghesi que Paullus fut nommé préfet vers l'an 167 ou 168. A l'époque des Antonins, la préfecture urbaine était généralement conférée à vie, et on ne connaît pas d'exemple de préfets qui aient été revêtus plus tard d'un gouvernement provincial; aussi faut-il placer le proconsulat de Paullus avant son deuxième consulat, et probablement à l'une des années 164 à 166.

Son deuxième consulat, qui fut un consulat ordinaire, appartient à l'année 168; quant au premier, qui fut un consulat suffect, et où il eut pour collègue Torquatus Asprenas, il n'est mentionné que dans l'inscription citée plus haut. L'emploi du mot *Aug.* au lieu de *Augg.* prouve qu'il doit se placer sous le règne d'Antonin, et en tenant compte de l'intervalle habituel entre le consulat et le proconsulat, on arrive à le fixer approximativement à l'année 150. Si, comme il est probable, le collègue de Paullus est le fils de Torquatus Asprenas, consul pour la deuxième fois en 128, l'année 150 lui conviendrait également.

Il y avait une association de personnes de condition servile, qui se réunissait dans la maison qui appartenait à Paullus, et ensuite à sa fille Paullina, *collegium Sergi Paulli*, *collegium quod est in domu Sergiæ L. f. Paullinæ*. Les inscriptions qui en font mention ont été réunies par Borghesi (VII, p. 198); il en tire aussi cette conclusion, que Paullus ne laissa pas de fils.

Le principal ouvrage de Méliton, évêque de Sardes, son

Apologie, fut adressé à Marc-Aurèle dans la dixième année de son règne, d'après la chronique de saint Jérôme. Mais l'opuscule sur la Pâque, qui est cité par Eusèbe (IV, 26) en tête de la liste de ses ouvrages, peut avoir été écrit plusieurs années auparavant ; de sorte que, de ce côté-là, rien ne s'oppose à la date que nous proposons pour le proconsulat de Paullus.

149.

SEX. QUINTILIUS MAXIMUS cos. 151 = 904.

INSCRIPTION d'Oba, en Bétique (*Corpus inscr. lat.*, II, 1332) : Nonis Martis, Sex. Quintilio Condiano, Sex. Quintilio Maximo cos.

ULPIAN., Digest., XXXVIII, 2, 16 : Divi Fratres Quintiliis rescripserunt.

INSCRIPTION d'Æzani (*Le Bas et Waddington*, 992) : Τὸν δεῖνα] χρεο[φυλακήσαν]τα, δόντα [ἀργύριον] εἰς τὸ γυμνάσιον, ὁμοίως καὶ εἰς τὰ σειτωνικά, ἐργεπιστατήσαντα πολλάκις, παρασχόντα τῷ κυρίῳ Καίσαρι σύμμαχον διωγμείτην παρ' ἑαυτοῦ κατὰ ἀνθύπατον Κυϊντίλιον Μάξιμον, ἀναθέντα καὶ τὰ ἱερὰ τὰ ἐν τῇ ἐξέδρᾳ τῆς βασιλικῆς.

CAPITOL., *M. Aurel.*, 21 : Instante adhuc pestilentia — servos ad militiam paravit, quos voluntarios exemplo volonum appellavit. Armavit etiam gladiatores, quos obsequentes appellavit. Latrones etiam Dalmatiæ atque Dardaniæ milites fecit ; armavit et diogmitas (Mss. Diocmitas).

INSCRIPTION de Falerii en Étrurie (*Muratori*, 739, 1) : Sex. Quintilio Sex. f. Ani(ensi) Valerio Maximo, leg. prov. Achaiæ, prætori, tr. [plebis], quæstori provinciæ Achaiæ, tr. mil. leg. I Italicæ et XIII Geminæ, IIII vir(o) viar(um) cur(andarum).

La famille Quintilia, qui joua un rôle considérable sous le règne de Marc-Aurèle, était originaire d'Alexandria Troas, ainsi que le rapporte Philostrate (*Vita Soph.*, II, 1, 11). Le premier de ses membres qui arriva aux fonctions de l'État paraît être ce *Sex. Quinctilius Sex. f. Ani(ensi) Valerius Maximus*, qui fut nommé sénateur par Nerva, et qui fut questeur de la province de Bithynie, après avoir exercé différentes magistratures dans sa ville natale; l'inscription en son honneur a été trouvée à Alexandria Troas (*Orelli*, 5970; *Le Bas et Waddington*, 1037).

Les deux frères Condianus et Maximus, consuls en 151, doivent être ses petits-fils. Célèbres par leur instruction, leurs richesses, et par l'étroite affection qui les unissait, ils remplirent plusieurs fonctions ensemble, et l'un des frères servait de légat à l'autre (*Dio*, LXXII, 5); aussi sont-ils toujours mentionnés sous la désignation des « frères Quintilii » ou des « Quintilii. » Marc-Aurèle les tenait en haute estime, et pendant tout son règne ils comptèrent parmi les plus puissants personnages de l'empire. Cette prospérité ne dura pas longtemps; dans les premières années de son règne, Commode fit exterminer la famille tout entière (Lamprid., *Commod.*, 4; *Dio*, LXXII, 5-7).

[1]Philostrate (II, 1, 11) raconte les querelles d'Hérode Atticus avec les Quintilii, lorsque ces derniers gouvernaient la Grèce (ὁπότε ἄμφω τῆς Ἑλλάδος ἡρχέτην), le voyage du sophiste auprès de Marc-Aurèle, qui était alors à Sirmium en Pannonie, et le jugement de l'empereur. Mais le récit du biographe est confus et ne permet pas de déterminer l'intervalle qui s'écoula entre le gouvernement des Quintilii en Grèce et le voyage d'Hérode à Sirmium. Marc-Aurèle n'alla en Pannonie se mettre à la tête des armées romaines qu'en 169, après avoir ramené à Rome le corps de L. Verus; par conséquent, l'affaire d'Hérode ne put guère être plaidée devant lui à Sirmium qu'en 170 au plus tôt. Cela étant, on se demande comment les Quintilii, consuls en 151, pouvaient-ils être chargés quinze ou dix-huit ans plus tard du gouvernement d'une simple province prétorienne comme l'Achaïe. Ce fait peut s'expliquer de deux manières. Ou bien il s'agit ici, non des consuls de 151, mais de leurs fils, Quintilius Maximus, consul en 172, et Condianus, consul en 180, qui ont pu parfaitement gouverner l'Achaïe vers 168, l'un comme proconsul, l'autre comme légat. Ou bien, il faut admettre qu'à cause de la gravité des circonstances, l'empereur avait réuni sous un seul chef l'Achaïe, la Macédoine et peut-être d'autres provinces limitrophes, comme Tibère l'avait fait autrefois (voyez § 68); et effectivement, selon Capitolin, *provincias ex proconsularibus consulares aut ex consularibus proconsulares aut prætorias pro belli necessitate fecit* (M. Aurel., 22). Il résulte

de ces remarques que l'inscription de Falerii peut appartenir aussi bien au consul de 172 qu'à celui de 151 ; si elle appartient à ce dernier, la légation prétorienne d'Achaïe n'a rien de commun avec le gouvernement d'Achaïe, mentionné par Philostrate.

Quoi qu'il en soit, on retrouve les deux Quintilii accompagnant l'empereur dans le voyage qu'il fit en Orient après la révolte d'Avidius Cassius, et présents à Smyrne lorsque le rhéteur Aristide parla devant Marc-Aurèle (*Philostrat.*, II, 9). Ils furent ensuite chargés du gouvernement de la Pannonie et de la défense des frontières romaines contre les barbares du Nord ; mais ils ne purent résister à leurs attaques, et l'empereur fut obligé, en 178, de retourner en personne sur le Danube (*Dio*, LXXI, 33). Après la mort de Marc-Aurèle, en 180, les Quintilii rentrèrent sans doute dans la vie privée, et peu de temps après ils furent mis à mort avec toute leur famille par ordre de Commode. Ils avaient composé un ouvrage sur l'agriculture, qui est souvent cité dans les Geoponica (voyez les prolégomènes de l'édition de Nicias, p. LXVII); les ruines de leur magnifique villa sur la voie Appienne existent encore (Canina, *Via Appia*, I, p. 133).

Quintilius Maximus dut arriver au tirage des provinces consulaires vers 165 ou 16 ; en effet, pour le règne de Marc-Aurèle, je ne connais que deux cas où l'intervalle entre le consulat et le proconsulat puisse être déterminé exactement, celui de Scipio Orfitus, consul en 149, et proconsul d'Afrique en 163 (*Muratori*, p. 454, 6), et celui de Serius Augurinus, consul en 156, et proconsul de l'année 169-170 (*Cod. Just.*, III, 31, 1); pour l'un il s'écoula quatorze ans, et pour l'autre treize ans, entre les deux charges. Or, c'est précisément en 166 que Marc-Aurèle et Verus, après avoir terminé la guerre contre les Parthes, allaient entreprendre celle contre les Marcomans ; la peste rapportée d'Orient par les soldats de Verus ravageait l'empire et arrêtait presque les préparatifs de la guerre. C'est en ces graves circonstances que, d'après le récit, d'ailleurs peu précis, de Capitolin, l'empereur enrôla les brigands et les *diogmitæ*. Il est probable qu'il fit un appel aux villes de l'empire, et qu'il leur demanda un certain nombre d'hommes tout équipés; c'est alors sans doute que le citoyen d'Æzani fournit un homme à ses frais. Sur les *diogmitæ*, voyez ma note sur l'inscription d'Æzani. Quant au consul de 172, il ne put arriver au tirage des provinces consulaires avant la destruction de sa famille.

150.

Q. CORNELIUS PROCULUS cos. suff. imperante Antonino Pio.

INSCRIPTION de Rome, maintenant au Musée du Vatican (*Gruter*, p. 397, 6) : D. M. Corneliæ Procula et Placida fecer(unt) L. Stertinio Quintiliano Acilio Straboni Q. Cornelio Rustico Apronio Senecioni Proculo, proconsuli provinciæ Asiæ, patri bene merenti.

INSCRIPTION de Rome, maintenant au Musée de Naples, sur un cippe pareil au précédent (*Gruter*, p. 398, 1 ; Mommsen, *I. N.*, 6795) : D. M. Corneliæ Procula et Placida fecer(unt) Q. Cornelio Senecioni Proculo, prætoricio legato provinciæ Asiæ, fratri bene merenti.

INSCRIPTION d'Albingaunum en Ligurie (*Muratori*, p. 1155, 7) : M. Vibullio P. f. Pub. Proculo Cornelia Q. f. Procula mater filio optimo, qui vixit ann(is) XVII.

ULPIANUS, libro XIV ad edictum (*Digest.*, II, 8, 7) : Divus Pius Cornelio Proculo rescripsit.

PAULUS, libro IX responsionum (*Digest.*, XXVI, 5, 24) : Divi Marcus et Verus Cornelio Proculo. Si quando desint in civitate, ex qua pupilli oriundi sunt, qui idonei videantur esse tutores, officium sit magistratuum inquirere ex vicinis civitatibus honestissimum quemque, et nomina præsidi provinciæ mittere, non ipsos arbitrium dandi sibi vindicare.

ULPIANUS, libro VIII de officio proconsulis (*Digest.*, XLVIII, 18, 1, § 4) : Divi Fratres Cornelio Proculo rescripserunt, non utique in servi unius quæstione fidem rei constituendam, sed argumentis causam examinandam.

Les deux monuments funéraires de Cornelius Proculus et de son fils paraissent avoir été élevés en même temps, et il semblerait qu'ils moururent tous les deux à la même époque, le père étant proconsul d'Asie et son fils lui servant de légat. La troisième inscription, rapprochée des passages du Digeste, montre que le proconsul était connu sous le nom de Q. Cornelius Proculus. Le passage de Paulus semble indiquer que Proculus gouverna une province impériale sous Marcus et Verus, et celui d'Ulpien montre qu'il fut proconsul d'Asie sous les mêmes empereurs. Il dut précéder ou suivre Quintilius Maximus.

Il ne faut pas confondre notre proconsul avec Cn. Arrius Cornelius Proculus, légat de Lycie sous Antonin (*Corpus inscr. gr.*, t. III, p. 1140), et auquel se rapporte peut-être le premier passage du Digeste que nous avons cité plus haut.

151.

M. IUNIUS RUFINUS SABINIANUS cos. 155 = 908.

Acta fratrum arvalium; anno 155 (Henzen, *Scavi*, p. 74) : C. Iulio Severo, [M. Iunio] Rufino cos. III Non. Januar.

Inscription d'Abella en Campanie (Mommsen, *I. N.*, 1951 ; *Henzen*, 7167) : C. Iulio Severo, M. Iunio Rufino Sabiniano cos. III Nonas Decembres.

Inscription de Rusicade (Renier, *I. A.*, 2162) : Pollic(itus) III Non. Ianuarias, Sabiniano et Severo cos., dedic(avit) III Non. Mart. isdem cos. — Cf. *Orelli*, 4370 ; Kellermann, *Vigiles*, 102, 102 *a*.

Inscription d'Éphèse, d'après un estampage communiqué par M. Wood : Τῆς πρώτης καὶ μεγίστης μητροπόλεως τῆς Ἀσίας, καὶ δὶς νεωκόρου τῶν Σεβαστῶν, Ἐφεσίων πόλεως ἡ βουλὴ καὶ ὁ δῆμος ἐτείμησεν Πομπωνίαν Τριαρίαν, γυναῖκα [Ἐρο]υκίου Κλάρου ὑπάτου, [ἡγ]εμόνος Ἰουδ[αίας] ἀντι[στ]ρατ[ήγο]υ τοῦ κυρίου αὐτοκράτορος Μ. Αὐρηλίου Ἀντωνείνου, θυγατέρα [Ἰο]υνίου Ῥουφίνου ἀνθυ[π]άτου Ἀσίας, ἀνα[στήσ]αντος τὰς τειμὰς Στατειλίου [Α]ὐρηλίου Μητροδώρου τοῦ γραμματέως τῆς βουλῆς.

C. Erucius Clarus fut consul en 170, ce qui fixe la date de l'inscription d'Éphèse et du proconsulat de Rufinus. Nous avons déjà vu (§ 149) que Serius Auguripus, consul en 156, fut proconsul d'Afrique pour l'année 169-170; Rufinus, plus ancien consulaire que lui, gouverna l'Asie la même année ou l'année précédente; car la statue de Pomponia dut être élevée pendant le proconsulat de son père ou très-peu de temps après. Rufinus est généralement désigné dans les dates consulaires par son *agnomen* Sabinianus, sans doute pour le distinguer de A. Junius Rufinus, consul en 153. On ne sait rien de leur famille ; il y a un Junius Rufinus qui fut proconsul de Macédoine sous Hadrien (*Digest.*, XXII, 5, 3), et qui était sans doute le père, soit du consul de 153, soit de celui de 155, peut-être de tous les deux. Voyez aussi Borghesi, VIII, p. 278.

Pour Erucius Clarus, voyez aux légats de Palestine.

152.

ÇORNELIUS CETHEGUS cos. suff. circa 156 = 909.

Lucianus, *Demonactis vita*, 30 : Κεθήγου δὲ τοῦ ὑπατικοῦ, ὁπότε διὰ τῆς Ἑλλάδος εἰς τὴν Ἀσίαν ἀπῄει πρεσβεύσων τῷ πατρί, πολλὰ καταγέλαστα καὶ λέγοντος καὶ ποιοῦντος, ἐπειδὴ τῶν ἑταίρων τις ὁρῶν ταῦτα ἔλεγεν αὐτὸν μέγα κάθαρμα εἶναι, μὰ τὸν Δί', ἔφη ὁ Δημῶναξ, οὐδὲν μέγα.

Ainsi que l'a fait remarquer Fritzsch (Lucian., *Demonact.*, 1, note), la vie de Démonax fut écrite après la mort d'Hérode Atticus, c'est-à-dire au plus tôt en 177, et probablement peu de temps après l'avénement de Commode en 180 ; cela résulte des sections 24, 25 et 33, qui se rapportent à des incidents de la vie d'Hérode, et de l'ensemble de l'opuscule, où on ne rencontre aucune allusion au règne de Commode ; on voit aussi, par une anecdote racontée à la section 31, que Démonax vivait encore sous Marc-Aurèle. Ainsi, le consulaire Cethegus, dont Démonax se moquait, doit être M. Cornelius Cethegus, consul ordinaire en 170.

On trouve, il est vrai, un autre Cornelius Cethegus, sans doute le fils du précédent, qui était Salien Palatin, et qui sortit de ce collége sacerdotal en 180 (Marini, *Arvali*, p. 166). Les Saliens Palatins étaient de jeunes patriciens, *patrimi et matrimi*, c'est-à-dire dont les parents étaient encore vivants ; on entrait donc dans ce collége assez jeune, et on en sortait, ainsi que le prouve la liste des admissions, lorsqu'on était nommé membre de quelque autre collége sacerdotal, ou lorsqu'on arrivait au consulat (*Borghesi*, IV, p. 511). Le jeune Cethegus ne put donc pas être consul avant 181, et, comme Démonax était mort à cette époque, il ne peut être question de lui dans le passage de Lucien.

Je hasarderai ici une conjecture. Dans la liste des Saliens, on rencontre les noms de plusieurs membres qui sont remplacés, sans qu'aucune raison soit indiquée; il est assez probable que ceux-là sortaient par suite de la mort d'un de leurs parents. Dans ce cas, le consul Cethegus pourrait bien être mort en 180, et ce serait à la suite de son décès que son fils aurait été remplacé. La manière dont Lucien parle de lui fait supposer qu'il ne vivait plus lorsque l'opuscule fut écrit, et, si ma conjecture est fondée, la date de la rédaction de la vie de Démonax serait définitivement fixée aux premières années du règne de Commode.

Les légats des proconsuls d'Asie étaient quelquefois des consulaires, plus souvent des prétoriens. Cethegus paraît avoir été légat de son père en sortant du consulat, c'est-à-dire en 170, et dans ce cas le proconsulat serait celui de l'année 170-171. Cethegus le père dut être consul suffect vers 156.

153.

P. MUMMIUS SISENNA RUTILIANUS, cos. suff. circa 157 = 910.

INSCRIPTION de Tibur (*Henzen*, 6499) : P. Mummio P. f. Gal. Sisennæ Rutiliano cos., auguri, procos. provinc. Asiæ, legato Aug. pr. pr. Mœsiæ Superioris, præf. aliment. per Æmiliam, præf. ær. Saturni, leg. leg. VI Victric., prætori, tr. pl., quæst., trib. leg. V Maced., X viro stlitib. judic., patrono municipii, cur. fani H(erculis) V(ictoris), salio, Herculanii Augustales. L(ocus) d(atus) s(enatus) c(onsulto). Dedicata Kal. Iun. Maximo et Orfito cos. (anno 172).

LUCIANUS, *Pseudomantis*, 30 : Ὡς δὲ εἰς τὴν Ἰταλίαν διεφοίτησε τοῦ μαντείου τὸ κλέος, καὶ εἰς τὴν Ῥωμαίων πόλιν ἐνέπεσεν, οὐδεὶς ὅστις οὐκ ἄλλος πρὸ ἄλλου ἠπείγετο· οἱ μὲν αὐτοὶ ἰόντες, οἱ δὲ πέμποντες, καὶ μάλιστα οἱ δυνατώτατοι, καὶ μέγιστον ἀξίωμα ἐν τῇ πόλει ἔχοντες· ὧν πρῶτος καὶ κορυφαῖος ἐγένετο Ῥουτιλλιανός, ἀνὴρ τὰ μὲν ἄλλα καλὸς καὶ ἀγαθός, καὶ ἐν πολλαῖς τάξεσι Ῥωμαϊκαῖς ἐξητασμένος, τὰ δὲ περὶ τοὺς θεοὺς πάνυ νοσῶν. — Οὗτος τοίνυν ἀκούσας τὰ περὶ τοῦ χρηστηρίου μικροῦ μὲν ἐδέησεν ἀφεὶς τὴν ἐγκεχειρισμένην τάξιν, εἰς τὸ τοῦ Ἀβώνου τεῖχος ἀναπτῆναι.

Ibidem, 48 : Ἐν δὲ τοῖς ἄλλοις ἕν τι καὶ μέγιστον τόλμημα τοῦ μιαροῦ ἀνδρὸς (Ἀλεξάνδρου) ἄκουσον· ἔχων γὰρ οὐ μικρὰν ἐπίβασιν ἐπὶ τὰ βασίλεια καὶ τὴν αὐλὴν τὸν Ῥουτιλλιανὸν εὐδοκιμοῦντα, διαπέμπεται χρησμὸν τοῦ ἐν Γερμανίᾳ πολέμου ἀκμάζοντος, ὅτε ὁ θεὸς Μάρκος ἤδη τοῖς Μαρκομάνοις καὶ Κουάδοις συνεπλέκετο. Ἠξίου δὲ ὁ χρησμὸς δύο λέοντας ἐμβληθῆναι ζῶντας ἐς τὸν Ἴστρον μετὰ πολλῶν ἀρωμάτων καὶ θυσιῶν μεγαλοπρεπῶν. Γενομένων δὲ τούτων, ὡς προσέταξε, τοὺς μὲν λέοντας διανηξαμένους ἐς τὴν πολεμίαν οἱ βάρβαροι ξύλοις κατειργάσαντο, ὥς τινας κύνας ἢ λύκους ξενικούς. Αὐτίκα δὲ τὸ μέγιστον τραῦμα τοῖς ἡμετέροις ἐγένετο δισμυρίων που σχεδὸν ἀθρόων ἀπολομένων. Εἶτ' ἐπηκολούθησε τὰ περὶ Ἀκυληΐαν γενόμενα καὶ ἡ παρὰ μικρὸν ἐκείνης τῆς πόλεως ἅλωσις.

Il est souvent question de Rutilianus dans le traité de Lucien, dont nous avons transcrit deux passages, et qui contient l'histoire fort curieuse du faux prophète Alexandre, d'Abonotichos en Paphlagonie. Rutilianus, qui tomba complétement sous l'influence de l'imposteur, finit par épouser, à l'âge de soixante ans, la fille d'Alexandre, et mourut septuagénaire (*Pseudom.*, 34, 35); il avait survécu à son beau-père (*ibid.*, 60). L'opuscule de Lucien fut écrit après la mort de Marc-Aurèle, ainsi que le prouve l'expression θεὸς Μάρκος.

La chronologie du règne de Marc-Aurèle, après la mort de L. Verus, est si embrouillée, qu'il est difficile de fixer l'année de la grande défaite des Romains et de l'incursion des barbares jusque devant les murs d'Aquilée. On admet généralement que les événements auxquels Lucien fait allusion sont les mêmes qui sont indiqués d'une façon beaucoup plus vague par Dion Cassius (LXXI, 3), par Eutrope (VIII, 12), et par Capitolin (*M. Aurel.*, 14); ce dernier mentionne la défaite et la mort de Furius Victorinus, le préfet du prétoire. C'est donc probablement entre 167 et 169 qu'il faut placer ce désastre. Il semble, d'après le récit de Lucien, que Rutilianus était auprès de l'empereur, sur le théâtre de la guerre; si cette conjecture est fondée, il ne pouvait y être que comme légat consulaire de la Mésie supérieure et commandant des légions de cette province; car son *cursus honorum* ne lui donne pas le titre de *comes imperatoris*, attribué aux officiers supérieurs qui étaient attachés à l'état-major impérial, sans avoir un commandement territorial. Quoi qu'il en soit, il est clair que Rutilianus était un personnage considérable pendant la première moitié du règne de Marc-Aurèle, et que déjà à cette époque il avait rempli des fonctions importantes. Dans son *cursus honorum*, rédigé en 172, la dernière charge est celle de proconsul d'Asie, et il est assez probable que c'est à l'occasion de cette distinction que la statue lui fut élevée; dans ce cas, il aurait été le proconsul de l'année 171-172. Il dut être consul suffect vers 157, et il est sans doute le fils de P. Mummius Sisenna, consul ordinaire en 133.

154.

GRATUS.

APOLLINARIS, apud Eusebium (*H. E.*, V, 16) : Κώμη τις εἶναι λέγεται ἐν τῇ κατὰ Φρυγίαν Μυσίᾳ, καλουμένη Ἀρδαβαῦ τοὔνομα· ἔνθα φασί τινα τῶν νεοπίστων πρώτως, Μοντανὸν τοὔνομα, κατὰ Γράτον Ἀσίας ἀνθύπατον, — ἄρξασθαι λαλεῖν καὶ ξενοφωνεῖν.

HIERONYM., Chronicon, anno Abraham 2187 (ab Octob. 171) : Pseudoprophetia quæ Cataphrygas nominatur accepit exordium auctore Montano et Priscilla Maximillaque insanis vatibus.

EUSEB., Chronicon, anno Abraham 2188 : Phrygum pseudoprophetia orta est.

Il résulte de ces passages que le proconsulat de Gratus doit se placer vers l'année 172. Il n'est mentionné nulle part ailleurs, que je sache. Gratus appartenait peut-être à la *gens* Valeria, car il y eut sous l'empire plusieurs personnages appelés Valerius Gratus (voyez Borghesi, III, p. 426).

155.

ÆMILIUS FRONTINUS.

Apollonius, apud Eusebium (*H. E.*, V, 18) : Ἵνα δὲ μὴ περὶ πλειόνων λέγωμεν, ἡ προφῆτις (τῆς κατὰ Φρύγας καλουμένης αἱρέσεως) ἡμῖν εἰπάτω τὰ κατὰ Ἀλέξανδρον τὸν λέγοντα ἑαυτὸν μάρτυρα, ᾧ συνεστιᾶται, κ. τ. λ. — Ἵνα δὲ τοῖς βουλομένοις τὰ κατὰ Ἀλέξανδρον ᾖ γνώριμα, κέκριται ὑπὸ Αἰμιλλίου Φροντίνου ἀνθυπάτου ἐν Ἐφέσῳ, οὐ διὰ τὸ ὄνομα, ἀλλὰ δι' ἃς ἐτόλμησε ληστείας.

Apollonius dit lui-même (V, 18, 12) qu'il écrivait contre les Montanistes quarante ans après que Montanus eût commencé à prophétiser, c'est-à-dire en 211 ou 212 (voyez § 154) ; mais il n'y a rien, dans les extraits qu'Eusèbe donne de son livre, qui permette de fixer l'époque de la condamnation d'Alexandre par le proconsul d'Asie ; néanmoins le fait était déjà ancien (ὃν ὁ προφήτης συνόντα πολλοῖς ἔτεσιν ἀγνοεῖ), et devait remonter aux premiers temps de l'hérésie montaniste. On peut donc placer le proconsulat d'Æmilius Frontinus à la fin du règne de Marc-Aurèle ou dans les premières années de Commode. On ne sait rien de lui ; Borghesi (VIII, p. 370) a émis la conjecture qu'il était fils d'un Æmilius Fronto, mentionné dans une inscription de l'Étrurie.

156.

Q. POMPEIUS Q. F. SENECIO SOSIUS PRISCUS
cos. 169 = 922.

Inscription de Tibur (*Orelli*, 2761 ; Henzen, *Annali Inst. archeol.*, 1844, p. 47) : Q. Pompeio Q. f. Quir. Senecioni Roscio Murenæ Cœlio Sex. Iulio Frontino Silio Deciano C. Iulio Euryeli Herculaneo L. Vibullio Pio Augustano Alpino Bellicio Sollerti Iulio Apro Ducenio Proculo Rutiliano Rufino Silio Valenti Valerio Nigro Cl. Fusco Saxæ Uryntiano Sosio Prisco, pontifici, sodali Hadrianali, sodali Antoniniano Veriano, salio collino, quæstori candidato Augg., legato pr. pr. Asiæ, prætori, consuli, proconsuli Asiæ sortito, præfecto alimentor(um), XXviro monetali, seviro, præf. feriarum latinarum, q(uin)-q(uennali), patrono municipii, salio, curatori fani H(erculis) V(ictoris), s(enatus) p(opulus) q(ue) T(iburs).

Inscription de Terracine (*Orelli*, 2245) : Q. Pompeio Q. f. Quir. [Seneci]oni Sosio Prisco, salio collin(o), Tarracinen(ses) decreto decurionu(m) patron(o).

Album sacerdotum (*Gruter*, p. 300, 1) : C. Licinius Licinianus cooptatus Q. Sosio Prisco, P. Cœlio Apollinare cos., p. R. c. an(no) DCCCCXXII.

Inscription de Rimini (Tonini, *Rimini*, t. I, p. 339; *Muratori*, 336, 6) : Dedicat. Idib. Ian. Q. Sosio Prisco Senecione, P. Cœlio Apollinare cos.

Inscription de Marino (*Gruter*, 1089, 6; *Orelli*, 2625) : Dedic. III Idus Aug. Sossio Prisco et Cœlio Apollinari cos.

Sosius Priscus était fils de Q. Pompeius Falco, proconsul d'Asie sous Hadrien, ainsi que le prouve une inscription de Constantine, que nous avons rapportée plus haut (§ 133); sur sa famille, voyez Borghesi, VIII, p. 365.

Dans l'inscription de Tibur, l'ordre chronologique des fonctions n'est pas observé, et elles sont groupées d'une façon singulière et inusitée; on remarquera aussi la formule *proconsul Asiæ sortitus*, le proconsulat d'Asie ayant été la seule fonction que Priscus ne devait pas à la faveur du prince. Il dut gouverner l'Asie vers 183 ou 184.

157.

C. Arrius Antoninus cos. suff. circa 170 = 923.

Inscription de Concordia (*Borghesi*, V, p. 422; *Henzen*, 6485) : C.]Arrio[..f. Q]uir. Antonino, præf. ærari Saturni, iuridico per Italiam regionis Transpadanæ p[ri]mo, fratri arvali, prætori, cui primo iurisdictio pupillaris a sanctissimis imp. mandata est, ædil. curul., ab actis senatus, seviro equestrium turmar.; tribuno laticlavio leg. IIII Scythicæ, IIII viro viarum curandar(um), qui providentia maximorum imperat(orum) missus urgentis annonæ difficultates iuvit et consuluit securitati fundatis reip. opibus, ordo Concordiensium patrono opt. ob innocentiam et labori (sic).

Inscription de Thamugas (Renier, *I. A.*, 1495) : Calpu[r]niæ Quadratillæ, conjugi C. A[r]ri An[to]nini, de(creto) d(ecurionum).

Capitol., *Pertinax*, 3 : Tunc (in legatione Britannica, post mortem Perennis) Pertinax malivolentiæ notam subiit, quod dictus est insimulasse apud Commodum adfectati imperii Antistium Burrum et Arrium Antoninum.

Lamprid., *Commodus*, 7 : Sed et Cleandro dignus tandem vitæ finis impositus. Nam cum insidiis illius Arrius Antoninus, factis criminibus in Attali gratiam quem in proconsulatu Asiæ damnaverat, esset occisus, nec eam tum invidiam populo sæviente Commodus ferre potuisset, plebi ad pœnam donatus est.

Tertullianus, *ad Scapulam*, 5 : Arrius Antoninus in Asia cum persequeretur instanter, omnes illius civitatis Christiani ante tribunalia ejus se manu facta obtulerunt. Tum ille paucis duci jussis, reliquis ait : ὦ δειλοί, εἰ θέλετε ἀποθνήσκειν, κρημνοὺς ἢ βρόχους ἔχετε.

Dans un remarquable mémoire auquel je renvoie le lecteur, Borghesi (V, p. 383-422) a étudié en détail toute la première partie de la carrière d'Antoninus, et il a montré qu'il fut *juridicus Transpadanæ* entre les années 162 et 168. Il eut ensuite la préfecture du trésor de Saturne, charge qui conduisait directement au consulat ; on ne connaît pas l'année pendant laquelle il exerça cette magistrature, puisqu'il ne fut que consul suffect ; mais ce dut être vers 170. Il gouverna ensuite la Bithynie, ainsi que l'atteste une inscription mutilée d'Amasia (*Corpus inscr. gr.*, 4168), et peut-être la Cappadoce, si c'est à lui que se rapporte un fragment d'inscription copié par Hamilton à Tyana (*ibid.*, 4193) ; son gouvernement de Bithynie est postérieur à l'année 175, celle où Marc-Aurèle prit le titre de Sarmaticus.

Le proconsulat d'Antoninus en Asie est antérieur à la mort de Cléandre, qui doit se placer au commencement de 190 (*Dio*, LXXII, 12-13; *Herodian.*, I, 12-13). Or un fragment des Actes des frères Arvales (*Henzen*, 7419 *a*), qui nous apprend que son prénom était Caius, prouve qu'il était présent aux réunions du collége en 186 ou l'une des années suivantes. D'autre part, sa mort eut lieu pendant que Pertinax gouvernait la Bretagne, c'est-à-dire un an ou deux après la chute de Perennis, qui est fixée par Eckhel (VII, p. 136) à l'année 185; c'est donc probablement vers 188 qu'il périt. Ainsi Antoninus dut gouverner l'Asie vers 184 ou 185, c'est-à-dire quatorze ou quinze ans après son consulat. Sur sa famille, voyez les observations de Borghesi, VIII, p. 369 et la lettre du 4 janvier 1857.

Il est probable que c'est de lui que parle Tertullien; mais il est possible que, dans le passage que nous avons cité, l'apologiste fasse allusion à son homonyme, proconsul d'Asie sous Titus ou Domitien (voyez § 101).

158.

P. IULIUS P. F. GEMINIUS MARCIANUS cos. suff. 170 = 923, vel 171 = 924.

INSCRIPTION de Constantine (Renier, *I. A.*, 1818) : [P. I]ulio P. fil. Quir. [Ge]minio Marciano, [cos.], sodali Titio, procos. provinciæ Macedoniæ, leg. Augg. pro pr. provinciæ Arabiæ, leg. Augg. super vexillationes in Cappadocia, leg. Aug. leg. X Geminæ, leg. pro pr. provinc. Africæ, prætori, trib. pleb., quæstori, tribuno laticlavio leg. X Fretensis et leg. IIII Scythicæ, IIIviro kapitali, optimo, constantissimo, [M. D]urmius Felix primipilaris leg. III Cyreneicæ, [str]ator in Arabia maioris temporis legationis eius, hon(oris) causa.

INSCRIPTION de Bostra (*Le Bas et Waddington*, 1945) : P. Iulio Gemin[i]o Marciano leg. Aug. pr. pr., cos. des., C. Iul. Germanus 7 leg. III Cyr(eneicæ).

INSCRIPTION de Constantine (Renier, *I. A.*, 1819; *Corpus inscr. gr.*, 5366, *b*) : Π. Ἰούλιο[ν Γ]εμίνιον Μαρκ[ια]νόν, πρεσβευτὴν Σεβαστῶν ἀντιστράτηγον, ὕπατον, ἡ βουλὴ καὶ ὁ δῆμος Ἀδ[ρια]νῶν Πετραίων μητροπόλεως τῆς Ἀραβίας, διὰ [Κλ]αυδίου Αἰνέου πρεσβευτοῦ, εὐεργετηθέντες ὑ[π' αὐ]τοῦ ἀνέθεσαν.

INSCRIPTION de Constantine (Renier, *I. A.*, 1820; *Corpus inscr. gr.*, 5366) : Π. Ἰουλίῳ Γεμινίῳ Μαρκιανῷ, πρεσβευτῇ Σεβαστῶν ἀντιστρατήγῳ, ὑπάτῳ, Ἀδρ[α]ηνῶν πόλις ἡ τῆς Ἀραβίας, διὰ Δερμασίους Καίφου πρεσβευτῆ (sic) Ἀδραηνῶν ἐπαρχείας Ἀραβίας. Translata ab Urbe, secundum voluntatem Marciani testamento significat(am).

Inscription d'Aphrodisias (*Corpus inscr. gr.*, 2742) : [Πρὸ . . Καλ]ανδῶν Ἰουνίων, Αὐτοκράτορι Μάρκῳ Αὐρηλίῳ Κομμόδῳ Ἀντ[ωνείνῳ Σεβαστῷ τὸ ε' καὶ Ἀκιλίῳ Γλαβρίωνι τὸ β' ὑπάτοις. Διὰ] Γεμινίου Μαρκιανοῦ, τοῦ εὐεργέτου ἡμῶν, ἀνθυπάτου, ἀντ[ί]γραφον τῆς ἐπιστολῆς ἐπέμφθη εἰς Ῥώμην].

La carrière de Marcianus a été l'objet d'un excellent travail de M. Léon Renier (*Mélanges d'épigraphie*, p. 97-128); ce savant a établi qu'il était légat de la dixième légion Gemina en Pannonie à la fin du règne d'Antonin, qu'au début du règne de Marc-Aurèle et L. Verus, il fut envoyé avec des détachements en Cappadoce pour la guerre contre les Parthes, qu'il fut ensuite légat d'Arabie, province qu'il quitta en 169, l'année de la mort de Verus. L'inscription de Bostra, que M. Renier n'avait pas connue, confirme son opinion et prouve que Marcianus gouvernait encore l'Aral·ie après la mort de Verus, puisqu'il y est appelé *legatus Augusli* et non *legatus Augustorum;* à la même époque il était consul désigné, et par conséquent il dut arriver au consulat en 170, si sa désignation avait eu lieu le 9 janvier 169, ou en 171, si elle n'avait eu lieu que l'année suivante (voyez plus haut, § 122). Il n'obtint le proconsulat de Macédoine qu'après son consulat, et cet exemple est peut-être, ainsi que le fait observer M. Renier, le plus concluant qu'on ait encore cité en faveur de l'opinion émise par Borghesi (IV, p. 146), à savoir, que les anciens préteurs qui arrivaient au consulat avant d'avoir pris part au tirage des provinces prétoriennes n'étaient pas pour cela déchus du droit de concourir à ce tirage.

L'inscription d'Aphrodisias est le seul monument qui fasse connaître le proconsulat d'Asie de Marcianus; mais ce texte, dont les lignes étaient fort longues, ne me paraît pas avoir été restitué par Bœckh d'une façon satisfaisante. En effet, l'avant-dernière ligne contenait évidemment la date consulaire, ainsi que le dénotent les mots Καλανδῶν Ἰουνίων et le nom de l'empereur au datif, qui dans les inscriptions grecques correspond à l'ablatif des dates latines. Il en résulte que l'inscription a été gravée sous un des consulats de Commode ; or, comme Marcianus fut consul en 170 ou 171, il ne put parvenir au tirage des provinces consulaires avant douze ou quinze ans ; on peut donc hésiter entre le quatrième consulat de Commode en 183, et le cinquième en 186 ; j'ai préféré celui de 186, parce que les exemples contemporains indiquent un intervalle plutôt de quinze que de douze ans entre le consulat et le proconsulat. L'inscription étant datée de la fin de mai, Marcianus est le proconsul qui était entré en fonctions l'année précédente ; il gouverna donc l'Asie pendant l'année proconsulaire 185-186.

Marcianus était originaire de Cirta ; c'est sans doute lui que Fronto, son compatriote, appelle *Marcianus noster* (*Epist. ad Cæsarem*, III, 4).

159.

SULPICIUS CRASSUS cos. suff. extremis M. Aurelii temporibus.

LAMPRID, *Commodus*, 7 : Commodus interemit Servilium et Duillium Silanos cum suis, mox Antium Lupum et Petronios Mamertinum et Suram — et post eos — in Asia Sulpicium Crassum pro consule — et alios infinitos. Destinaverat et alios quattuordecim occidere, cum sumptus ejus vires Romani imperii sustinere non posset.

Il résulte de ce passage que Sulpicius Crassus fut mis à mort pendant son proconsulat d'Asie, et vers la fin du règne de Commode. Les deux Silani furent consuls en 189, et Petronius Sura en 190, de sorte que le proconsulat de Crassus appartient à l'année 191 ou 192. Il gouverna donc l'Asie pendant l'une des deux années proconsulaires 190-191 ou 191-192. Commode mourut le 31 décembre 192. Je n'ai trouvé aucune autre mention de ce Crassus.

160.

ASELLIUS ÆMILIANUS cos. suff. extremis M. Aurelii temporibus.

INSCRIPTION de Nela dans la Batanée (*Le Bas et Waddington*, 2213) : Ὑπὲρ σωτηρίας καὶ νείκης κυρίου Κα[ίσα]ρος Κομόδου, ἐπὶ Ἀσελλίου Αἰμιλλιαν[οῦ ὑ]πατικοῦ, ἐφεστῶτος Ἀγικίου Ῥωμανοῦ (ἑκατοντάρχου?), τὸ κοινὸν Μανηνῶν ἔκτισεν τὸ ὑπερῷον — ἔτους ι'.

HERODIAN., III, 2 : Ὁ δὲ τῆς Ἀσίας ἡγούμενος Αἰμιλιανός, ᾧ τὴν πρόνοιαν καὶ στρατηγίαν ὁ Νίγρος ἐγκεχειρίκει, μαθὼν ἐπιόντα τὸν τοῦ Σεουήρου στρατὸν τὴν ἐπὶ Κύζικον καὶ αὐτὸς ἐτράπετο, ἄγων τε στρατιὰν πᾶσαν, ἣν αὐτὸς συνειλέχει καὶ ἣν ὁ Νίγρος ἐπεπόμφει. Ὡς δὲ συνέβαλεν ἑκατέρωθεν τὰ στρατεύματα, μάχαι καρτεραὶ γίνονται κατ' ἐκεῖνα τὰ χωρία, καὶ κρατεῖ τὸ Σεουήρου στράτευμα. — Φασὶ δέ τινες προδοθέντα τὰ τοῦ Νίγρου πράγματα ὑπὸ Αἰμιλιανοῦ εὐθέως ἐν ἀρχῇ διαφθαρῆναι. Διττὴν δὲ λέγουσι τῆς τοιαύτης προαιρέσεως τοῦ Αἰμιλιανοῦ τὴν αἰτίαν· οἱ μὲν γὰρ φθονοῦντα τῷ Νίγρῳ ἐπιβουλεῦσαι, ἀγανακτοῦντα ὅτι δὴ διάδοχος αὐτοῦ γενόμενος τῆς ἐν Συρίᾳ ἀρχῆς ἔμελλεν ἔσεσθαι κρείττων ἅτε βασιλεὺς καὶ δεσπότης, οἱ δέ φασιν αὐτὸν ἀναπεισθῆναι ὑπὸ τῶν παίδων ἐπιστειλάντων καὶ δεηθέντων ὑπὲρ τῆς ἑαυτῶν σωτηρίας, οὓς ἐν τῇ Ῥώμῃ εὑρὼν ὁ Σεουῆρος συλλαβὼν εἶχεν ἐν φρουρᾷ.

SPARTIAN., *Severus*, 8 : Perinthum etiam Niger volens occupare plurimos de exercitu interfecit atque ideo hostis cum Æmiliano est appellatus, cumque Severum ad participatum vocaret contemptus est. Promisit sane Nigro tutum exilium, si vellet; Æmiliano autem non ignovit. Æmilianus dehinc victus in Hellesponto a Severi ducibus Cyzicum primum confugit atque inde in aliam civitatem in qua eorum jussu occisus est. — Cf. Spartian., *Niger*, 5.

DIO, LXXIV, 6 : Ἐχρῆτο ὁ Νίγρος ὑποστρατήγῳ μετὰ καὶ τῶν ἄλλων τῷ Αἰμιλιανῷ, ὅτι τε μεσεύων καὶ ἐφεδρεύων τοῖς πράγμασι πάντων τῶν τότε βουλευόντων καὶ συνέσει καὶ ἐμπειρίᾳ πραγμάτων προφέρειν ἐδόκει (ἐπὶ πολλῶν γὰρ ἐθνῶν ἐξήτασto, ὑφ' ὧνπερ καὶ ἐξώγκωτο), ὅτι τε τοῦ Ἀλβίνου προσήκων ἦν. — Ὁ Αἰμιλιανὸς δὲ περὶ Κύζικον συμβαλών τισι τῶν στρατηγῶν τῶν τοῦ Σεουήρου ἡττήθη πρὸς αὐτῶν καὶ ἐσφάγη.

La dixième année effective du règne de Commode commence le 17 mars 189; mais il est possible que, selon l'usage assez général des Orientaux, elle ait été comptée en Syrie à partir de l'automne de 188. Dans tous les cas, Æmilianus gouvernait encore la Syrie au commencement de 189, et c'est sans doute au printemps de cette année que Pescennius Niger lui succéda dans le gouvernement de la province.

Niger ne fut proclamé empereur par les légions de Syrie qu'après la mort de Didius Julianus, qui eut lieu à Rome le 1er ou le 2 juin 193, et dont la nouvelle ne put parvenir en Syrie que vers la fin du mois. C'est postérieurement à ces événements qu'Æmilianus embrassa le parti de Niger et prit le commandement de son armée sur l'Hellespont; il était donc proconsul d'Asie pour l'année 193-194, à moins qu'on ne suppose qu'il ait été le proconsul de l'année précédente et qu'il ait continué ces fonctions pendant une seconde année. Il dut être consul suffect une quinzaine d'années avant son proconsulat, c'est-à-dire à la fin du règne de Marc-Aurèle, et peu d'années avant Pescennius Niger, qui était plus jeune consulaire que lui, et qui avait reçu le consulat sous Commode (Spartian., *Niger*, 4).

La famille Asellia est fort peu connue; Asellius Claudianus, mis à mort par Septime Sévère (Spartian., *Severus*, 13), était sans doute un parent d'Æmilianus.

C'est notre proconsul, je crois, qui est nommé dans le fragment suivant trouvé à Smyrne, et qui doit être restitué un peu autrement que ne l'a fait Bœckh (*Corpus inscr. gr.*, 3211) :

> Ἀ]νθυπατεύοντος Αἰμιλι[ανοῦ,
> ἱ]ερατευούσης διὰ βίου κα[τὰ γέ-
> νος]? τῆς μεγάλης πρὸ πόλεως θε[ᾶς
>   θεσμοφόρου Δήμητρ[ος
> Αὐρηλίας Μελίτης, ἱερείας καὶ ἀρχ[ιερείας
> τῆς Ἀσίας ναῶν τῶν ἐν Ζμύ[ρνῃ,
> ἀγωνοθετοῦντο[ς Κρητ]αρίου......

J'avais pensé d'abord que le proconsul était Æmilius Frontinus (voyez § 155), parce que dans les inscriptions les proconsuls sont désignés par le *nomen gentilicium* et le *cognomen*, plutôt que par le *cognomen* seulement. Mais une autre inscription de Smyrne (*Corpus inscr. gr.*, 3151) montre que la prêtresse Mélité était contemporaine du stratége Charidemus, qui exerça ses fonctions sous le règne de Caracalla ou à la fin de celui de Septimé Sévère (Mionnet, *Ionie*, n° 1364, 1380) ; et il m'a semblé que le proconsulat d'Æmilius Frontinus s'éloignait trop de cette époque. Cretarius, dont le nom doit être restitué dans la dernière ligne de l'inscription, fut stratége de Smyrne sous Caracalla (Mionnet, *Ionie*, n° 1862, et médaille inédite de la Bibliothèque nationale).

161.

M. ATILIUS BRADUA cos. 185 = 938.

INSCRIPTION d'Urbino (Kellermann, *Vigiles*, 104) : Materno et Bradua cos. Cf. *Orelli*, 3627.

INSCRIPTION de Smyrne (*Corpus inscr. gr.*, 3189) : ['Η βουλὴ καὶ ὁ....] νεωκόρος Σμυρναίων δῆμος ἐτείμησεν Μάρκον Ἀττίλιον Βραδούα τὸν ἀνθύπατον, ἐπιμεληθέντος Μάρκου Αὐρηλίου Περπέρου τοῦ ἐπὶ τῶν ὅπλων στρατηγοῦ.

Le nom du stratége montre que l'inscription est postérieure au règne de Marc-Aurèle. Dans une autre inscription de Smyrne (*Corpus inscr. gr.*, 3193) figure un personnage appelé M. Αὐρήλιος Περπέρης Χαριδημιανός, qui était probablement fils du stratége M. Αὐρ. Περπέρης et fils adoptif d'un Χαρίδημος, ou bien qui avait pour mère la fille d'un Χαρίδημος. Or il y a précisément un Αὐρ. Χαρίδημος qui fut stratége sous Sévère et Caracalla (Mionnet, *Ionie*, 1364). Il résulte de ce rapprochement que notre inscription doit appartenir au règne de Septime Sévère.

Il n'y a dans les fastes consulaires de cette époque que trois personnages du nom de Bradua : 1° Appius Annius Atilius Bradua, consul en 160 (*Orelli*, 2322) ; 2° M. Valerius Bradua Mauricus, consul en 191, et proconsul d'Afrique vers 204 (Marini, *Arvali*, p. 167 ; voyez § 163) ; 3° Bradua, consul en 185. C'est ce dernier qui fut proconsul d'Asie, et l'inscription de Smyrne nous apprend qu'il s'appelait M. Atilius, comme le consul de 108 ; car on n'a pas encore découvert, à ma connaissance du moins, d'inscription consulaire qui donne les noms complets des consuls de 185.

Bradua dut gouverner l'Asie vers l'an 198.

162.

TATIUS TITIANUS.

Inscription de Lacina (*Corpus inscr. gr.*, 3956 *b*, et *Addenda*, p. 1106; *Le Bas et Waddington*, 1700) : Ὑπὲρ σωτηρίας καὶ νείκης καὶ αἰωνίου διαμονῆς τῶν δεσποτῶν καὶ ἀνικήτων Αὐτοκρατόρων Λουκίου Σεπτιμίου Σεουήρου καὶ Μάρκου Αὐρηλίου Ἀντωνείνου καὶ Ποπλίου Σεπτιμίου Γέτα Καίσαρος καὶ νέας Ἥρας Ῥωμαίας καὶ σύνπαντος οἴκου τῶν Σεβαστῶν καὶ ἱερᾶς συνκλήτου καὶ δήμου τῶν Ῥωμαίων, ἐπὶ ἀνθυπάτου λαμπροτάτου Τατίου Τιτιανοῦ, τῇ γλυκυτάτῃ πατρίδι, τῷ Λακινέων δήμῳ, μετὰ πάσας ἀρχάς τε καὶ λειτουργίας καὶ διακοντίους πρεσβείας ἃς ἤνυσεν ἐπὶ θεοῦ Κομμόδου, Τρύφων Ἀπολλωνίδου — τὸ βαλανεῖον παρέδωκεν.

Bien que Plautille, femme de Caracalla, soit quelquefois appelée νέα Ἥρα, ainsi que le prouve une monnaie d'Alinda (Mionnet, *Carie*, 51), c'est probablement de Julia Domna qu'il s'agit ici. Le proconsulat de Titianus doit donc se placer entre l'année 198, où Caracalla fut nommé Auguste, et 209, où Géta reçut le même titre.

Il n'est pas mentionné ailleurs, que je sache. On a cru qu'un consul Titianus était mentionné dans une inscription de la Styrie; mais ce texte a été mal copié, et il faut probablement y lire : II Silanis cos. (*Borghesi*, III, p. 534, et la note de Mommsen). Il ne faut pas confondre notre Titianus avec T. Flavius Titianus, qui fut proconsul d'Afrique vers la même époque (*Corpus inscr. lat.*, II, 4118).

163.

PEDO APRONIANUS cos. 191 = 944.

Album Saliorum Palatinorum (Marini, *Arvali*, p. 167; cf. *Borghesi*, IV, p. 511); anno 191 : ...io Pedone Aproniano, M. Valerio Bradua [Maurico cos.].

Dio, LXXVI, 8 : Καὶ μετὰ τοῦτο τὰ περὶ τὸν Ἀπρωνιανὸν ἐτελέσθη, παράδοξα ὄντα καὶ ἀκουσθῆναι. Ἔσχε γὰρ αἰτίαν ὅτι ποτὲ ἡ τίτθη αὐτοῦ ὄναρ ἑωρακέναι ἐλέχθη ὡς βασιλεύσει, καὶ ὅτι μαγείᾳ τινὶ ἐπὶ τούτῳ χρήσασθαι ἔδοξεν· καὶ ἀπὼν ἐν τῇ ἀρχῇ τῆς Ἀσίας κατεψηφίσθη.

L'inscription citée plus haut est la seule qui donne les noms des consuls de 191 ; dans toutes les autres inscriptions à dates consulaires, on ne trouve que *Aproniano et Bradua cos*. On ne sait rien d'autre de cet Apronianus ; Marini (*Arvali*, p. 180) est d'avis qu'il appartenait à la *gens Popilia*, ce qui est assez probable.

D'après le récit de Dion Cassius, la condamnation d'Apronianus eut lieu peu de temps après la chute de Plautianus ; or cet événement doit se placer à la fin de 203 ou au commencement de 204 ; en effet, une inscription de Lambèse (Renier, *I. A.*, 70) montre qu'il est certainement postérieur au 22 août 203 (Borghesi, *Annali Inst. arch.*, 1859, p. 292). Il en résulte qu'Apronianus gouverna l'Asie très-probablement pendant l'année proconsulaire 204-205, ou au plus tard en 205-206.

Son collègue dans le consulat, Bradua Mauricus, fut proconsul d'Afrique à la même époque, ainsi que le prouve un rescrit qui lui fut adressé par les empereurs Septime Sévère et Caracalla (*Dig.*, I, 21, 4 ; XXVI, 10, 1). Morcelli (*Africa christiana*, II, p. 65) place le proconsulat de Mauricus en 204, mais sans en donner de preuves. Tout ce qu'on peut affirmer, c'est qu'il gouverna l'Afrique probablement la même année qu'Apronianus gouverna l'Asie.

164.

Q. TINEIUS Q. F. SACERDOS cos. suff. extremis Commodi temporibus ; cos. II, 219 = 972.

ALBUM Saliorum Palatinorum (Marini, *Arvali*, p. 166) ; anno 170 ; Q. Tineius Rufus loco T. Hoeni Severi cos. — Q. Tineius Sacerdos loco L. Anni Largi flaminis.

INSCRIPTION de Synnada (Henzen, *Annal. Inst. arch.*, 1852, p. 147 ; *Le Bas et Waddington*, 1707) : Ἰουλίαν Δόμναν Σεβ. μη[τέ]ρα κάστρον, ἐπὶ ἀνθ. Τινε[ί]ου Σακέρδ[ω]τος, πρεσβευτοῦ δὲ Δομιτίου Ἀριστα[ί]ου Ἀραβιανοῦ.

Inscription d'Éphèse, communiquée par M. Wood : [Ἡ πρώτη καὶ μεγίστη μητρόπολις τῆς Ἀσίας κ]αὶ δὶς νεω[κόρος τῶν Σεβαστ]ῶν κατὰ τὰ δόγματα τῆ[ς συ]γκλήτου καὶ νεωκόρος [τῆς] Ἀρτέμιδος καὶ φιλοσέβαστος Ἐφεσίων πόλις, τὸν πίτασον τοῦ θεάτρου διαφορηθέντα ὅλον ἐπεσκεύασεν καὶ ἀπη[ρ]τισεν ἔκ τε ἄλλων πόρ[ω]ν καὶ [ὧ]ν εὗρεν ὁ λαμπρότατος ἀνθύπατος... Τινεῖος Σακέρδως.

Inscription d'Éphèse; fragment communiqué par M. Wood :

Ὁ δεῖνα Ἐπαγ]άθου τοῦ . . . .
. . . . ἀ]γορανομή]σας. . . . .
. . . . ος φιλότειμος. . . . . [ἐπὶ
ἀνθυπάτου Κ]οίντου Τινε[ίου Σακέρδωτος.

Le troisième néocorat n'apparait sur les médailles d'Éphèse que vers la fin du règne de Septime Sévère, ainsi qu'il résulte d'une pièce qui a été décrite par Mionnet (Ionie, *Suppl.*, n° 562), et que j'ai vue à la Bibliothèque nationale et au Musée britannique; il en est de même dans les inscriptions (voyez *Le Bas et Waddington*, 147 *b*); le proconsulat de Sacerdos est donc antérieur à la mort de Septime Sévère. Borghesi (VIII, p. 190), après avoir passé en revue les différents membres connus de la *gens Tineia*, a montré que notre proconsul est ce Tineius Sacerdos qui fut admis en 170, avec son frère Rufus, parmi les Saliens Palatins. Ce collége sacerdotal était composé de jeunes gens *patrimi*, c'est-à-dire dont les pères étaient encore vivants; on y entrait donc assez jeune, et on en sortait, ainsi que le prouve la liste des admissions, lorsqu'on était nommé membre de quelque autre collége ou lorsqu'on arrivait au consulat (*Borghesi*, IV, p. 511). Ainsi, en supposant que Sacerdos ait eu une quinzaine d'années en 170, il peut être arrivé au consulat vers la fin du règne de Commode, et au proconsulat d'Asie dans les dernières années de Septime Sévère; il dut précéder ou suivre Apronianus. Il fut consul pour la seconde fois en 219, époque à laquelle il devait avoir environ soixante-cinq ans. Sur ce second consulat, ainsi que sur la famille Tineia en général, voyez Marini (*Arvali*, p. 553) et Borghesi (VIII, p. 190); on trouvera dans le *Corpus inscr. lat.*, II, 742, une meilleure copie de l'inscription de Muratori (160, 6) citée par Marini.

Une inscription de Sidé en Pamphylie (*Corpus inscr. gr.*,

4351) montre que Sacerdos et son frère Rufus étaient fils d'un autre Q. Tineius Sacerdos, consul en 158, et il résulte d'un autre texte de Prusias en Bithynie (*Le Bas et Waddington*, 1177) que ce dernier remplit probablement quelque fonction en Bithynie.

165.

Q. HEDIUS L. F. RUFUS LOLLIANUS GENTIANUS cos. suff. extremis Commodi temporibus.

INSCRIPTION de Tarragone (*Corpus inscr. lat.*, II, 4121) : Q. Hedio L. f. Pol. Rufo Lolliano Gentiano, auguri, cos., procos. Asiæ, censitori prov. Lugd(unensis), item Lugdunensium, comiti Severi et Antonini Augg. ter, leg. Augg. prov. H(ispaniæ) c(iterioris), item censit(ori) H(ispaniæ) c(iterioris), cur(atori) c(ivitatium) splend(idissimarum) Puteolanor(um) et Veliternor(um), quæst(ori) cand(idato), præt(ori) cand(idato), leg. leg. XXII primig(eniæ), trib. leg. VII g(eminæ) p(iæ) f(elicis), IIIviro a. a. a. f. f., Fabius Marcellus. — *Cf.* 4122.

INSCRIPTION d'une borne milliaire, près de Smyrne (*Le Bas et Waddington*, 8; *Corpus inscr. gr.*, 3179) : Ἡ λαμπροτά[τη καὶ πρώτη] τῆς Ἀσίας καὶ δὶς νεωκόρος τῶν Σεβαστῶν Σμυρναίων πόλις ἀνέστησεν ἐπὶ ἀνθυπάτ[ου] Λολλιανοῦ Γεντιανοῦ. — *Cf.* n° 9; *Corpus inscr. gr.*, 3180.

ALBUM Saliorum Palatinorum (*Marini*, p. 166; *Borghesi*, IV, p. 510); anno 170 : L. Hedius Rufus Lollianus Avitus, loco M. Acili Vibi Faustini flaminis. — Anno 171 : Q. Hedius Rufus Lo[llianus Gentia]nus, loco Ponti Falconis.

AUR. VICTOR, *Epitome*, 18 : Pertinax libertino genitus patre apud Ligures in agro squalido Lolliani Gentiani, cujus, in præfectura quoque, clientem se esse libentissime fatebatur.

CAPITOLIN., *Pertinax*, 1 : Pertinax per Lollianum Avitum consularem virum patris patronum ducendi ordinis dignitatem petiit.

Ibidem, 7 : Ærarii penuria coactus est ea exigere quæ Commodus indixerat, contra quam professus fuerat. Denique adgressus eum Lollianus Gentianus consularis quod contra promissum faceret, necessitatis rationem accepit.

Les médailles de Smyrne qui ont été décrites exactement montrent que le troisième néocorat de cette ville commence vers la fin du règne de Septime Sévère, à la même époque que celui d'Éphèse ; d'où il résulte que le proconsulat de Gentianus est antérieur à la mort de ce prince. Sur la même borne milliaire, et au-dessus de l'inscription grecque, il y a une inscription latine qui est datée du règne des Augustes Septime Sévère et Caracalla et du César Géta, et dans laquelle Sévère a le titre de *imp. XI;* le chiffre de la puissance tribunicienne manque, de sorte que l'inscription peut avoir été gravée entre les derniers mois de l'année 198 et le commencement de 209. Le texte grec peut donc être plus ancien que le texte latin, ou contemporain.

Borghesi (IV, p. 512) a démontré que les deux Saliens Palatins, Avitus et Gentianus, étaient fils de Lollianus Avitus, consul en 144, et une inscription découverte depuis (*Bullet. Inst. Archeol.*, 1867, p. 123) a prouvé définitivement que le prénom de ce dernier était Lucius ; le consul de 144 était fils d'un autre L. Lollianus Avitus, consul suffect en 114, dont l'existence a été révélée par un diplôme militaire découvert il y a quelques années (Renier, *Diplômes*, 35). Ainsi, Lollianus Avitus, patron du père de Pertinax, est le père de Lollianus Gentianus, patron de l'empereur lui-même, et déjà consulaire lors de la mort de Commode. Tout concorde donc à prouver que l'inscription de Tarragone appartient à notre proconsul, bien que le titre de Salien Palatin y ait été omis ; car il paraît avoir été le premier de sa famille qui ait porté le surnom de Gentianus.

Puisque Gentianus était un jeune homme en 171, il dut arriver au consulat dans les dernières années de Commode et gouverner la province d'Asie à la fin du règne de Septime Sévère, vers la même époque que Tineius Sacerdos, dont il fut peut-être le successeur. On remarquera que l'inscription de Tarragone ne donne pas à Sévère le titre de *divus*, et que par conséquent elle a été gravée avant la mort de ce prince. Il y a un autre Gentianus, consul en 211, qui était peut-être le fils de notre proconsul.

166.

IULIUS AVITUS, cos. suff. primis Severi annis.

Dio, LXXVIII, 30 : Ἡ Μαῖσα, ἡ τῆς Ἰουλίας τῆς Αὐγούστης ἀδελφή, δύο τε θυγατέρας, Σοαιμίδα καὶ Μαμαίαν, ἐξ Ἰουλίου τοῦ ἀνδρὸς ὑπατευκότος, καὶ δύο ἐγγόνους ἄρσενας, ἐκ μὲν Σοαιμίδος Οὐαρίου τε Μαρκέλλου — Ἀουῖτον, ἐκ δὲ τῆς Μαμαίας Γεσσίου τε Μαρκιανοῦ — Βασσιανὸν ἔχουσα, [αὐτὴ μὲν] οὖν οἴκοι ἐν τ[ῇ Ἐμέσῃ] τὴν δίαιταν [ἐποίει], τῆς ἀδελφῆς [Ἰουλίας], ᾗ παρὰ πάντα [τὸν τῆς βα]σιλείας αὐτῆ[ς χρόνον] συγγεγόνε[ι, διολομέ]νης. Ὁ γὰρ Ἀούϊτος [παρὰ] μὲν τοῦ Καρ[ακάλλου ἐς] Κύπρον ἐκ τ[ῆς Μεσοπο]ταμίας μετ[ὰ τὴν τῆς Ἀ]σίας ἀρχὴν [πεμφθεὶς κλη]ρωτῷ τινὶ σ[ύνεδρος ? ὑπό τε] γήρως κ[αὶ ὑπ' ἀῤῥωστ]ίας ὤφθη [συναιρόμενος].

Il résulte de ce passage, ainsi que d'un autre du même auteur (LXXIX, 16), que l'aïeul de l'empereur Elagabale, l'époux de Julia Mæsa, se nommait Julius Avitus, et qu'il mourut à un âge avancé, pendant le règne de Caracalla. Elagabale, avant son avénement au trône, porta le même nom que son aïeul.

Le consulat d'Avitus doit se placer vers le commencement du règne de Septime Sévère ; car il est évident qu'il ne dut cet honneur qu'à son alliance avec la famille impériale. Il fut proconsul d'Asie sous Caracalla, et ensuite chargé du gouvernement de la Mésopotamie ; de là il fut envoyé à Cypre avec une mission dont la nature est fort obscure, et il y mourut. Telle fut la carrière d'Avitus, si on accepte pour le texte de Dion la restitution généralement admise, et qui paraît assez satisfaisante, sauf pour le mot σύνεδρος ; en effet, on ne saurait admettre qu'après avoir gouverné l'Asie, un consulaire déjà ancien et oncle de l'empereur régnant ait accepté les fonctions d'assesseur du proconsul de Cypre, qui était la moindre des provinces prétoriennes du sénat.

167.

L. MARIUS L. F. MAXIMUS PERPETUUS AURELIANUS,
cos. suff. 197=950 vel 198=951; cos. II, 223=976.

INSCRIPTION de Rome (*Henzen*, 5502; plus exacte, *Borghesi*, V, p. 457) : L. Mario L. f. Quir. Maximo Perpetuo Aureliano, cos., sacerdoti fetiali, leg. Augg. pr. pr. provinc. Syriæ Cœle, leg. Augg. pr. pr. provinc. Germaniæ inferioris, item provinc. Belgicæ, duci exerciti (sic) Mysiaci aput Byzantium et aput Lugudunum, leg. leg. I Italic., cur. viæ Latinæ, item reip. Faventinorum, allecto inter prætorios, trib. pleb. candidato, quæstori urbano, trib. laticl. leg. XXII primig., item III Italicæ, IIII (viro) viarum curandarum, M. Iulius Artemidorus 7 leg. III Cyrenaicæ.

INSCRIPTION de Rome (Kellermann, *Vigiles*, 285) : L. Mario Maximo Perpetuo Aureliano c. v., præsidi provinc. Germaniæ infer., ex testamento A. Pompei Alexandri p. p. qui sub eo militaver(at), A. Pompeius Sacerdos, filius et heres, ponendum curavit.

INSCRIPTION de Rome (*Muratori*, p. 2023, 5) : L. Mario Maximo Perpetuo Aureliano c. v., præf. urbis, proconsuli provinc. Asiæ iterum, proconsuli provinc. Africæ, M. Iulius Cerealis Maternus ex civitat. Foro Iuliensium, patrono optimo.

INSCRIPTION d'Ardea (*Borghesi*, V, p. 480) : L. Mario Maximo Perpetuo Aureliano c. v., præf. urbi, pro cos. provinciæ Asiæ it(erum), pro cos. prov. Africæ, cos. II, fetiali, patrono et curatori coloniæ... Ardeatium dignissimo.....

INSCRIPTION de Canusium (*Orelli*, 3721; Mommsen, *I. N.* 635) : L. Mario Maximo II, L. Roscio Æliano cos.

DIO, LXXVIII, 14; anno 217 : Τῷ Μαξίμῳ τῷ Μαρίῳ τὴν τῆς πόλεως προστασίαν ἀντὶ τοῦ Ἀδουέντου προστάξε Μακρῖνος.

Borghesi, dans un de ses meilleurs mémoires (V, p. 455-481), a réuni tous les documents relatifs à Marius Maximus et à sa famille, et a prouvé définitivement qu'il est bien l'historien des empereurs, si souvent cité par Capitolin, Vopiscus et d'autres écrivains. Nous n'aurons qu'à résumer ses conclusions et à nous y associer, sauf quelques réserves. Outre les inscriptions que nous avons reproduites, Borghesi en donne deux autres, l'une d'après Muratori (p. 364, 4), qui est fausse, et une autre, trouvée à Velletri, qui a été mal copiée, et dont la restitution est incertaine (voyez Borghesi, V, p. 553, 554, les notes de Mommsen).

Après avoir suivi régulièrement la filière des fonctions administratives sous Commode, Marius Maximus était en 193 à la tête de la 1re légion Italique, qui faisait partie de l'armée de la Mésie inférieure, et fut chargé par Septime Sévère de prendre Byzance, qui tenait pour Pescennius Niger. Le siége fut long et difficile; commencé vers la fin de 193, il ne fut terminé qu'au printemps de 196. Peu de temps après, Marius fut envoyé dans les Gaules avec ses troupes pour la guerre contre Albin, et prit part à la bataille de Lyon, qui fut livrée le 19 février 197, et qui rendit Sévère seul maître de l'empire. Le commandant de l'armée de Mésie ne tarda pas à recevoir le consulat, en récompense de ses services; ce fut un consulat suffect, et il peut se placer en 197 ou en 198. L'empereur lui confia ensuite la Germanie inférieure, l'une des plus importantes provinces consulaires, en y joignant la Belgique, province habituellement gouvernée par un prétorien, mais qui, dans les circonstances graves, fut souvent placée sous le commandement supérieur du légat consulaire le plus rapproché. De là Marius passa en Syrie; mais cette province n'avait plus l'importance capitale qu'elle avait quelques années auparavant; Septime Sévère venait de la diviser en deux parties, *Syria Major* ou *Syria Cœle*, et *Syria Phœnicia*; toutefois la première était de beaucoup la plus importante des deux, parce qu'elle contenait Antioche, la seconde ville de l'empire, et parce qu'elle commandait les grandes routes vers l'Asie centrale.

On ne peut préciser l'époque à laquelle Marius gouverna la Germanie et la Syrie; mais il est probable que sa première légation suivit de près son consulat, et qu'il passa presque directement à la seconde, puisqu'il n'exerça aucune charge civile dans l'intervalle; dans tous les cas, les deux légations sont postérieures à 198, année dans laquelle Caracalla fut associé à l'empire, et antérieures à 209, époque à laquelle Géta reçut le titre d'Auguste. Jusqu'à présent nous avons eu pour guide la première inscription de Rome, qui relate tous les titres de Marius jusqu'à sa légation de Syrie, dans leur ordre chronologique; pour les autres fonctions, mentionnées seulement dans la troisième et dans la quatrième inscription, qui ne sont pas des *cursus honorum*, l'ordre n'est pas aussi certain. Toutefois nous avons deux points fixes, la préfecture urbaine, fixée à l'année 217 par le passage de Dion Cassius, et le deuxième consulat, qui appartient sans aucun doute à l'année 223. Il ne s'agit donc plus que de placer les deux proconsulats.

Nous verrons aux articles suivants que Q. Anicius Faustus, consul suffect à la fin de 198, était arrivé au tirage des provinces consulaires avant 217, et que M. Aufidius Fronto, consul en 199, y arriva en 217. Or Marius Maximus, qui fut consul suffect en 197, ou au plus tard en 198, était plus ancien consulaire qu'eux, et dut parvenir au tirage avant Anicius Faustus, c'est-à-dire en 214 ou 215. Grâce à la faveur dont il jouissait à la cour, son proconsulat fut prorogé pour une deuxième année; il gouverna l'Asie au plus tard pendant les années 215-217, mais comme il était certainement à Rome dans les premiers mois du règne de Macrin, je placerais plutôt son proconsulat aux années 214-216. Nommé préfet de Rome en 217 par Macrin, en remplacement d'Oclatinius Adventus, il conserva cette charge pendant un an environ, et céda sa place à Valerius Comazon, le favori d'Elagabale (*Dio*, LXXIX, 4 et 21). Borghesi, s'appuyant sur l'inscription de Velletri, place le proconsulat d'Asie après la préfecture urbaine; mais la restitution de cette inscription est fort incertaine, et d'ailleurs elle n'est pas un *cursus honorum*. Il n'y a donc aucune raison pour s'écarter de l'ordre d'ancienneté, résultant des consulats, surtout lorsqu'il s'agit d'un personnage qui était en faveur auprès de Septime Sévère et de sa famille.

Reste le proconsulat d'Afrique. Borghesi fait observer avec raison que Sévère Alexandre abandonna au sénat la nomination des proconsuls; il ajoute que Marius Maximus fut probablement nommé de cette façon, et non parce que son deuxième consulat lui avait donné le droit de prendre part une seconde fois au tirage des provinces consulaires, et il en conclut qu'il fut proconsul d'Afrique vers 229, avant Gordien. Il y a cependant une grave objection, qui paraît avoir échappé au savant italien, c'est que la troisième inscription de Rome ne mentionne pas le deuxième consulat de Maximus. Or il est bien difficile d'admettre qu'un honneur aussi considérable que le second consulat ait été omis dans une inscription gravée par un client en l'honneur de son patron. J'en conclurais que le proconsulat d'Afrique précéda le deuxième consulat; mais on ne saurait en préciser l'année. Maximus est mentionné dans un fragment d'inscription découvert dans la régence de Tunis, et paraissant se rapporter à son proconsulat (Guérin, *Voyage en Tunisie*, I, p. 426). Quant au Maximus, proconsul d'Afrique pour la seconde fois en 217 (*ibidem*, p. 114), c'est un autre personnage.

C'est ici le lieu de dire quelques mots de Scapula Tertullus, contemporain de Marius Maximus, et pour lequel on peut définir assez exactement l'intervalle entre le consulat et le proconsulat. C'est à lui, et pendant qu'il gouvernait l'Afrique, que Tertullien adressa un de ses écrits en faveur des chrétiens; or ce traité fut rédigé sous le règne de Caracalla, ainsi qu'il résulte du passage où Septime Sévère est appelé *pater Antonini*, et où il est parlé de lui au passé (*ad Scapulam*, 4; voyez les notes de Le Nourry, dans l'édition d'Œhler, t. III, p. 147). Scapula Tertullus avait été consul ordinaire en 195, et dut par conséquent arriver au tirage des provinces consulaires deux ou trois ans avant Marius Maximus, c'est-à-dire vers le début du règne de Caracalla, ce qui est d'accord avec les conclusions de Le Nourry, et confirme indirectement la date que nous avons assignée au proconsulat de Maximus.

168.

C. IULIUS ASPER, cos. suff. sub Commodo; cos. II, **212 = 965.**

Dio, LXXVIII, 22; anno 217 : Ὁ Φαῦστος ὁ Ἀνίκιος εἰς τὴν Ἀσίαν ἀντὶ τοῦ Ἄσπρου ἄρξων ἐπέμφθη. Ἐκεῖνος γὰρ τὸ μὲν πρῶτον καὶ πάνυ πολλῆς παρὰ τοῦ Μακρίνου τιμῆς, ὡς καὶ καταστῆσαι τὰ ἐν τῇ Ἀσίᾳ δυνησόμενος, ἔτυχεν· ἔπειτ' ἐν ὁδῷ ὄντα αὐτὸν ἤδη καὶ πλησιάζοντα τῷ ἔθνει (τὴν γὰρ παραίτησιν, ἣ παρὰ τοῦ Καρακάλλου παρῄτητο, ἐς αὐτὸν ἐλθοῦσαν οὐκ ἐδέξατο) δεινῶς περιύβρισεν ἀπωσάμενος (καὶ γάρ τινα καὶ διηγγέλλετο αὐτῷ λελαληκὼς οὐκ ἐπιτήδεια), καὶ δῆτα, ὡς καὶ αὖθις αὐτοῦ περιμένου διά τε γῆρας καὶ νόσον, τῷ Φαύστῳ τὴν Ἀσίαν, καίπερ προφθέντι τὴν τοῦ κλήρου τάξιν ὑπὸ τοῦ Σεουήρου, ἐνεχείρισεν.

Album Sacerdotum (*Muratori*, 350, 2) : C. Iulio Aspro II, C. Iulio Aspro [cos], p. R. c. a(nno) DCCCCLX.., L. Iulius Faustinianus cooptatus.

Inscription d'Ostie (*Annal. Inst. archeol.*, 1868, p. 391) : Imp. Cæs. M. Aurelio Anton. Pio Fel., Severi fil., Aug. — ded(icata) pr. n. Apr. Aspris II cos.

Inscription de Grottaferrata (*Muratori*, 353, 1 et 2) :

Asper, bis consul, præfectus urbi.
Iuliæ Iulianæ, sorori Aspri.

Dio, LXXVII, 5; anno 212 vel 213 : Ὅτι τὸν Ἄσπρον τὸν Ἰούλιον (MS. Ἰουλιανόν) οὐδ' ἄλλως εὐκαταφρόνητον καὶ διὰ παιδείαν καὶ διὰ φρόνημα ὄντα ἐξάρας ὁμοίως καὶ τοὺς υἱοὺς αὐτοῦ, καὶ ἐν πολλαῖς τοσαύταις ῥάβδοις ὁμοῦ ἐμπομπεύσαντα, προεπηλάκισε παραχρῆμα δεινῶς καὶ ἐς τὴν πατρίδα μεθ' ὕβρεως καὶ μετὰ δέους ἰσχυροῦ ἀπέπεμψεν.

Dio, LXXIX, 4; anno 219 : Τρικκιανὸν οὖν ἀπέκτεινεν (Ἐλαγάβαλος), καίτοι τῇ γερουσίᾳ περὶ αὐτοῦ γράψας ὅτι αὐτὸν εἰρχθέντα τῆς Ῥώμης, ὥσπερ καὶ τὸν Ἄσπρον τὸν Ἰούλιον, ὑπὸ τοῦ Μακρίνου ἀποκατέστησεν.

Tertullianus, *ad Scapulam*, 4 : Asper, qui modice vexatum hominem et statim dejectum nec sacrificium compulit facere, ante professus inter advocatos et adsessores dolere se incidisse in hanc causam.

Julius Asper fut consul pour la seconde fois en 212, et tomba en disgrâce peu de temps après; c'est sans doute à la même époque qu'il eut la préfecture de Rome, charge qui apportait presque toujours avec elle l'honneur d'un deuxième consulat. Il devait son élévation à la faveur de Caracalla, et cette faveur s'étendait à ses fils, dont l'un fut son collègue dans le consulat. Le passage de Dion, bien qu'il ne soit pas clair, fait certainement allusion aux charges si importantes dont le père et le fils étaient revêtus en 212.

En 217, et malgré sa disgrâce, Asper avait été désigné pour le proconsulat d'Asie, pendant que Caracalla vivait encore (car ce prince fut assassiné par Macrin en Mésopotamie au mois d'avril 217), et il était en route pour son poste et près d'y arriver lorsqu'il fut remplacé par ordre de Macrin; ceci se passait vers la fin de mai 217, puisque les proconsuls abordaient en Asie vers le 1er juin. Asper avait demandé à Caracalla de l'excuser de remplir les fonctions de proconsul, probablement parce qu'il craignait d'attirer sur lui l'attention du prince; mais la pétition, adressée à Caracalla, était tombée entre les mains de Macrin, qui d'abord n'en avait pas tenu compte. Le nouvel empereur, en lui retirant ensuite le proconsulat, donna pour motifs qu'Asper avait été laissé de côté de nouveau à cause de son âge et de l'état de sa santé; mais ce n'était qu'un prétexte, puisque Macrin l'avait d'abord jugé parfaitement capable d'administrer l'Asie dans ces temps difficiles.

Avant d'être préfet de Rome, Asper paraît avoir été proconsul d'Afrique; du moins, on ne connaît aucun autre consulaire de ce nom sous les règnes de Commode et de Septime Sévère, et comme il était déjà âgé en 217, il est probable que son premier consulat remontait à vingt ou vingt-cinq ans. Le passage de Tertullien ne prouve qu'une chose, c'est qu'Asper était un des prédécesseurs de Scapula, et par conséquent que son proconsulat est antérieur au règne de Caracalla, ainsi que nous l'avons vu plus haut (§ 167); mais la carrière de son fils peut nous aider à en fixer la date. En effet, ce dernier débuta par la questure de la province d'Afrique (Marini, *Arvali*, p. 784), et l'on sait par de nombreux exemples que les proconsuls prenaient souvent leurs propres fils comme questeurs ou comme légats. Le jeune Asper fit toute sa carrière dans les fonctions civiles et par la faveur du prince, de sorte qu'on peut supposer qu'il obtint ses différentes charges dès qu'il eut atteint l'âge légal, c'est-à-dire vingt-cinq ans pour la questure, trente-deux ans pour le consulat. Il dut donc être questeur au plus tard en 205, et on peut admettre que son père fut proconsul d'Afrique vers la même époque, ce qui mettrait son premier consulat dans les dernières années de Commode. Si, comme nous le pensons, c'est le même Asper qui fut successivement proconsul d'Afrique et d'Asie, la seconde nomination ne fut pas une nomination régulière, mais le résultat d'un caprice de Caracalla.

Borghesi (VII, p. 96) a réuni tous les documents relatifs aux deux Asper, et il a démontré que le second était le fils aîné du premier, qu'il s'appelait C. Julius Galerius Asper, et que c'est à lui qu'appartiennent les inscriptions, toutes gravées à la même époque, qui ont été trouvées à Tusculum, et qui ont été publiées par Marini (*Arvali*, p. 784). Borghesi a également fait remarquer que les fragments VI et VII des fastes des Saliens

Palatins (*Marini*, p. 167) se relient l'un à l'autre, et qu'il y eut un Julius Asper qui en 201 sortit du collége des Saliens pour devenir *flamen*. Ce dernier ne peut être que le fils cadet d'Asper, car son frère aîné avait été admis dans un autre collége sacerdotal, celui des *sodales augustales*, mais il n'avait été ni salien ni flamine.

169.

Q. ANICIUS FAUSTUS, cos. suff. 198=951.

Inscription de Thamugas (Renier, *I. A.*, 1575) : Imp. Cæs. L. Septimio Severo Pertinaci Aug. Pio Arabico Adiabenico, dedicante [Q. Ani]cio Fausto, [leg.] Aug. pr. pr. [design.] cos. c. v. — Laterano e[t Rufino cos].

Inscription de Lambæsa (*ibid.*, 56) : Imp. Cæs. L. Septimio Severo Pio Pertinaci Aug. Arabico Adiabenico Parthico, p. m. trib. potestat. VI, imp. XI, cos II, patri patriæ, procos., et Imp. Cæs. M. Aurelio Antonino Aug. — dedicante Q. Anicio Fausto, leg. Augg. pr. pr. c. v. cos. desig., eq(uites) leg(ionis) III Aug(ustæ) P(iæ) V(indicis). — Cf. 57, 61, 62, et *Bull. Inst. archeol.*, 1862, p. 138.

Inscription de Lambæsa (*ibid.*, 63) : Impp. Cæss. L. Septimio [Severo Pio Pertinaci Aug. et M.] Aurelio Antonino P[io Aug. — dedicante Q. Anicio] Fausto cos. ampl(issimo), etc.

Inscriptions de la Mésie Supérieure (*Corpus inscr. lat.*, III, 1685, 1686; *Muratori*, 249, 2) : Imp. Cæs. — L. Septimio Severo Pertinaci Aug. Arabico Adiabenico Parthico maximo, pont. max. trib. pot...., imp. XI, cos. III, p. p., procos., r(es) p(ublica) sua Ulp(iana), curante Q. Anicio Fausto, leg. Augustorum pr. pr.

Iuliæ Domnæ Augustæ, matri castrorum, r. p. sua Ulp. curante Q. Anicio Fausto, leg. Augustorum pr. pr.

Dio. LXXVIII, 22; anno 217 : Ὁ Φαῦστος ὁ Ἀνίκιος ἐς τὴν Ἀσίαν ἀντὶ τοῦ Ἄσπρου ἄρξων ἐπέμφθη, — καίπερ παρόφθεὶς τὴν τοῦ κλήρου τάξιν ὑπὸ τοῦ Σεουήρου. Καὶ ἐπειδή γε βραχὺς ὁ χρόνος τῆς ἡγεμονίας αὐτῷ ἐγένετο, καὶ ἐς τὸ ἐπιὸν ἔτος ἄρξαι αὐτὸν ἀντ' Αὐφιδίου Φρόντωνος ἐκέλευσε (Μακρῖνος). — (Dans ce chapitre, le manuscrit porte une fois Φῆστος et une fois Φαῦστος.)

Dans l'inscription de Thamugas, il faut restituer le mot *design.* dans la lacune de la dixième ligne; car on disait *designatus consul* aussi bien que *consul designatus;* pour ne citer qu'un seul exemple, on trouvera les deux formules appliquées au même personnage dans les Actes des Frères Arvales de l'année 87 (*Bull. Inst. archeol.*, 1869). Ainsi Anicius Faustus était consul désigné dès l'année 197, *Laterano et Rufino cos.* Il l'était encore vers le milieu de l'année suivante, ainsi que le prouve la première inscription de Lambæsa, gravée dans le courant de 198, lorsque Septime Sévère avait déjà reçu la onzième salutation impériale, et lorsque Caracalla était déjà Auguste. Il est donc probable qu'il fut consul suffect pendant la seconde moitié de l'année 198, et la deuxième inscription de Lambæsa montre qu'au lieu de revenir à Rome pour son consulat, il fut maintenu dans son commandement au moins jusqu'au commencement de 199; on connait d'autres exemples de personnages, *qui consulatum absentes gesserunt*, comme l'empereur Pertinax (Capitol., *Pert.*, 3) et Pactumeius Clemens (Renier, *I. A.*, 1812). Après avoir été légat de Numidie, Faustus devint, vers 203, légat de la Mésie supérieure, province qui était toujours réservée aux consulaires. En 217, dans le courant de l'été ou au commencement de l'automne, il fut nommé par Macrin au proconsulat d'Asie, en remplacement d'Asper, qui était déjà en route et presque arrivé à son poste. Comme une partie de l'année proconsulaire était déjà écoulée lorsque Faustus arriva en Asie, Macrin lui prorogea son gouvernement pour une autre année. Ainsi Faustus gouverna l'Asie pendant la plus grande partie de l'année proconsulaire 217-218, et devait continuer en fonctions pendant l'année suivante; mais il est assez probable qu'Elagabale ne sanctionna pas cet arrangement.

Selon Dion Cassius, Faustus était déjà arrivé au tirage des provinces consulaires sous Septime Sévère, et il en avait été écarté par ce prince; mais il y a peut-être une erreur dans le passage de l'historien, car c'est plutôt sous Caracalla que le fait dut avoir lieu.

Sur la descendance d'Anicius Faustus, voyez Borghesi, V, p. 451.

170.

M. AUFIDIUS C. F. FRONTO, cos. 199 = 952.

INSCRIPTION de Rome (*Gruter*, p. 313, 5) : Dedic. K. Ian. P. Cornelio Anullino II et M. Aufidio Frontone cos. — Cf. *Gruter*, p. 171, 7 ; *Orelli*, 24 ; Marini, *Arvali*, p. 167 ; *Henzen*, 6752.
INSCRIPTION de Pisaurum (*Orelli*, 1176) : M. Aufidio Frontoni, pronepoti M. Corneli Frontonis oratoris, cos. (143), magistri imperatorum Luci et Antonini, nepoti Aufidi Victorini, præfecti urbi, bis consulis (183), Fronto consul (199) filio dulcissimo.
DIO, LXXVIII, 22 ; anno 217 : Ἀνικίῳ Φαύστῳ τὴν Ἀσίαν ἐνεχείρισεν (ὁ Μακρῖνος)· καὶ ἐπειδή γε βραχὺς ὁ χρόνος τῆς ἡγεμονίας αὐτῷ ἐγίνετο, καὶ ἐς τὸ ἐπιὸν ἔτος ἄρξαι αὐτὸν ἀντ' Αὐφιδίου Φρόντωνος ἐκέλευσεν. Τούτῳ γὰρ οὔτε τὴν Ἀφρικὴν κατακληρωσαμένῳ ἐπέτρεψε, τῶν Ἄφρων αὐτὸν παραιτησαμένων, οὔτε τὴν Ἀσίαν, καίτοι μεταθεὶς αὐτὸν ἐκεῖσε πρότερον. Τό γε μὴν ἱκνούμενον γέρας καὶ οἴκοι μείναντι αὐτῷ, τὰς πέντε καὶ εἴκοσι μυριάδας, δοθῆναι ἐσηγήσατο· οὐ μέντοι καὶ ἐκεῖνος αὐτὰς ἔλαβεν, εἰπὼν οὐκ ἀργυρίου ἀλλ' ἡγεμονίας δεῖσθαι, καὶ διὰ τοῦθ' ὕστερον [παρὰ τοῦ Σαρ]δαναπάλλου [τὸ ἔθνος ἀ]πέλαβεν.

Dans le tirage des provinces, celle d'Afrique était échue à Aufidius Fronto pour l'année 218-219 ; mais les habitants de cette province ayant fait connaître à Macrin leur aversion pour ce choix, l'empereur, Africain lui-même, assigna la province d'Asie à Fronto. Il changea ensuite d'avis, et au lieu du proconsulat il lui offrit l'indemnité qu'il était d'usage d'accorder aux consulaires, exclus du tirage des provinces. Fronto refusa, et fut dédommagé peu de temps après par Elagabale, qui l'envoya gouverner l'Asie. Comme Elagabale fut proclamé le 16 mai 218, et que Macrin ne fut tué que vers la fin de juin, il est assez probable que les proconsuls déjà en fonctions à cette époque terminèrent leur année d'exercice. Dans ce cas, Fronto aurait succédé à Faustus, et aurait gouverné l'Asie pendant l'année 219-220 ; mais il est fort possible qu'Elagabale ait révoqué les nominations faites par Macrin, et alors Fronto aurait pris la place de Faustus dès l'été de 218.

Fronto était fils de C. Aufidius Victorinus, gendre de l'orateur Cornelius Fronto, et consul pour la seconde fois en 183.

171.

D. CÆLIUS BALBINUS, cos. suff. circa 210 = 963; cos. II, 213 = 966; imperator, 238 = 991.

CAPITOLIN., *Max. et Balb.*, 7 : Balbinus nobilissimus et iterum consul, rector provinciarum infinitarum. Nam et Asiam et Africam et Bithyniam et Galatiam et Pontum et Thracias et Gallias civilibus administrationibus rexerat, ducto non nunquam exercitu; sed rebus bellicis minor fuerat quam in civilibus.

ZONARAS, *Annal.*, XII, 17; anno 238 : Ὁ μὲν Μάξιμος (ἀπέθανεν) ἐτῶν ἑβδομήκοντα καὶ τεσσάρων, ὁ δὲ [Β]αλβῖνος ἑξήκοντα.

L'empereur Balbin est un de ceux sur la carrière desquels, avant leur avénement à l'empire, on possède le moins de renseignements. En dehors de ce qui est contenu dans la phrase de Capitolin que j'ai transcrite, on ne sait rien, sinon qu'il fut dans sa jeunesse membre du collége des Saliens Palatins, ainsi que le prouve un fragment de leur liste de cooptation, dont la date est malheureusement perdue (Marini, *Arvali*, p. 167, fragment V), mais qui appartient presque certainement aux trois ou quatre dernières années du second siècle; en effet, la même année que Balbin fut admis dans le collége, Cornelius Scipio Orfitus en sortait; or ce dernier avait été admis en 189, et comme on ne restait pas longtemps dans ce collége, composé entièrement de jeunes gens qui avaient encore leurs pères vivants (voyez plus haut, § 152), il est très-probable qu'Orfitus en sortit vers 197 ou 198, et que le fragment V appartient à l'une de ces deux années; c'est ainsi que M. Petronius Sura Septimianus, admis en 179, en sortit en 189, pour devenir consul l'année suivante. Ceci s'accorde parfaitement avec l'âge de Balbin, qui mourut en 238, âgé de soixante ans, et qui, à l'époque de sa cooptation parmi les Saliens Palatins, devait avoir de dix-huit à vingt ans.

Son deuxième consulat, dans lequel il fut le collègue de l'empereur Caracalla, consul pour la quatrième fois, est attesté par une foule de monuments (voy. notamment *Henzen*, 6046; *Bullet. Inst. Archeol.*, 1868, p. 168), et se place, de l'accord de tous les fastographes, à l'année 213. Mais la date de son premier consulat, qui fut un consulat suffect, n'a pas encore été déterminée; nous allons essayer de le faire.

Puisque Balbin avait soixante ans en 238, il n'en avait que trente-cinq en 213, l'année de son deuxième consulat. Or il est notoire qu'on ne pouvait arriver au consulat avant l'âge de trente-deux ans révolus, à moins d'une dispense spéciale, dont on ne connait point d'exemples en dehors de la famille des empereurs régnants; par conséquent, Balbin ne put être nommé consul avant 210, année pendant laquelle il accomplit sa trente-deuxième année, et, comme il était certainement bien vu de la famille impériale, il est probable qu'il obtint le consulat aussitôt qu'il eut atteint l'âge requis par la loi. C'est donc en 210 ou 211 qu'il fut consul pour la première fois.

L'intervalle entre le consulat et le tirage des provinces consulaires étant à cette époque d'environ seize ans, Balbin ne pouvait exercer son droit que vers 226 ou 227, c'est-à-dire sous le règne de Sévère Alexandre. Mais nous avons vu que ce prince abandonna le choix des proconsuls au sénat, ainsi que Lampride le dit expressément, *proconsulares provincias ex senatus voluntate ordinavit* (*Sev. Alexand.*, 24), et, comme il est certain que le sénat ne nomma plus d'après l'ancienneté seulement, nous n'avons plus de données précises pour déterminer la succession des proconsuls. Il est probable néanmoins qu'un corps composé comme le sénat devait toujours être disposé à suivre ses anciens errements, et rien ne prouve qu'il ne l'ait pas fait, si ce n'est l'exemple de Gordien qui fut nommé au proconsulat d'Afrique en sortant du consulat. En somme, l'histoire de cette époque est si obscure qu'on ne peut arriver à aucune conclusion certaine, et nous renvoyons sur ce sujet à ce que nous avons dit dans le premier chapitre de ce Mémoire (p. 10).

Balbin est le premier personnage que nous ayons rencontré,

dont les deux consulats furent atteints d'assez bonne heure dans sa carrière, et assez rapprochés l'un de l'autre pour qu'il pût prendre part deux fois, en temps utile et pendant qu'il était dans la force de l'âge, au tirage des provinces consulaires. On ne sait s'il alla d'abord en Asie ou en Afrique.

Sur la date précise de l'élévation de Balbin et de Pupien à l'empire, et sur la durée de leur gouvernement, voy. *Borghesi*, V, p. 486 sqq.

172.

C. FURIUS SABINIUS AQUILA TIMESITHEUS.

Inscription de Lyon (*Henzen*, 5530; plus exacte, Antiquités de Lyon, 2e éd., p. 163) : C. Furio Sabinio Aquilæ Timesitheo, proc. prov. Lugud. et Aquit., proc. prov. Asiæ, ibi vice XX et XXXX itemque vice procos., proc. prov. Bithyniæ Ponti Paphlagon. tam patrimoni quam rat(ionis) privatæ, ibi vice proc. XXXX, item vice proc. patrimon(i) prov. Belgic. et duarum Germaniar(um), ibi vice præsid(is) prov. German. Inferior., proc. prov. Syriæ Palæstinæ, ibi exactori reliquor(um) annon(æ) sacræ expeditionis, proc. in urbe magistro XX, ibi logistæ thymelæ, proc. prov. Arabiæ, ibi vice præsid(is) bis, proc. ration(is) privat(æ) per Belgic. et duas Germ(anias), præf. coh. I Gallic. in Hispan(iâ), C. Atilius Marullus Arvern(us) et C. Sacconius Adnatus Mediomatr(ix) patrono optimo.

Timesitheus, dont le nom, estropié de différentes façons par les auteurs, a été restitué à l'histoire par l'inscription de Lyon (*Eckhel*, VII, p. 319), fut préfet du prétoire et principal ministre de Gordien, qui épousa bientôt sa fille Furia Sabinia Tranquillina. Il mourut vers 243, après avoir dirigé avec autant de bonheur que de sagesse les conseils de Gordien.

Le grand nombre des fonctions qu'il avait remplies avant d'être procurateur de la Lyonnaise et de l'Aquitaine, montre que le texte de Lyon dut être gravé peu de temps avant l'avénement de Gordien; on peut donc supposer qu'il remplit les fonctions de gouverneur intérimaire en Asie vers le milieu du règne de Sévère Alexandre. Nous avons déjà rencontré plus haut (§ 105) un autre exemple d'un procurateur d'Asie remplaçant temporairement le proconsul.

173.

L. EGNATIUS VICTOR LOLLIANUS.

INSCRIPTION de Thyatire (*Corpus inscr. gr.*, 3516) : Τῆς ἐπιγραφῆς ἀντίγραφον ἐτέθη ἐς τὸ ἀρχεῖον, ἀνθυ(πάτῳ) Ἐγνατίῳ Λολλιανῷ, μη(νὸς) Ἀπελλαίου λʹ.

INSCRIPTION de Branchides (*Corpus inscr. gr.*, 2870; *Le Bas et Waddington*, 232, et la note) : ....του τοῦ λαμπροτάτου ὑπατικοῦ Ἰουνίου Κυϊντιανοῦ, ἐκ φιλοδοξίας τοῦ Σεβ(αστοῦ), ἐπὶ ἀνθυπάτου τὸ βʹ Ἐγνατίου Λολλιανοῦ.

INSCRIPTION de Thyatire (*Corpus inscr. gr.*, 3517) : Ὃς δ' ἂν ἕτερον ἐπενβάλῃ, τῷ θείῳ οἴκῳ τοῦ Σεβαστοῦ ὑπεύθυνος ἔστω. Αὕτη [φέρεται] δι' ἀρχείων ἡ ἐπιγραφή, ἀνθυ(πάτῳ) Λολλιανῷ τὸ βʹ, μη(νὸς) Αὐδναίου κςʹ.

INSCRIPTION de Puteoli (Henzen, *Annal. Inst. archeol.*, 1866, p. 131) :

L·EGNATIO L. f. Victori
LOLLIA no, procos.
PROV·ASIAe iterum,
PRAEF urbi
IN OMNIOR...
ERDV...

FIRMICUS MATERNUS, II, 32 : Is — ob adulterii crimen in exilium similiter datus, sed demum de exilio raptus in administrationem Campaniæ primum destinatus est. Deinde in Achaiæ proconsulatum, post vero ad similem Asiæ proconsulatum devectus est, ac postremo ad urbis Romanæ præfecturam omnium est patrum consensu promotus.

Borghesi (IV, p. 522) a démontré que le personnage anonyme dont Firmicus a esquissé la carrière ne peut être qu'un ancêtre de cet Egnatius Lollianus Mavortius, consul en 355, à qui il a dédié son livre, et que cet ancêtre doit être Lollianus, préfet de Rome en 254. Cet ingénieux rapprochement a été confirmé depuis par le fragment de Puteoli, qui nous fait connaître un Egnatius Lollianus, à la fois proconsul d'Asie et préfet de Rome, d'après la restitution la plus probable de l'inscription. Les trois inscriptions grecques se rapportent évidemment au même personnage, et nous apprennent qu'il fut proconsul d'Asie deux années de suite, et sous un empereur qui régnait sans collègue; cet empereur peut être Alexandre, Gordien ou Philippe, ce dernier avant l'association de son fils à l'empire. On remarquera que l'orthographe du mot ἰς dans la première inscription de Thyatire indique une époque de décadence.

Selon Borghesi et Henzen, les quatre inscriptions suivantes se rapporteraient à un autre personnage, probablement le père du proconsul d'Asie; mais il ne faut pas oublier que l'anonyme de Firmicus avait aussi gouverné l'Achaïe, et on ne peut attacher une grande valeur à ce fait, que l'auteur lui donne le titre de proconsul au lieu de celui de *corrector*. Je crois donc qu'il s'agit toujours du proconsul d'Asie dans ces inscriptions, ainsi que dans un fragment semblable découvert à Lébadée (*Rheinisches Museum*, t. XXI, p. 401) :

Inscription d'Athènes (*Corpus inscr. gr.*, 377) : Ἡ ἐξ Ἀρείου πάγου βουλὴ Λ. Ἐγνάτ(ιον) Οὐίκτορα Λολλιανόν, ἀντὶ τῆς πρὸς ἑαυτοὺς εὐνοίας τῆς τε κηδεμονίας τῶν Ἀθηνῶν, τὸν ῥήτορα.

Inscription de Thèbes (*Corpus inscr. gr.*, 3516, note) : Τὸν λαμπρότατον ὑπατικόν, Λ. Ἐγνάτιον Βίκτορα Λολλιανόν, Θεσπιέων ἡ βουλὴ καὶ ὁ δῆμος τὸν εὐεργέτην.

Inscription de Platées (*Corpus inscr. gr.*, 1624) : Τὸν λαμπρότατον ὑπατικόν, ἐπανορθωτὴν Ἀχαΐας, Λ. Ἐγνάτιον Βίκτορα Λολλιανόν, τὸν ἁγνὸν καὶ δίκαιον, παρὰ τῷ Ἐλευθερίῳ Διὶ καὶ τῇ Ὁμονοίᾳ τῶν Ἑλλήνων, Πλαταιέων ἡ πόλις τὸν ἑαυτῆς εὐεργέτην.

Album sodalium Antoninianorum (*Borghesi*, III, p. 392), anno 213 : L. Egnatius Victor Loll[ianus cooptatus].

Enfin, c'est toujours du même Lollianus qu'il s'agit dans le texte suivant, récemment découvert à Brousse, l'ancienne Prusa ad Olympum, et qui prouve qu'il avait été légat de Bithynie; la forme des lettres indique le commencement du troisième siècle : Ἀγαθῇ Τύχῃ. Τὸν οἰκιστὴν τῆς πατρίδος Λ. Ἐγνάτιον Οὐίκτορα Λολλιανόν, πρεσβευτὴν Σεβαστοῦ ἀντιστράτηγον Βειθυνίας καὶ Πόντου.... (*Rheinisches Museum*, t. XXVII, p. 149).

Quant à l'inscription suivante, elle se rapporte évidemment à un autre personnage, probablement le père de notre proconsul :

Inscription trouvée en Hongrie (*Borghesi*, III, p. 417) : Victoriæ Augg. nn. et leg. I adj(utricis) p(iæ) f(idelis) Antoninianæ — dedicante Egnatio Victore leg. Augg. pr. pr. et Cl. Pisone legato leg., V Idus Iunias, Apro et Maximo cos. (207).

En effet, Egnatius Victor était parvenu au consulat avant 207, puisque la Pannonie inférieure, dont il était légat, était une province consulaire ; il ne peut donc être le même personnage que le préfet de Rome de 254.

174.

L. ALBINIUS A. F. SATURNINUS.

Inscription de Suessa (Mommsen, *I. N.*, 4033) : L. Albinio A. f. Quir. Saturnino, cos., procos. prov. Asiæ, leg. Aug. pr. pr. Ponti et Bith. prov., procos. prov. Achaiæ, præf. ær. Sat., leg. Aug. Asturicæ et Gallæc., pr. urb., æd. pl., sod. Anto-n(in)ian., q. urb., p. c. curatori, col. dec. dec.

Une inscription découverte à Léon, en Espagne (*Corpus inscr. lat.*, II, 2661 ; *Henzen*, 6914), a établi que l'Asturie et la Gallicie furent détachées de la grande province d'Espagne citérieure, et érigées en province séparée, en 215 ou 216. Auparavant elles avaient un *legatus juridicus*, qui était sous les ordres du légat consulaire résidant à Tarragone.

Saturninus fut nommé légat impérial d'Asturie et de Gallicie avant d'arriver à la préfecture du trésor de Saturne, et par conséquent quatre ou cinq ans avant d'être consul, d'où il résulte que son consulat ne pourrait être antérieur à l'année 221, même en supposant qu'il fût le premier légat impérial de la nouvelle province. Mais l'inscription de Léon nous apprend que le premier légat fut C. Julius Cerealis; il faut donc retarder encore de quelques années le consulat de Saturninus, et le placer probablement sous le règne de Sévère Alexandre.

175.

IULIUS PROCULUS QUINTILIANUS.

Acta Sancti Pionii (Ruinart, *Acta sincera martyrum*, p. 151) : Acta sunt hæc (Smyrnæ) sub proconsule Julio Proclo Quintiliano, consule imperatore Caio Messio Quinto Trajano Decio et Vitio Grato, et ut Romani dicunt, IIII Idus Martii, et ut Asiani dicunt, mense sexto, die sabbati, hora decima.

Le consulat de Trajan Dèce et de Vicius Gratus marque l'année 250, et, comme le martyre eut lieu au mois de mars, Quintilianus gouverna l'Asie pendant l'année proconsulaire 249-250. Il n'est pas mentionné ailleurs, que je sache, mais la famille est connue. Il y a un C. Julius Quintilianus, *præfectus vigilum* en 210 (Kellermann, *Vigiles*, IV, et append. p. 27, n° 4), et un Quintilianus, légat de la Mésie Inférieure sous Caracalla (Mionnet, *Mésie Inférieure*, n° 33; Suppl. n° 145).

176.

OPTIMUS.

Acta Sancti Maximi (Ruinart, *Acta sincera*, p. 157) : Maximus — comprehensus oblatus est Optimo proconsuli apud Asiam. — Passus est famulus Dei Maximus apud Asiam provinciam, secundo Idus Maii, sud Decio imperatore et Optimo proconsule.

Acta Sanctorum Petri, Andreæ, Pauli et Dionysiæ virginis (*ibid.* p. 160) : Actum apud Lampsacum, die Iduum Maiarum, Decio imperatore, Optimo proconsule.

Optimus, qui est parfaitement inconnu d'ailleurs, dut être le successeur de Quintilianus, et gouverner l'Asie pendant l'année proconsulaire 250-251; car Trajan Dèce fut tué vers le mois de décembre 251, et au mois de mai 252 Trébonien Galle était empereur.

C'est à la même époque que les Actes de saint Carpus placent un proconsul appelé Valerius ou Valerianus : *Actum sub Decio imperatore, Valerio vel Valeriano proconsule Asiæ* (Acta Sanctorum, XIII aprilis). Il y a une erreur, soit pour Optimus, soit pour Valerius, car le règne de Decius ne comprend que deux printemps, celui de 250 et celui de 251, et le premier appartient certainement au proconsul Quintilianus. Les Actes de saint Carpus n'ont pas une autorité suffisante pour qu'il y ait lieu de rechercher qui peut être ce Valerius ou Valerianus. On pourrait toutefois penser à l'empereur Valérien, P. Licinius Valerianus, qui, en octobre 251, était à l'armée en Thrace avec Trajan Dèce (Capitol., *Valeriani*, 1), mais qui à la rigueur aurait pu gouverner l'Asie pendant l'année 250-251. Il était consulaire dès l'an 237 (*Zosimus*, I, 14; Capitol. *Gordiani*, 9).

177.

C. IULIUS VOLUSIANA ROGATIANUS.

Inscription d'une borne milliaire près de Tralles, en Lydie (*Le Bas et Waddington*, 1652 e; j'avais publié cette inscription d'après une copie inexacte; mais, depuis lors, j'en ai reçu une nouvelle copie, ainsi qu'un estampage; c'est d'après ces nouveaux documents que j'en donne le texte ici. L'inscription est bien conservée et bien gravée, et elle est toute de la même époque) :

IMP·CAES·PO·LIC·VALERIANO·AVG·II ET
IMP·CAES·PO·LIC·GALL....O·AVG
ABEPHESO...XX
ΑΥΤΟΚΡΑΤΟΡΙΚΑΙΣΑΡΙΠΑΙΚΟΥΑΛΕΡΙΑΝΩ
ΕΥΣΕΒΕΥΤΥΧΣΕΒΑΣΤΩΚΑΙΑΥΤΟΚΡΑΤΟΡΙ
ΚΑΙΣΑΡΙΠΑΙΚΓΑΛΛΙΗΝΩΕΥΣΕΒ·ΕΥΤΥΧ·ΣΕΒΑΣΤΩ
ΑΠΟ ΕΦΕΣΟΥ Μ Λ
ΑΝΘ·Γ·ΙΟΥΛΟΥΟΛΟΥΣΙΝΝΑΡΟΓΑΤΙΑΝΟΥ

On voit qu'il s'agit de la trentième borne milliaire à partir d'Éphèse, sur la route de Tralles, et non de la quarante et unième, comme je l'avais pensé d'abord. L'inscription a été gravée en 254, année où Valérien fut consul pour la deuxième fois et Gallien pour la première. Quant au proconsul, je n'ai trouvé aucune mention de lui.

178.

ARELLIUS FUSCUS.

TREBELLIUS, *Trig. Tyranni*, 21 : VII kal. Jul. cum esset nuntiatum Pisonem a Valente interemptum, ipsum Valentem a suis occisum, Arellius Fuscus consularis primæ sententiæ, qui in locum Valeriani successerat, ait « consul consule ». — Cf. Capitol., *Valerian.*, 2.

VOPISCUS, *Aurelian.*, 40 : (Mortuo Aureliano) factum est ut per sex menses imperatorem Romanus orbis non habuerit, omnesque judices hi permanerent, quos aut senatus aut Aurelianus elegerat, nisi quod pro consule Asiæ Faltonium Probum in locum Arelli Fusci delegit.

INSCRIPTION de Rome (*Corpus inscr. gr.*, 5993) : Θεῷ μεγάλῳ Σεράπιδι Ἀρέλλιοι Σεουῆρος καὶ Φοῦσκος εὐχὴν ἐποίησαν.

Arellius Fuscus était le plus ancien consulaire du sénat lors de la mort de Piso et de Valens en 261, et il l'était déjà depuis 254, année de l'avénement de Valérien à l'empire. Il est donc probable qu'il avait été consul vingt ou trente ans auparavant, et il ne peut être le proconsul d'Asie mentionné par Vopiscus. Ce dernier était sans doute son fils et gouverna l'Asie pendant l'année proconsulaire 274-275.

Il est probable que ces deux personnages descendaient du rhéteur Arellius Fuscus, qui enseignait à Rome sous Auguste et Tibère, et qui est souvent cité par Sénèque et d'autres auteurs. Quant aux deux frères dont le vœu adressé à Sérapis a été conservé, l'un d'eux peut très-bien être notre proconsul, car la forme des lettres de l'inscription indique le troisième siècle.

179.

FALTONIUS PROBUS.

Vopiscus, *Aurelian.*, 40 : (Mortuo Aureliano) senatus pro consule Asiæ Faltonium Probum in locum Arelli Fusci delegit.

Inscription de Rome (*Gruter*, p. 352, 5) : Aniciæ Faltoniæ Probæ, Amnios Pincios Aniciosque decoranti, consulis uxori, consulis filiæ, consulum matri, Anicius Probinus v. c. consul ordinarius (anno 395) et Anicius Probus v. c. quæstor candidatus, filii devincti maternis meritis dedicaverunt.

Les manuscrits portent *Falconium*, mais la véritable leçon est Faltonium, ainsi qu'il résulte de plusieurs inscriptions, trouvées à Rome et relatives à deux personnages de la même famille, sans doute des descendants de notre proconsul. Ces personnages sont Anicia Faltonia Proba, femme de Sex. Petronius Probus, consul en 371 (*Gruter*, p. 352, 5, 6), et Faltonius Probus Alypius, préfet de Rome en 391 (*Gruter*, p. 286, 6; 392, 5). D'autres membres de la famille sont mentionnés dans une autre inscription de Gruter, qui a été mal copiée, ou interpolée (p. 1025, 6). Il y a aussi un Faltonius Restitutianus, préfet des vigiles vers 244 (Kellermann, *Vigiles*, 15), et Mæcius Faltonius Nicomachus, ancien consulaire en 275 (Vopisc., *Tacit.*, 5). Quant au proconsul, je n'ai trouvé aucune autre mention de lui; il gouverna l'Asie pendant l'année 275-276.

180.

NICOMACHUS IULIANUS.

Inscription de Trapani (*Borghesi*, V, p. 447) : .....ον Νικόμαχον Ἰουλιανὸν, λαμπρότατον ὕπατον, ἀνθύπατον Ἀσίας δικαιότατον, Ἀσίννιος Ἀμίαντος ἐπίτροπος τὸν δεσπότην.

Borghesi, dans son commentaire sur cette inscription (V, p. 448 sqq.), fait observer qu'elle est antérieure au règne de Constantin, parce que le consulat précède le proconsulat, tandis que sous ce prince l'ancien système fut changé, les proconsulats d'Asie et d'Afrique cessèrent d'être réservés aux consulaires, et s'obtenaient au contraire bien avant le consulat (voyez plus haut, p. 659). D'un autre côté, le nom grec de Nicomachus indique une époque de décadence et ne peut guère avoir été porté par un sénateur avant le troisième siècle. En fait, l'exemple le plus ancien qu'on en connaît est celui de Mæcius Faltonius Nicomachus, ancien consulaire en 275 (Vopisc., *Tacit.*, 5). On le retrouve ensuite porté par Amnius Manius Cæsonius Nicomachus Anicius Faustus Paulinus, généralement appelé Anicius Paulinus junior, qui fut consul en 334, dont le père s'appelait Anicius Julianus (*Gruter*, 1090, 19 ; Borghesi, *Bull. Inst. arch.*, 1858, p. 23), et l'aïeul, Anicius Faustus ; ce dernier fut consul en 298. Comme les noms de Nicomachus et de Julianus ne proviennent pas de la famille Anicia, Borghesi suppose qu'ils venaient de la femme d'Anicius Faustus, et qu'elle était fille d'un Cæsonius Nicomachus Julianus, qui serait notre proconsul. Tout ce raisonnement est fort ingénieux, et on peut admettre comme assez probable que le *nomen gentilicium* de notre personnage était Cæsonius ; il doit avoir gouverné l'Asie vers le règne de Gallien, ou un peu plus tard.

181.

NUMMIUS ÆMILIANUS DEXTER.

Inscription de Barcelone (*Corpus inscr. lat.*, II, 4512) : Nummio
Æmiliano Dextro v. c., propter insignia bene gesti proconsulatus, omnes (sic) Asia concessam beneficio principali statuam consecravit.

Hübner, qui a vu cette inscription lui-même, fait remarquer qu'elle est gravée en bons caractères du troisième siècle ; c'est la seule indication que nous ayons sur sa date. La famille Nummia était considérable au troisième siècle, et figure plusieurs fois

www.ingramcontent.com/pod-product-compliance
Lightning Source LLC
LaVergne TN
LVHW012247030726
842520LV00008B/703

* 9 7 8 2 0 1 9 3 0 4 7 4 4 *